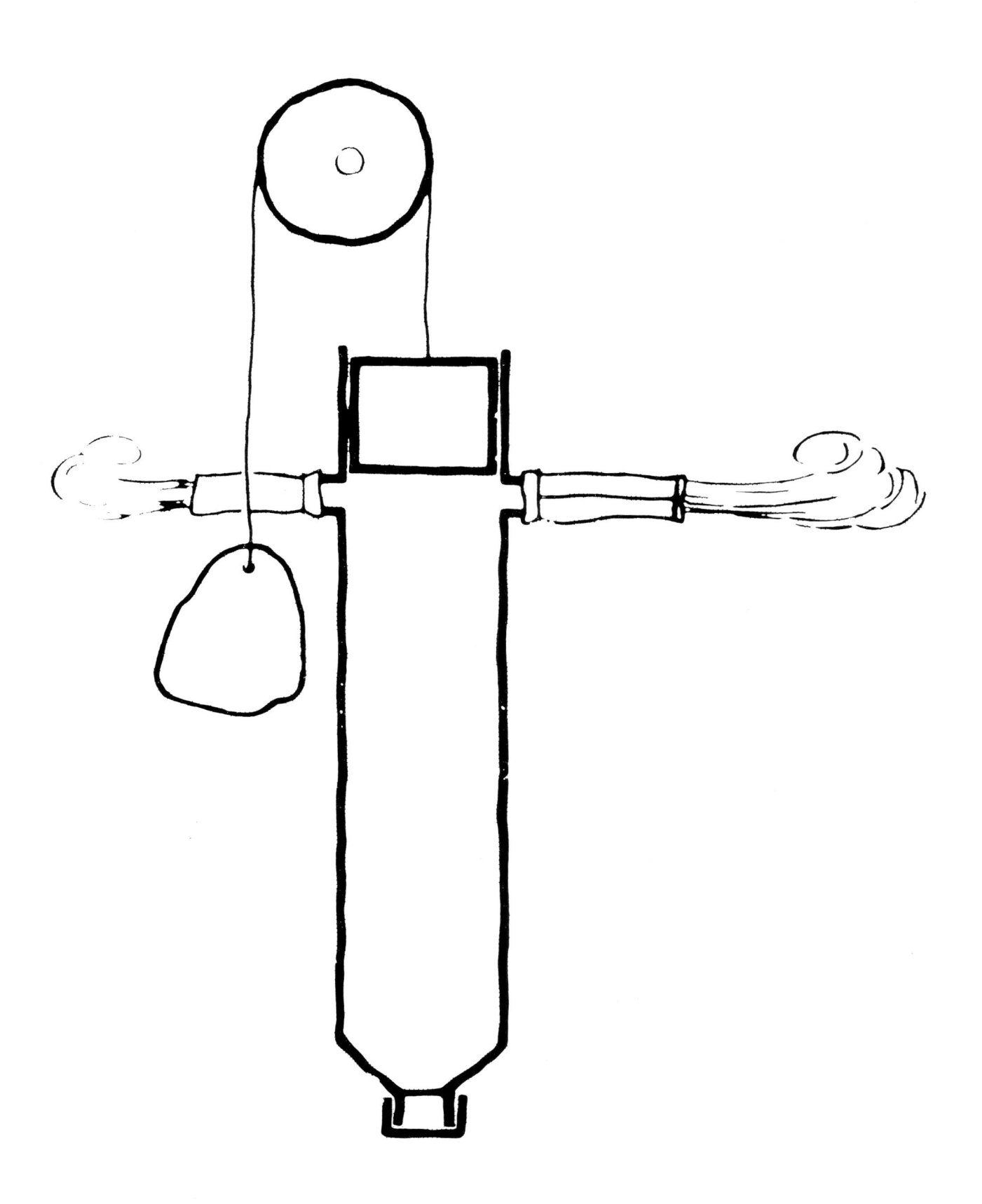

PODSZUN

© 1993
Verlag Walter Podszun
Bahnhofstraße 9, D-5790 Brilon
Herstellung EGEDSA, Barcelona
D.L.B.: 15.224-93
ISBN 3-923448-90-2

Die genialen Erfinder des Auto-Mobils

MENSCHEN MÄCHTE & MOTOREN

Text/Gestaltung
Michael Fleck

Aquarelle
Hartwig Huckfeldt

Ich bedanke mich bei allen Freunden, Bekannten und Kollegen, die mich bei der Produktion von "Menschen, Mächte & Motoren" unterstützt haben. Neben der großen Zahl derer, die mir mit ihren Interpretationen halfen und deren An- und Einsichten leider in in- und ausländischen Archiven immer schwerer zu finden sind, möchte ich besonders hervorheben: Bodo Ackermann, Norbert Albrecht, Hella Eisenhuth, Peter Felske, Bodo Fischer, Kathrin Genkel, Jutta Hahn, Erwin Klein, Chris Ladley, Michael Neschki, Edmund J. Roberts, Werner P. Röser, Klaus-Josef Roßfeldt, Peter Schmidt, Dr. Jens Schreiber, Ernst Wildt sowie die Mitarbeiter des AutoBild-Foto- und Textarchivs.

Die umfassende Foto-Dokumentation des vorliegenden Bandes war nur mit Unterstützung folgender Privat- und Firmen-Archive, Pressestellen und Foto-Sammlungen möglich:

Seiten 7 bis 24: Klöckner-Humboldt-Deutz AG, Köln; Hans-Jürgen Reuß, Lohmar. Seiten 25 bis 58: Daimler-Benz-Archiv, Stuttgart. Seiten 59 bis 76: Dr. Ing. h.c. F. Porsche AG, Stuttgart-Zuffenhausen; Axel Springer Verlag/AutoBild-Fotoarchiv, Hamburg. Seiten 77 bis 94: SP Reifenwerke GmbH, Hanau. Seiten 95 bis 114: Robert Bosch GmbH, Zentralabteilung Presse, Information, Stuttgart. Seiten 115 bis 136: Axel Springer Verlag/AutoBild-Fotoarchiv, Hamburg; Daimler-Benz-Archiv, Stuttgart; Historisches Archiv der MAN AG, Augsburg. Seiten 137 bis 156: Rolls-Royce Motor Cars International SA, St-Prex, Schweiz; Rolls-Royce Motor Cars Limited, Crewe, Cheshire, Großbritannien; Chris Ladley, Crewe, GB; Axel Springer Verlag/AutoBild-Fotoarchiv, Hamburg; Klaus-Josef Roßfeldt, Schwerte. Seiten 157 bis 176: Ford-Werke AG, Köln; Ford Archives Henry Ford Museum, Dearborn, Michigan, USA; Axel Springer Verlag/AutoBild-Fotoarchiv, Hamburg. Seiten 177 bis 194: Fiat Automobil AG, Ressort Lancia, Heilbronn; Lancia, Turin, Italien; Fiat Auto S.p.A, Turin, Italien; Wim Oude Weernink, Wijhe, Niederlande. Seiten 195 bis 218: Adam Opel AG, Rüsselsheim. Seiten 219 bis 238: Deutsche Renault AG, Brühl; Archives de la Régie Nationale des Usines Renault, Paris, Frankreich; Archives de la Section d'Histoire des Usines Renault, Paris, Frankreich. Seiten 239 bis 258: NSU GmbH, Neckarsulm; Dieter Korp, Weil im Schönbuch; Mazda Motors (Deutschland) GmbH, Leverkusen.

Der Autor

Michael Fleck, Jahrgang 1954, geboren in Oldenburg (in Oldbg.), lebt und arbeitet in Hamburg. Journalist, Serien-Autor und Christophorus-Preisträger. Leitender Redakteur verschiedener Tageszeitungen, Korrespondent in Paris, war mehrere Jahre Chef der Reportage bei AutoBild. Doch nicht Gaspedal und Pferdestärken stehen im Mittelpunkt seiner sensiblen, sehr persönlichen Features und Reportagen, sondern der Mensch: wie er denkt, was er fühlt, wie er lebt, was ihn bedrückt.

Der Zeichner

Hartwig Huckfeldt, geboren 1950 in Boofzheim (Elsaß), lebt und arbeitet in Elmshorn. Gründete 1983 als freiberuflicher Illustrator und Creator das "Studio Huckfeldt". Erlangte internationale Anerkennung für seine Arbeiten im Bereich Automobil-Darstellung und Formgestaltung sowie der künstlerischen Umsetzung komplexer technischer Abläufe bis hin zur Projektierung kompletter Fahrzeug-Umbauten. Auftraggeber sind Industrie, Werbeagenturen und renommierte Verlage.

Inhalt

Nicolaus August Otto
Atmosphärische Störungen
Seite 7

Gottlieb Daimler / Carl Benz
Sieg der Sterne
Seite 25

Ferdinand Porsche
Kraft durch Freude
Seite 59

John Boyd Dunlop
Lust auf Luft
Seite 77

Robert Bosch
Explosive Spannungen
Seite 95

Rudolf Diesel
Endstation Sehnsucht
Seite 115

Charles Stewart Rolls / Frederick Henry Royce
Adel verzichtet
Seite 137

Henry Ford
Visionen am laufenden Band
Seite 157

Vincenzo Lancia
Tragende Verbindung
Seite 177

Adam Opel
Dynastie dynamique
Seite 195

Louis Renault
Krieg im Frieden
Seite 219

Felix Wankel
Quadratur des Kreises
Seite 239

Nicolaus August Otto

Atmosphärische Störungen

Vier Takte, die die Welt bewegen

"Antriebsart Otto" steht bis heute in den meisten Kraftfahrzeugpapieren - ein ebenso einfaches wie geniales Prinzip.

1. Ansaugen: Der Kolben geht nach unten, durch das offene Einlaßventil wird das Kraftstoff-Luft-Gemisch in den Zylinder gesaugt.

2. Verdichten: Der Kolben bewegt sich nach oben, die Ventile sind geschlossen, das Gemisch wird zusammengepreßt.

3. Arbeiten: Die Kerze zündet, das Kraftstoff-Luft-Gemisch wird nach unten gedrückt und gibt seine Energie (Kraft) an die Kurbelwelle weiter.

4. Ausstoßen: Der Kolben bewegt sich nach oben, die verbrannten Gase strömen durch das geöffnete Auslaßventil in den Auspuff.

Serienausführung des ersten Ottomotors mit einer Leistung von etwa vier PS

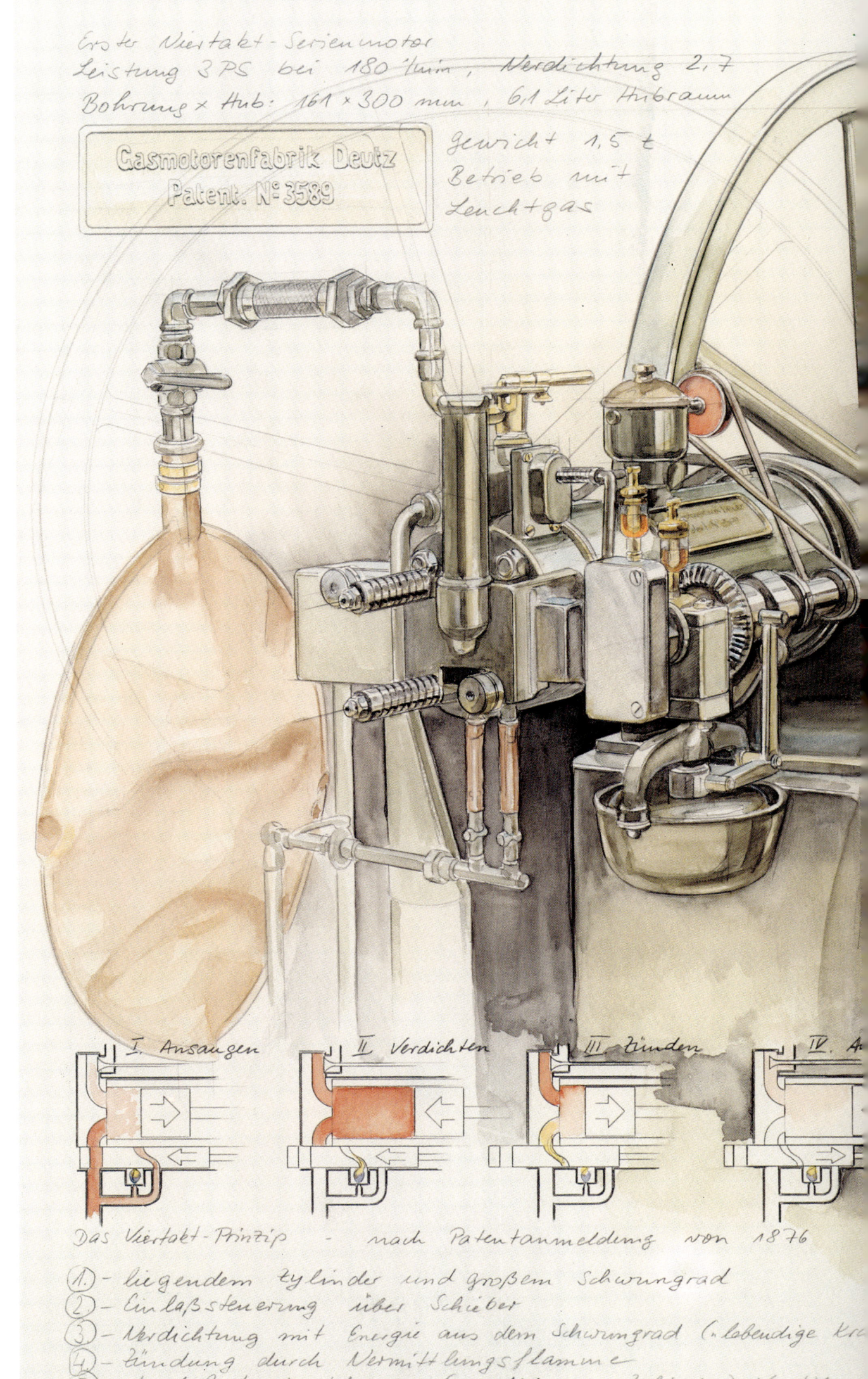

Erster Viertakt-Serienmotor
Leistung 3 PS bei 180 U/min, Verdichtung 2,7
Bohrung × Hub: 161 × 300 mm, 6,1 Liter Hubraum

Gasmotorenfabrik Deutz
Patent. N° 3589

Gewicht 1,5 t
Betrieb mit
Leuchtgas

I. Ansaugen   II. Verdichten   III. Zünden   IV. A...

Das Viertakt-Prinzip - nach Patentanmeldung von 1876

1.) - liegendem Zylinder und großem Schwungrad
2.) - Einlaßsteuerung über Schieber
3.) - Verdichtung mit Energie aus dem Schwungrad (lebendige Kr...
4.) - Zündung durch Vermittlungsflamme
5.) - Auslaß durch stehendes (parallel zum Zylinder) Ventil

Ein Produktionszweig in Deutz: Schlepper

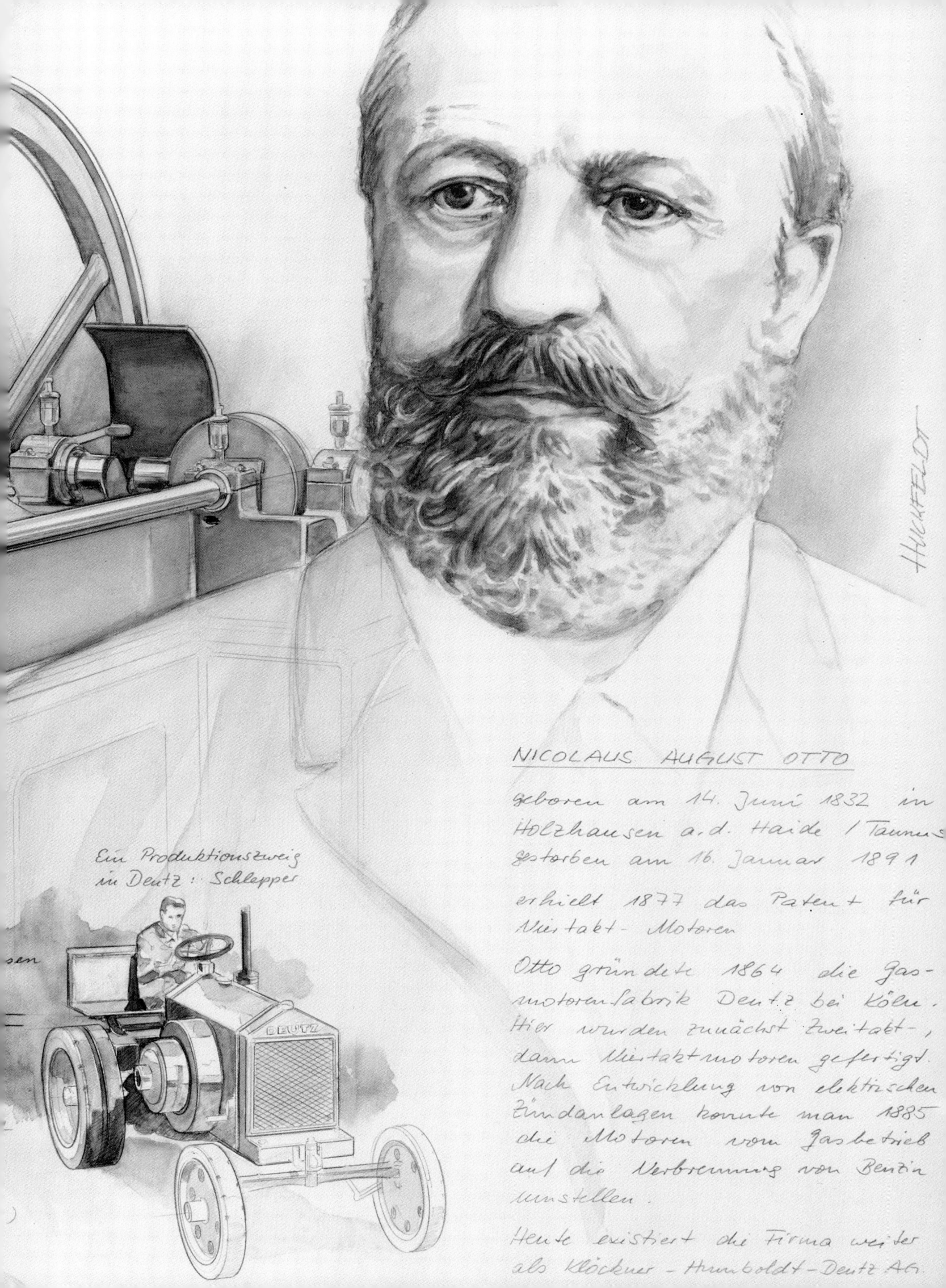

NICOLAUS AUGUST OTTO

geboren am 14. Juni 1832 in Holzhausen a.d. Haide / Taunus

gestorben am 16. Januar 1891

erhielt 1877 das Patent für Viertakt-Motoren

Otto gründete 1864 die Gasmotorenfabrik Deutz bei Köln. Hier wurden zunächst Zweitakt-, dann Viertaktmotoren gefertigt. Nach Entwicklung von elektrischen Zündanlagen konnte man 1885 die Motoren vom Gasbetrieb auf die Verbrennung von Benzin umstellen.

Heute existiert die Firma weiter als Klöckner-Humboldt-Deutz AG

Nein, das hätte das Annchen nicht erwartet. Nicht von ihrem braven August. Zugegeben: es war Liebe auf den ersten Blick - aber das konnte im Kölner Karneval schließlich jeden Tag passieren. Deswegen brauchte man nicht gleich die industrielle Welt-Revolution anzuzetteln...

Hätte er auch nicht. Wenn da nicht dieser 16. Februar gewesen wäre. Ein feuchtfröhlicher Dienstag 1858. Geballter Frohsinn in allen Gassen, die Schenken zum Bersten voll. Auch der "ahle Kohberg" (Kuhberg), Kölns beliebtester und größter Tanzsaal, in dem sich der 26jährige amüsieren und wohl auch ein wenig poussieren will.

Der "hellblaue Ritter" hat umwerfenden Erfolg. Vor allem bei der Gossi Anna, die er - zusammen mit ihren Schwestern - "unter seinen väterlichen Schutz nimmt": bildhübsch, gescheit, lebenslustig, zierlich und dunkelhaarig. Sieben Jahre jünger. Jungfrau aus Bayenthal, geboren in Wallerfangen an der Saar.

Nicolaus August Otto 1865. Am 14. Juni 1832 in Holzhausen geboren, Vertreter, Kolonialwarenhändler und Erfinder des nach ihm benannten Otto-Motors

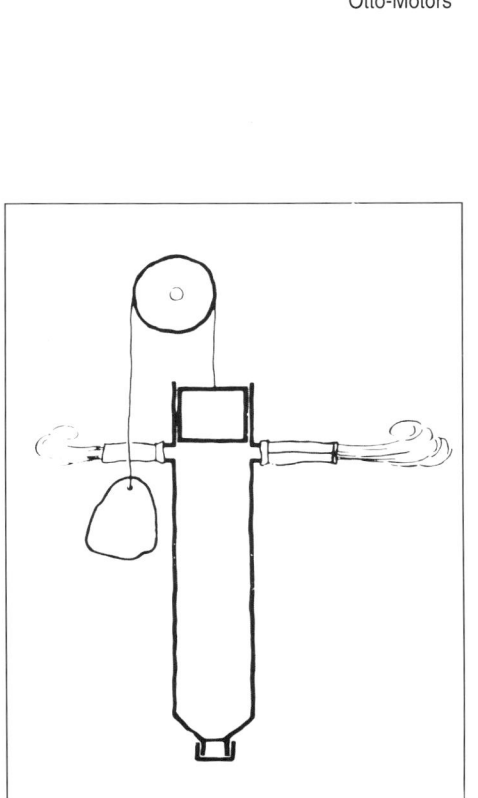

Pulvermaschine von 1673. Christian Huygens zeichnete die älteste (ausgeführte) mechanische Vorrichtung zur Nutzung der bei der Verbrennung in einem Zylinder freiwerdenden Energie

Romanze im Dreivierteltakt - beim Walzer sprühen die Funken. Sie sinkt in seine Arme, er verliert fast den Verstand. "Deine Liebe", schwelgt August, "du süßer holder Engel, wie läutert sie meinen Geist. Ich bin wie verwandelt."

Jedoch: Von Heirat keine Rede. Otto, der schmucke vollbärtige, hat Prinzipien. Erst das Geld, dann das Vergnügen. So ist das Leben.

Er weiß, wovon er spricht. Leicht hat er's nie gehabt. Weder als Zwerg-, Real- noch Musterschüler. Obwohl seine Noten sich sehen lassen konnten: Deutsch, Latein, Fleiß und Betragen 1, Geometrie, Rechnen, Geographie, Geschichte und Naturlehre 2. Kein schlechter Schnitt für einen Pennäler aus dem gottverlassensten Winkel der Welt. Dem Taunus-Dörfchen Holzhausen an der Haide, in dem sein sechsfacher Vater Philipp Wilhelm Otto (der jüngere) die Familie bis zu seinem Tode im Geburtsjahr des Nesthäkchens August (1832) in ärmlichen Verhältnissen als Gast- und Landwirt über Wasser hielt.

Die resolute Mutter nimmt ihn von der Schule, spart sich die zweihundert Gulden für seine dreijährige Kaufmannsausbildung beim Dorfkrämer W. Guntrum in Nastätten - Kost und Logis inklusive - vom Munde ab.

Er bleibt nicht lange. Wechselt für 15 Monate als Handlungsgehilfe ins Kolonialwaren- und Landesproduktengeschäft "en gros und en detail" von Philipp Jakob Lindheimer in Frankfurt-Sachsenhausen. Sein Paß weist ihn als Handlungsreisenden aus. Das bleibt er auch in der Kolonialwarenhandlung des Joh. Chr. Altpeter in Köln (Waidmarkt 33). Reis, Kaffee, Zucker, Tee und Spiritus sind seine Welt. Kein Raum für Phantasien.

Noch. Denn Liebe, Not machen erfinderisch. August Nicolaus, der sich von nun an Nicolaus August nennt und seinen Geburtstag statt am 14. Juni am 10. Juni feiert, will endlich mehr verdienen. Viel mehr. Doch sein Vertreter-Spielraum ist begrenzt. Daran ändert auch die Gehaltsaufbesserung bei Carl Mertens (An St. Catharinen 6) nichts.

Er besinnt sich seines alten Hobbies: Dampfmaschinen von James Watt. Ein gut geöltes Exemplar steht sogar bei ihm im Keller. Zu groß, zu unbeweglich, zu schwer für Handel und Gewerbe. "Es müßte doch möglich sein, einen Motor ohne Dampf-

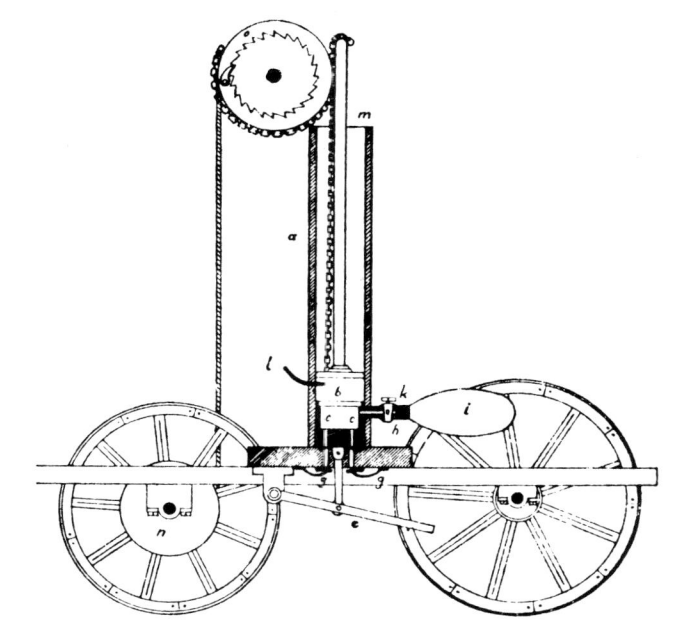

Die Voltasche Pistole als Antriebs-System. Skizze eines Fahrzeugs von Isaac de Rivaz nach der Patentschrift vom 30. Januar 1807

Anna Gossi 1865. Geboren am 2. Oktober 1839 in Wallerfangen (Saar), gestorben am 16. Dezember 1914 in Köln

Nicolaus August Otto 11

Ottos Geburtshaus in Holzhausen (oben im alten, unten im heutigen Zustand). Vater Philipp Wilhelm und Mutter Katharina Otto (geborene Kayser, Tochter eines nassauischen Verwaltungsbeamten) lebten hier als Gast- und Landwirte

kessel, jederzeit an- und abschaltbar, einfach zu bedienen, erschwinglich in der Anschaffung und Unterhaltung zu bauen...".

Das ist Mitte des vergangenen Jahrhunderts auch anderen klar. Vor allem in England, Frankreich und Italien gibt es bereits frühe Versuche mit der Gasmaschine (Brown 1832, Barnett 1838, Barsanti und Matteucci 1854). Den Durchbruch schafft allerdings erst der aus belgisch Luxemburg stammende Erfinder Jean-Joseph-Etienne Lenoir (1822-1900). Er bringt in Paris die erste funktionierende Verbrennungsmaschine der Welt auf den Markt. Der Motor läuft mit Kohlengas. Leuchtgas, mit dem neuerdings die Straßenlaternen der Großstädte betrieben werden.

Otto ist von Lenoirs Idee begeistert, baut den Motor zusammen mit dem Feinmechaniker Michael J. Zons, der damit in der Kölner Schildergasse 79 den Auftrag seines Lebens erhält, kurzentschlossen nach - und erkennt das Problem: die Energieversorgung. Denn die ist abhängig vom Wohlwollen der gemeindeeigenen Gaswerke. "Unerträglich", faucht er, "ein Hindernis für die breite Anwendung".

Die Lösung liegt nahe: Spiritus. Er selbst hatte ihn hektoliterweise verkauft und seine Vorzüge gepriesen. Das tut er auch am 2. Januar 1861 in seinem Patentgesuch beim Preußischen Ministerium für Handel, Gewerbe und öffentliche Arbeiten: "Die ganze Maschine ist von großer Einfachheit und Leichtigkeit, und kann momentan nach Belieben in Tätigkeit oder in Stillstand gesetzt werden.

12 Nicolaus August Otto

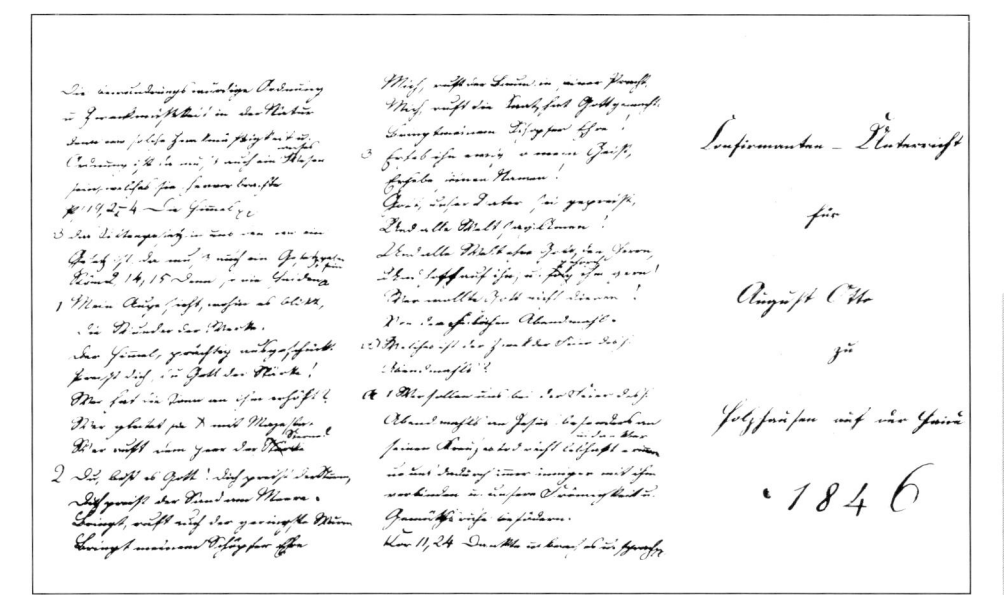

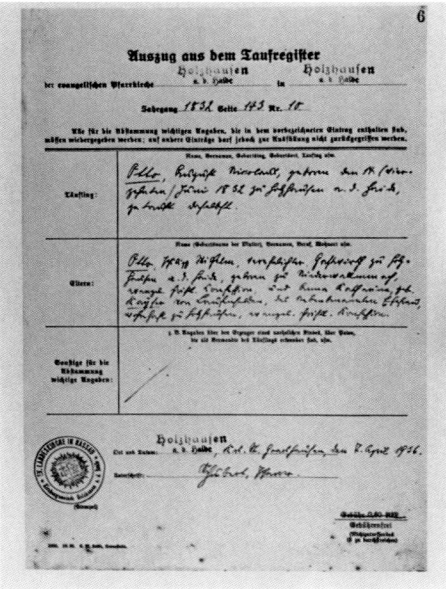

Auszug aus dem Taufregister der evangelischen Pfarrkirche von Holzhausen an der Haide (Jahrgang 1832, Seite 143, Seite 10)

Praktizierender Christ: Aufzeichnungen aus Ottos Konfirmandenheft von 1846

Paßkarte der Freien Stadt Frankfurt (1862) für den Handlungsreisenden "August Otto", der sich - aus Eitelkeit - in Zukunft nur noch "Nicolaus August" nennen läßt

Ein Quart Spiritus genügt, dieselbe bei der Stärke von einer Pferdekraft drei Stunden in Tätigkeit zu halten. Das Material, was auch aller Orten leicht zu beschaffen ist, nimmt mithin keinen nennenswerten Raum ein und kann die Maschine daher zur Fortbewegung von Gefährten auf Landstraßen leicht und nützlich verwendet, sowie auch der kleineren Industrie von erheblichem Nutzen werden." Doch preußische Beamte träumen nicht von Kuriositäten, weisen ihn vier Wochen später schroff ab: "Die Verwendung von Spiritusdämpfen statt Leuchtgas kann nicht als patentfähige Erfindung bezeichnet werden." Ottos Verdampfer (Vergaser) wird ignoriert, "da dieser Apparat an und für sich nichts Neues enthält...".

Aus der Traum vom großen Geld.

Der Durchbruch kommt erst ein Jahr später. Vier Takte machen's möglich: Ansaugen, Verdichten, Verbrennen und Ausstoßen müssen in einem Zylinder stattfinden. Otto über seine Experimente: "Bei halber Füllung blieb das Maschinchen in Gang, bei dreiviertel ging sie sogar schlechter, was ja wiederum leicht erklärlich war; ich kam dadurch auf den richtigen Gedanken, die Zündung und Verbrennung muß zu Beginn des Kolbenhubs stattfinden, und so dieser Gedanke, war auch die Ausführung da. Ich saugte auf halben oder dreiviertel Hub Explosionsgemisch an, versuchte den Kolben durch umgekehrtes Drehen am Schwungrad soweit möglich zurückzupressen, zündete alsdann und siehe da, das Schwungrad machte mit großer Kraft mehrere Umdrehungen. Das war der Ausgangspunkt für den Vier-Takt-Gasmotor. Noch in demselben Jahr war die Zeichnung für einen solchen fertig. Ich glaubte meiner Sache so sicher zu sein, daß ich alle Vorsicht vergaß und anstatt eine einzylindrige Modellmaschine zu bauen gleich eine Vierzylindermaschine baute... 1862 lief dieselbe und war auch in demselben Jahr total ruiniert durch die heftigen Stöße, welche in derselben auftraten..."

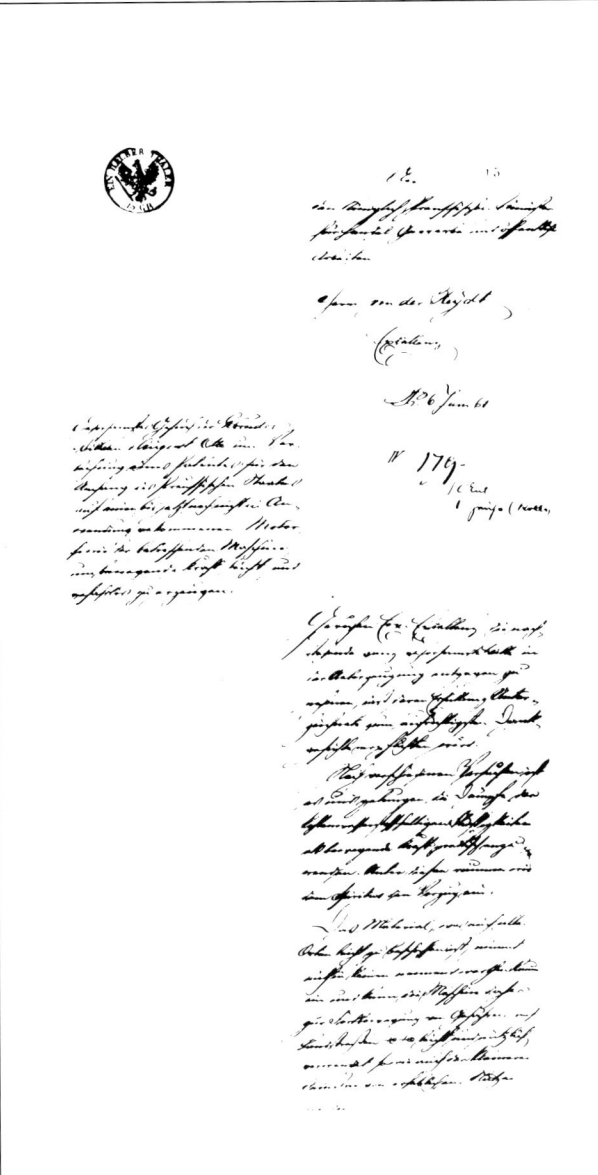

Ausschnitt aus dem (abgewiesenen) Patentgesuch von Nicolaus August Otto von 1861, mit dem er seine Idee des Spiritus-Verdampfers schützen wollte

Der erste, heute noch erhaltene und funktionsfähige Motor der Nicolaus August Otto & Cie. Er steht im Motoren-Museum der Klöckner-Humboldt-Deutz-Werke in Köln (Deutz)

14   Nicolaus August Otto

Skizze des Viertaktmotors von 1861/62, die der Kölner Mechaniker Zons einer notariellen Erklärung über die Arbeiten Ottos am Verbrennungsmotor beifügte

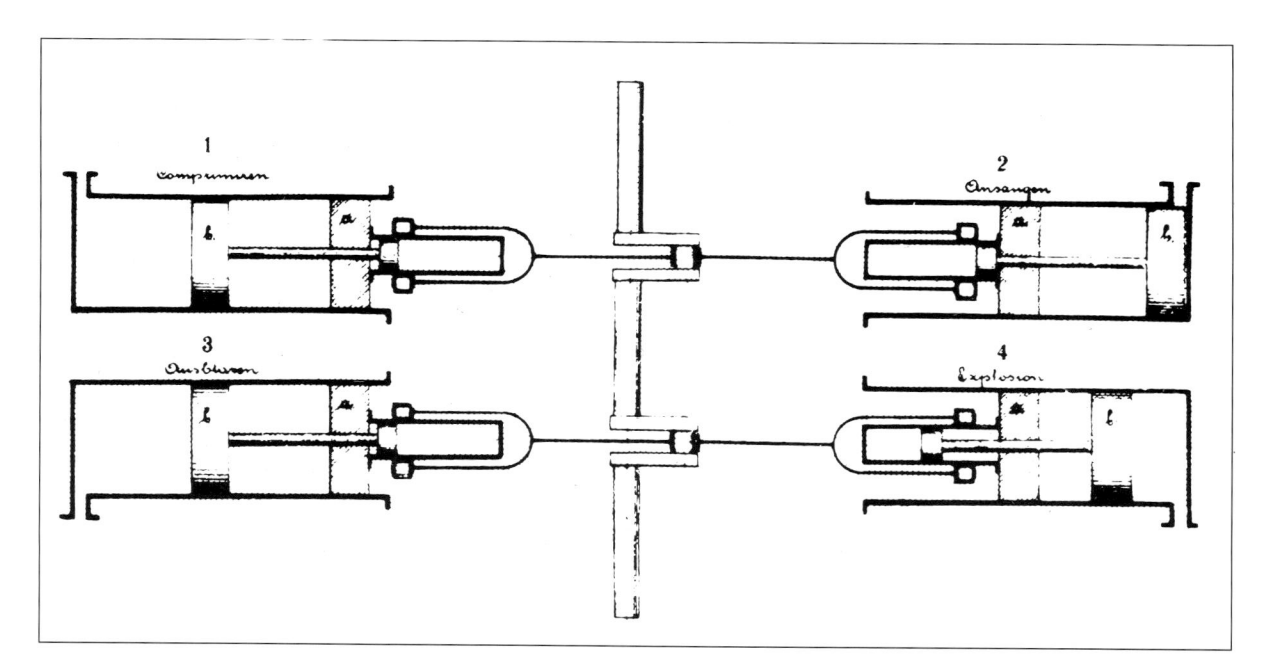

Ein folgenschwerer Fehler: Otto glaubt nicht daran, daß es jemals gelingen würde, eine direktwirkende Gasmaschine zu bauen, versäumt es, ein Patent anzumelden.

Und Anna, deren Eltern längst der endlosen fadenscheinigen Ausflüchte überdrüssig sind und auf rasche Heirat drängen, wartet weiter: "Das Jahr 1863 wohl und recht vergnügt angefangen und ein Gläschen getrunken in der Hoffnung, daß dieses neue Jahr uns endlich unseren heißen Wunsch erfüllen möge."

Der gilt - mehr noch als dem Herzeleid - jener Motor-Variante mit Spiritusverdampfer, für die Otto inzwischen sogar seine feste Stellung aufgegeben und alles auf eine Karte gesetzt hat.

Das mütterliche Erbe, 2659 Gulden (plus etwa 20.000 Taler aus Grund-

Die Lenoir-Maschine von 1860 - der erste relativ zuverlässige Verbrennungsmotor. Er gab Otto die entscheidenden Anregungen (Jean-Joseph-Etienne Lenoir, 12. Januar 1822 Mussy la Ville - 4. August 1900, La Varonne-Saint Hilaire)

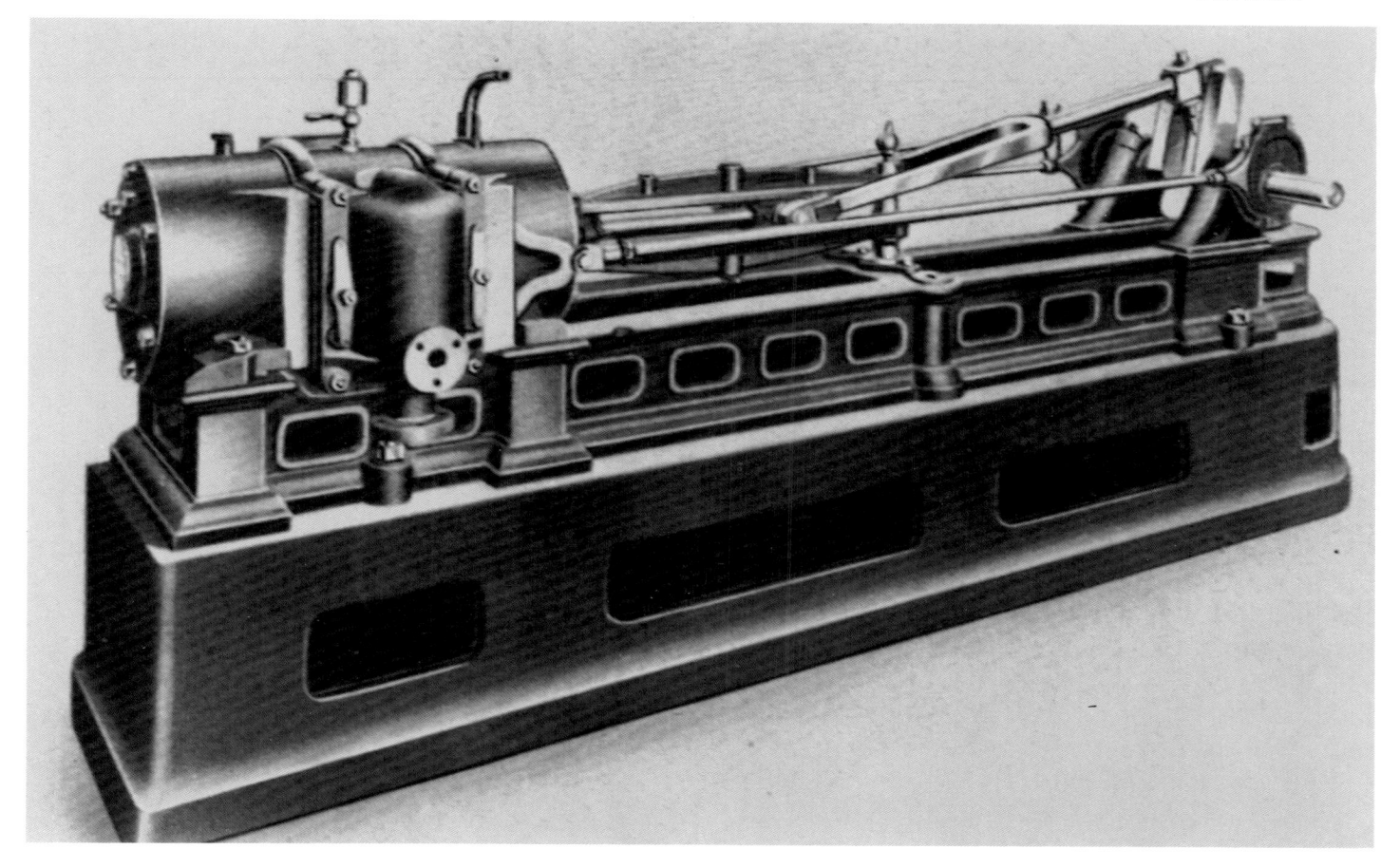

stücksverkäufen), sind schnell verbraucht, ein Streit mit Zons endet mit Trennung, Otto macht sich am Gereonswall 61 selbständig, gewährt Finanzier Eugen Langen Einblick in seine Unterlagen. Der ist begeistert, beteiligt sich am 31. März 1864 an der ersten Motoren-Fabrik der Welt. Der Kommanditgesellschaft N. A. Otto & Cie. Ottos Patente (bis auf Preußen haben alle europäischen Länder seine Idee anerkannt), Maschinen und Geräte werden mit 2.000 Talern gutgeschrieben, Langen verpflichtet sich, "entsprechend der Geschäftsausweitung 10.000 Taler nach und nach einzuzahlen".

Trotz der umfassenden finanziellen Sicherheit - Otto durfte monatlich 70 Taler für seinen Unterhalt entnehmen - bleibt der Erfolg zunächst aus.

Bis 1867 seine "Atmosphärische Gaskraftmaschine" zu einer der beiden Attraktionen der Weltausstellung auf dem Pariser Marsfeld wird. Die andere? Edouard Manets (Frankreich 1832-1883) "Nackte Olympia". Doch die darf nur in einer Sonderschau gezeigt werden, um die Besucherinnen nicht zu schockieren. Bei einem mehrstündigen Dauerlauf stellen die gestrengen Prüfungskommissare erstaunt fest, daß Ottos Motor nur ein Drittel der Gasmenge von Lenoirs Maschine - die bis zu diesem Zeitpunkt für ein nicht zu verbesserndes Wunderwerk der Technik gehalten wird - verbraucht.

Glauben will das allerdings keiner. Heerscharen von Technikern suchen nach einer verborgenen Zuleitung, die bei der Beurteilung der Juroren möglicherweise übersehen wurde. Es gibt

Skizze aus Eugen Langens (9. Oktober 1833, Köln - 2. Oktober 1895 auf Haus Etzweiler bei Elsdorf, rechts) Notizbuch für die Ausführung des atmosphärischen Motors von 1867

Auf Anmeldung ist heute in das hiesige Handels- (Gesellschafts-) Register unter Nr. 614 eingetragen worden die Commandit-Gesellschaft unter der Firma: „N. A. Otto & Comp.", welche ihren Sitz in Köln hat.

Der in Köln wohnende Kaufmann Nicolas August Otto ist persönlich haftender Gesellschafter.

Sodann ist in das Procuren-Register unter Nr. 261 die Eintragung erfolgt, daß die vorgenannte Commandit-Gesellschaft unter der Firma: „N. A. Otto & Comp." den in Köln wohnenden Kaufmann Eugen Langen zum Procuristen bestellt hat.

Köln, den 21. Mai 1864.
Der Handelsgerichts-Secretair,
Kanzleirath Lindlau.

Am 21. Mai 1864 wurde die erste Motorenfabrik der Welt von Kanzleirat Lindlau in das Handelsregister der Stadt Köln eingetragen

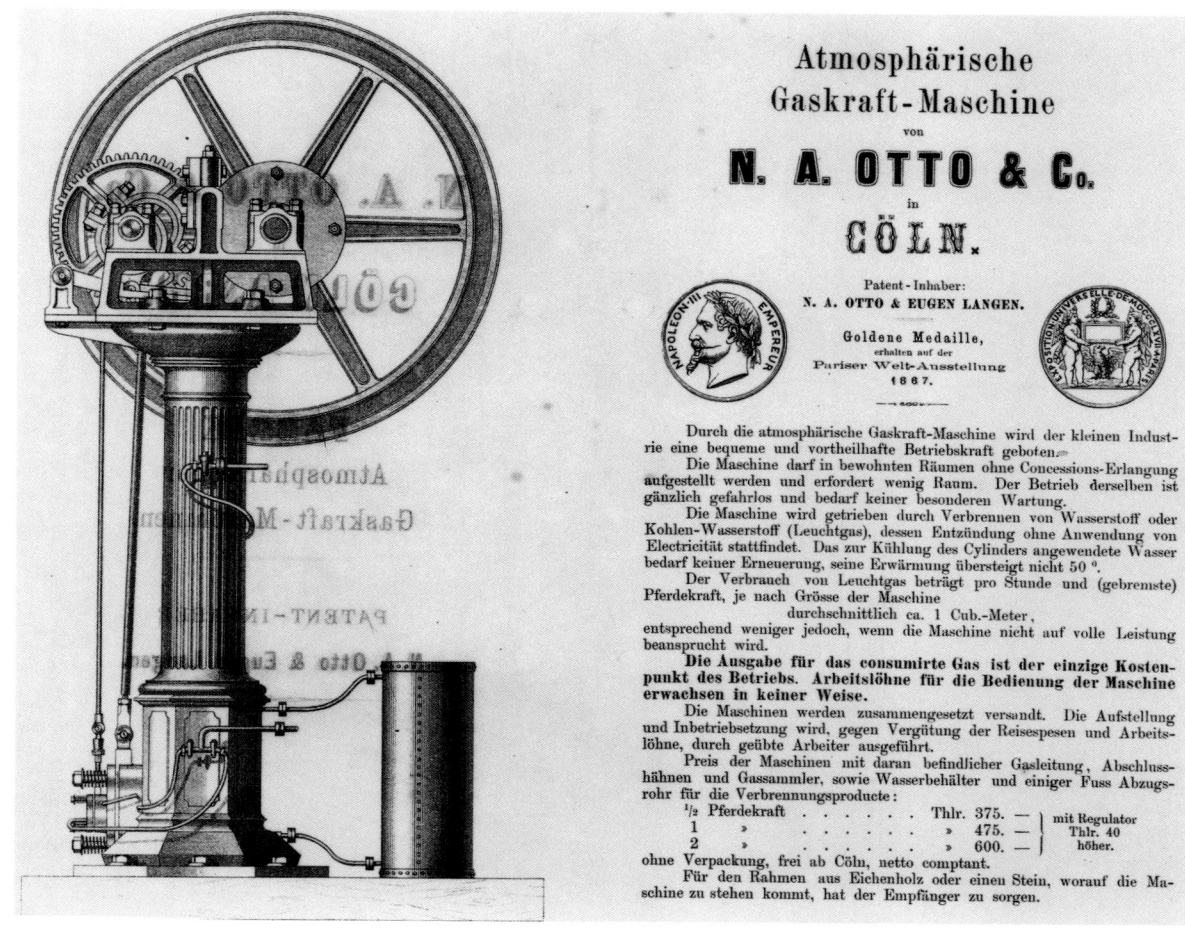

Nur wenige Wochen nach der Pariser Weltausstellung (1867) wurde für Otto und Langen der erste Prospekt für atmosphärische Gaskraft-Maschinen gedruckt

keine. Goldmedaille für Otto, Silber für Lenoir.

Endlich ist es soweit: am 23. Mai 1868 werden der Otto Nicolaus August und die Gossi Anna nach zehnjähriger Brautzeit in der Rodenkirchener Maternuskapelle ein Paar. Gleichzeitig beginnt die Serienproduktion atmosphärischer Motoren.

Das junge Glück wandelt auf den Spuren der Vergangenheit, macht seine Hochzeitsreise nach Holzhausen, Schwalbach, Wiesbaden und zieht in die Kölner Altstadt (Allerheiligenstraße 21), zahlt 50 Taler Miete. 60 braucht Annchen für den Haushalt.

Es geht aufwärts. Lag das Problem in den ersten Jahren vor allem darin, daß niemand die Maschinen kaufen wollte, stellten sich jetzt andere ein.

Otto und Langen können nicht schnell genug liefern, die Kunden werden ungeduldig, drohen mit Stornierung. Nur 46 Motoren werden montiert, über 400 Bestellungen müssen warten. Das ändert sich erst, als der (in Manchester arbeitende) Hamburger Kaufmann Ludwig August Roosen-Runge einsteigt und zwischen der Chaussee von Deutz nach Mühlheim und dem Rhein für 14.000 Taler ein dreieinhalb Morgen großes Grundstück für die neue Fabrik finanziert - sein Engagement jedoch bald bitter bereut. Roosen fühlt sich übervorteilt, wirft Langen vor, sich ungerechtfertigt zu bereichern. Abmahnung, Auszahlung, ein kurzer Abschied. Langen holt seine Brüder Gustav (1821-1912) und Jakob (1827-1895) als Vorstands- und Aufsichtsratsmitglieder in die Gasmotoren-Fabrik Deutz.

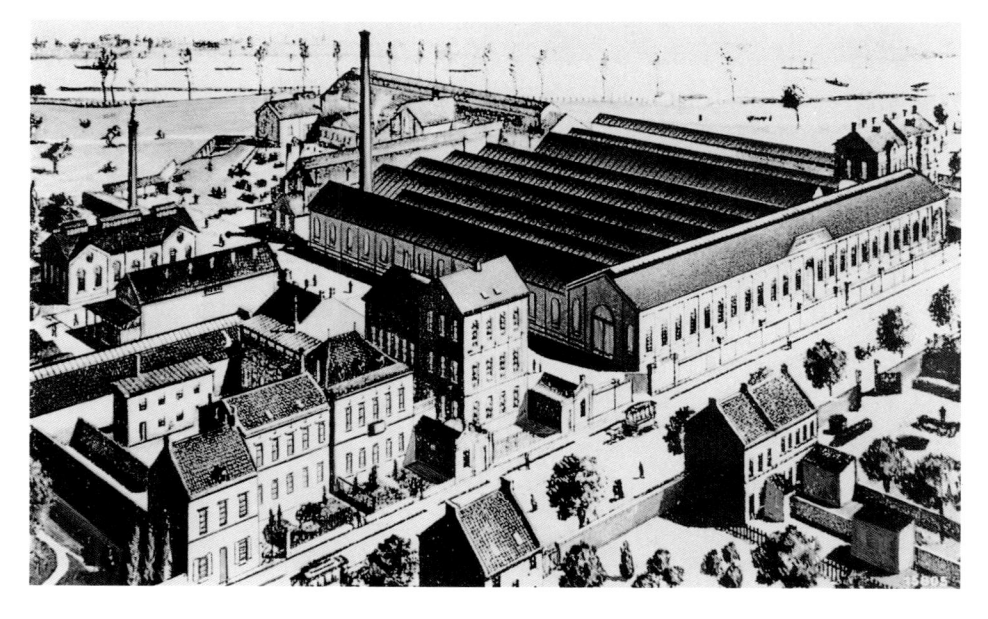

Das Fabrikgebäude 1875. Trotz der enormen Ausmaße reichten die Kapazitäten kaum aus, die weltweit sprunghaft gestiegene Nachfrage nach Ottos Motoren zu befriedigen

Nicolaus August Otto 17

Otto kann endlich seine 33.000 Taler Schulden bezahlen, für die er als Bürge seines ruinierten Bruders Wilhelm aufkommen muß. Als technischer Direktor wird der ehemalige Werkstättenchef der Karlsruher Maschinenfabrik, Gottlieb Daimler (17. März 1834 - 6. März 1900), als Leiter des Konstruktionsbüros Wilhelm Maybach (9. Februar 1846 - 29. Dezember 1929) verpflichtet.

Eine unglückliche Entscheidung. Aus Freunden werden erbitterte Feinde, die sich gegenseitig die Verantwortung für geschäftliche Rückschläge zuschieben. Daimler will an Macht und Einfluß gewinnen, verlangt ein einseitiges Kündigungsrecht, beansprucht eigene Patente, Otto besteht auf Gleichstellung: Paralyse.

Zwar bewohnen beide seit dem Frühjahr 1873 eine firmeneigene Doppelhaus-Villenhälfte an der Deutzer Chaussee. Über Monate aber beschränkt sich ihre Auseinandersetzung ausschließlich auf den Vorgarten: sie vernachlässigen ihre beruflichen Pflichten, versuchen, sich gegenseitig als Gärtner zu überbieten.

Der Streit wird unerträglich. Franz Reuleaux (30. September 1829 - 20. August 1905), Begründer der wissenschaftlichen Kinematik, Maschinenbau-Professor in Zürich und bis 1884 Mitglied des Kaiserlichen Patentamtes schaltet sich am 12. Juli 1875 mahnend gegenüber seinem Freund Langen ein: "...Was aber zu geschehen hat, ist, daß sofort in eurer Fabrik die Hochdruckmaschine hervorgesucht und in eine praktische Form gebracht wird. Die Daimleriaden sind mit einem Ruck zu den Akten zu legen, außerdem der Grundsatz, nun festzustellen, daß nur die Fabrik künftig Patente nimmt, und dann ist mit aller Macht an den Hochdruck zu gehen. Herr Otto muß auf die Hinterbeine, Herr Daimler auf die vorderen meinetwegen, aber es darf keine Zeit mehr versäumt werden."

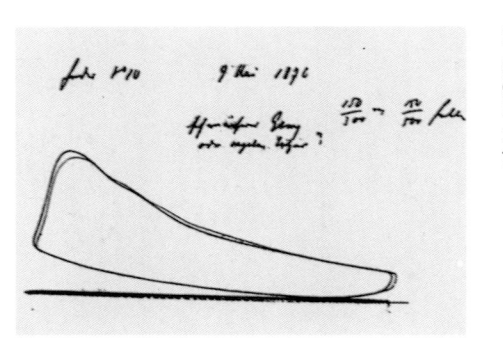

Feierabend: Die menschenleere Montagehalle der Gasmotorenfabrik in Köln-Deutz

Drei PS, 180 Umdrehungen in der Minute. Mit dem Viertakt-Versuchsmotor von 1876 beginnt in Köln die Motorisierung der Welt

Das älteste erhalten gebliebene Arbeitsdiagramm eines Otto-Motors (aufgenommen am Versuchsmotor am 9. Mai 1876)

18 Nicolaus August Otto

Ohnmächtig zusehen zu müssen, erträgt Reuleaux nur sieben Tage; der Ausbruch ist gewaltig: "Mein Rat ist vor allem: man kultiviere die Gasmaschine. Die Idee mit der langsamen Verbrennung im hohen Luftdruck ist gewiß ausbildbar. Darauf soll sich Otto legen, da steckt etwas drin. Hinsichtlich Daimler ist mein Rat, sofort zu kündigen, denn auf diese Weise ist die Kraft eines Mannes in der Fabrik für nichts. Immer die Gedanken auf seinen Ruhm und Nebenvorteil gerichtet, heißt, die Interessen der Fabrik nicht wahren. Also fort mit Schaden, muß man sagen und sich nach einem neuen Mann umsehen!"

Daß der mit seiner vertraglichen Bindung an Otto und Langen - wie von Reuleaux vermutet - vor allem seine eigene Karriere vorantreiben wollte, beweist eine Postkarte, die er seiner Frau Emma bereits im Jahre 1872 schickte. Über die Skizze seiner (zu diesem Zeitpunkt erst geplanten) Direktoren-Residenz malte er einen Stern und schrieb: "Von hier aus wird ein Stern aufgehen, und ich will hoffen, daß er uns und unseren Kindern Segen bringt...".

Durchbruch: Urkunde (oben), Titelblatt (unten rechts) und Zeichnung (unten links) für das Patent DRP 532 vom 4. August 1877, mit dem Otto die Industriegesellschaft revolutionierte

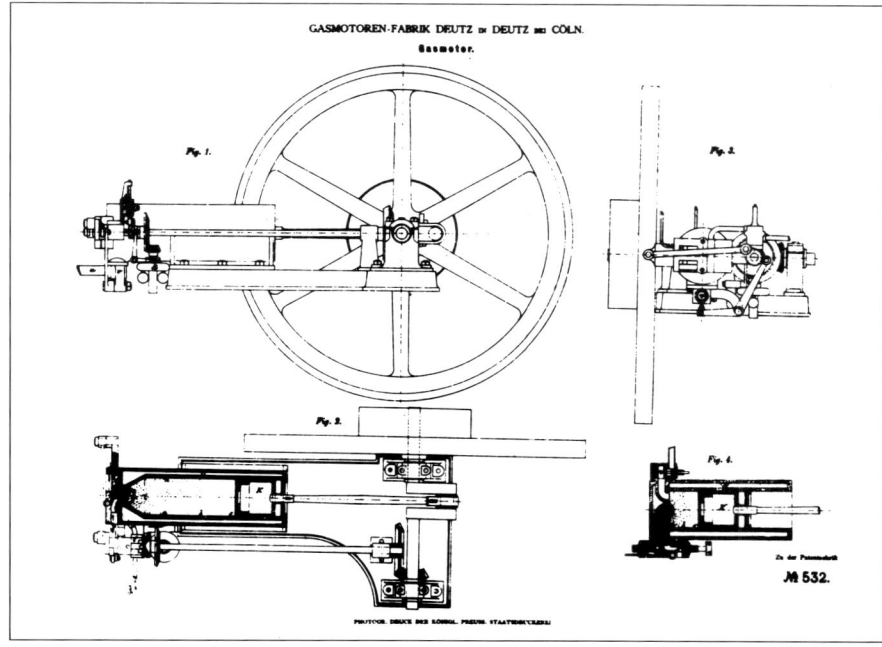

Nicolaus August Otto

Die Gasmotorenfabrik Deutz 1887. Ganz rechts die Direktoren-Doppelhaus-Residenz von Nicolaus August Otto und Gottlieb Daimler

Ottos neuer Motor (hier eine Prospekt-Titelseite) wurde zum Inbegriff für Zuverlässigkeit und sparsamen Verbrauch

Endlich auf Erfolgskurs. Die Montagehalle für Otto-Motoren in der Köln-Deutzer Gasmotoren-Fabrik um 1890

20 Nicolaus August Otto

Otto, herzkrank und immer häufiger erholungsbedürftig, mit Ehefrau Anna und Tochter Gertrud 1890 auf Capri (Italien)

Der Aufsichtsrat kündigt den Vertrag zum 30. Juni 1882. Otto, endlich gleichberechtigter Partner, kommt wieder gesellschaftlichen Verpflichtungen nach, die er seit seinem Zwist mit Gottlieb Daimler vernachlässigt hatte, genießt den Wohlstand, läßt sich am Heumarkt 49 eine Villa im "Stile der mittelalterlichen Renaissance unter Einwirkung gothischer Anklänge" bauen.

Die Voraussetzungen dafür schuf er weit früher: "Eines Tages Anfang 1876 wiederum eine Lösung suchend, beobachtete ich den Rauch, der einem Fabrikschornstein entstieg. Zunächst denselben nur anschauend, wie das hundert Mal früher auch geschah, und wie es wohl viele Leute vor mir taten, brachte ich dann diesen Rauch mit einem Explosionsgemisch in Verbindung.

Nicolaus August Otto

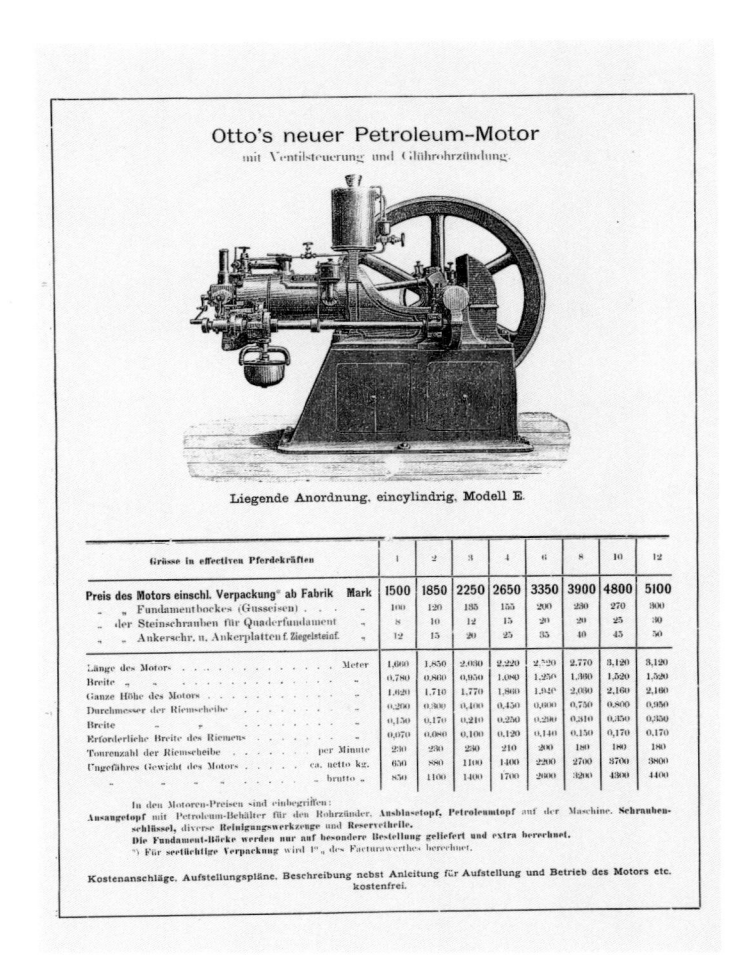

Villa der Familie Otto am Heumarkt 49, Ecke Geyerstraße. Das Foto entstand 1883, die Residenz wurde zerstört und durch ein Geschäftshaus ersetzt

Zunächst sagte ich mir, wenn dies ein Explosionsgemisch wäre, wie würde dieses aufflammen, wie würde sich die Flamme bis in die weiteste Ferne fortpflanzen. Mit diesen Gedanken war mir die Erfindung gegeben. Ich sagte mir, zerstreue ein Explosionsgemisch in vorher angesaugter oder im Zylinder belassener Luft, dann wird sich ein Gemisch bilden, wie dir der Rauch heute zeigt. An der Ausströmstelle des Schornsteins dicht und von da ab entfernt mehr und mehr verdünnt."

Zwar bändigte Otto 1876 die gewaltigen Explosionen im Inneren seiner neuen Viertakt-Kurbelmaschine (patentiert am 4. August 1877), kassierte über drei Millionen an Dividenden, Gehältern und Tantiemen. Sein Lebenstraum aber blieb unerfüllt: ein glückliches Familienleben. Drei seiner sieben Kinder starben, bevor sie sieben wurden, nur Sohn Gustav (einer der ersten Deutschen mit Pilotendiplom) überlebte den Vater, Ehefrau Anna wurde schwer krank. Auch Ottos Gesundheitszustand verschlechterte sich von Monat zu Monat. Daran vermochten regelmäßige Kuren in Marienbad und Baden-Baden nur wenig zu ändern.

Stadt Köln, am 27 Januar 18 91

Vor dem unterzeichneten Standesbeamten erschien heute, der Persönlichkeit nach ———————————— er kannt,

der Oberstabsarzt Doctor Peter Angenstein,

wohnhaft zu Köln, Georgplatz N° 15,

und zeigte an, daß der Fabrikbesitzer Nicolaus August Otto,

58 Jahre alt, evangelischer Religion, wohnhaft zu Köln, Heumarkt 49

geboren zu Holzhausen Kreis Homberg, Ehemann der Anna geborenen Gossi, Sohn der Eheleute Philipp Wilhelm Otto Gutsbesitzer und Anna Catharina geborenen Kaiser, beide gestorben und zuletzt zu Holzhausen wohnhaft,

zu Köln, Heumarkt N° 49,

am sechs und zwanzigsten Januar des Jahres tausend acht hundert neunzig und ein Nachmittags um sieben Uhr verstorben sei. Der Anzeigende erklärte von dem Todesfalle aus eigener Wissenschaft unterrichtet zu sein.

Vorgelesen, genehmigt und unterschrieben

A. Angenstein

Der Standesbeamte.

In Vertretung: Blumenthal

Oberbürgermeister Konrad Adenauer übernimmt das für Otto und Langen errichtete Denkmal 1931 in die Obhut der Stadt Köln

Der Mann, der die Welt revolutionierte und um dessen Patente vor ungezählten Gerichten gestritten wurde, starb am 26. Januar 1891 um sieben Uhr abends an einer Herzlähmung. Er wurde auf dem Kölner Friedhof Melaten beigesetzt. Unter den Beileidsbekundungen war auch ein Brief Gottlieb Daimlers: "...Sie haben einen guten und treuen Vater verloren, ...gern hätte ich es ihm gegönnt, die Früchte seines unermüdlichen Schaffens noch genießen zu dürfen. Auch ich habe ihm viel zu verdanken, die ganze Vergangenheit steigt mir wieder vor der Seele auf, und mein späteres Lebensschicksal ist mit durch ihn bestimmt worden..."

Anna Gossi überlebte ihren hellblauen Ritter um mehr als zwei Jahrzehnte. Sie starb im ersten Kriegswinter am 16. Dezember 1914.

Amtlich: Nicolaus August Otto stirbt am 26. Januar 1891 an einer Herzlähmung. Die Sterbeurkunde (Nr. 405) wurde am 27. Januar in Köln ausgestellt

Nicolaus August Otto 23

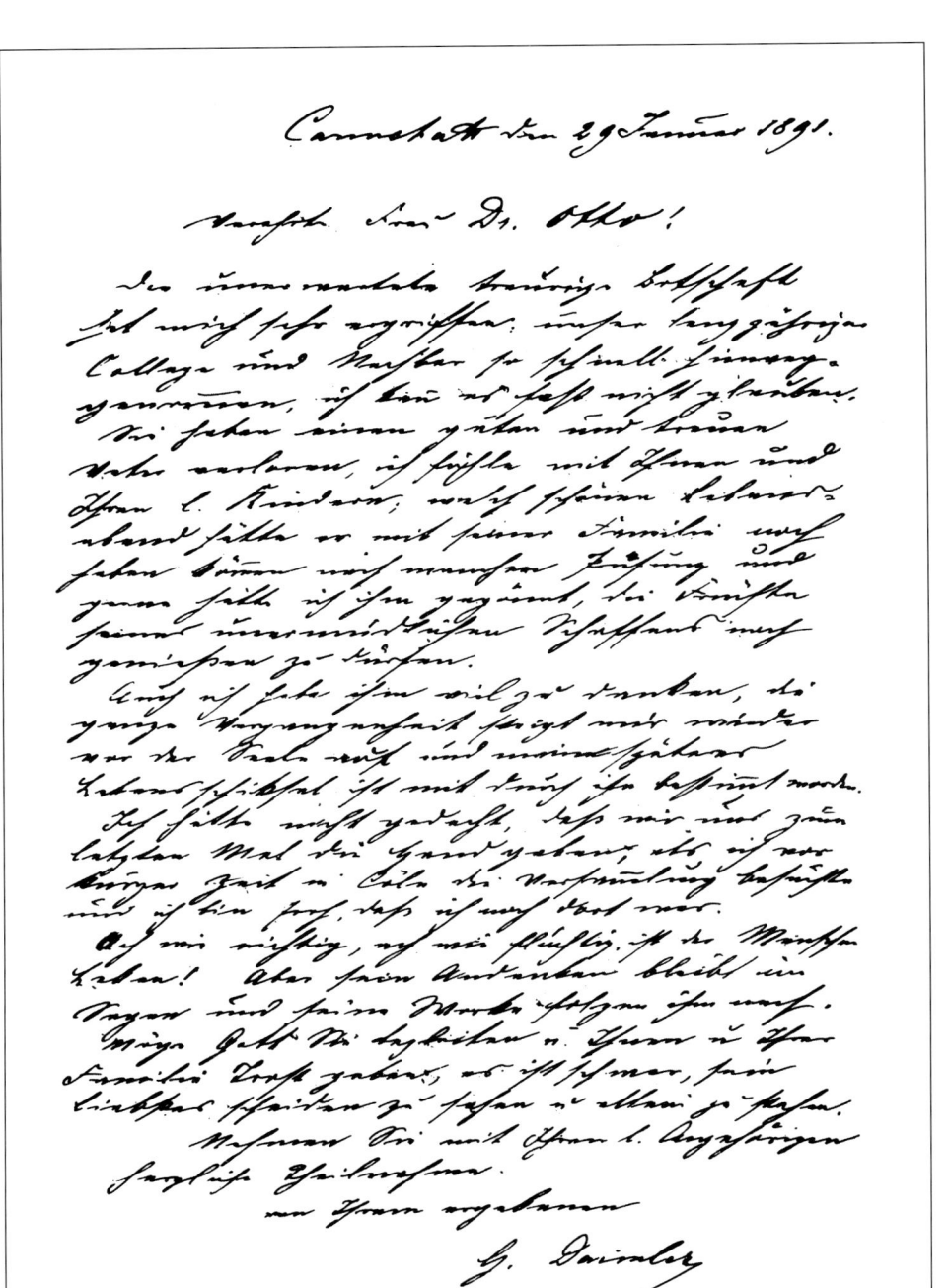

Ettore Bugatti auf Deutz mit "Continental-Gleitschutz" (unten links); Traktor von 1931 (unten rechts). Heute beschäftigt KHD 14.500 Mitarbeiter und setzt Ottos Lebenswerk fort

Kondolenzbrief von Gottlieb Daimler an Anna Otto: "...ich habe ihm viel zu verdanken. Mein späteres Lebensschicksal ist mit durch ihn bestimmt worden..."

Nicolaus August Otto

Gottlieb Daimler
Carl Benz

SIEG DER STERNE

Das erste Motorrad

Mit dem ersten Motorrad der Welt bewies Gottlieb Daimler, daß der "schnellaufende Motor" sich zum Einbau in Fahrzeuge eignete. Der Reitwagen wurde am 29. August 1885 unter der Nummer 36423 patentiert.

Technische Daten: Luftgekühlter Einzylinder-Viertaktmotor, Bohrung 58 mm, Hub 100 mm, Hubvolumen 0,264 Liter, 0,5 PS, 600 U/min, 90 kg, 12 km/h.

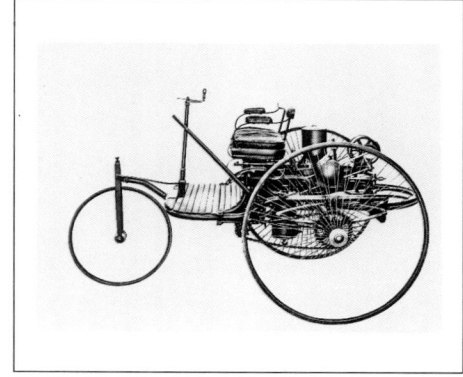

Das erste Automobil

Carl Benz war es, der mit diesem Dreirad den Durchbruch schaffte. Bei seinem Patent-Motorwagen von 1886 war es zum ersten Mal gelungen, Fahrgestell und Antriebseinheit harmonisch aufeinander abzustimmen.

Technische Daten: Liegender Einzylinder-Motor, Bohrung 91,4 mm, Hub 150 mm, Hubraum 984 ccm, Leistung 0,9 PS, 400 Umdrehungen in der Minute, 15 km/h.

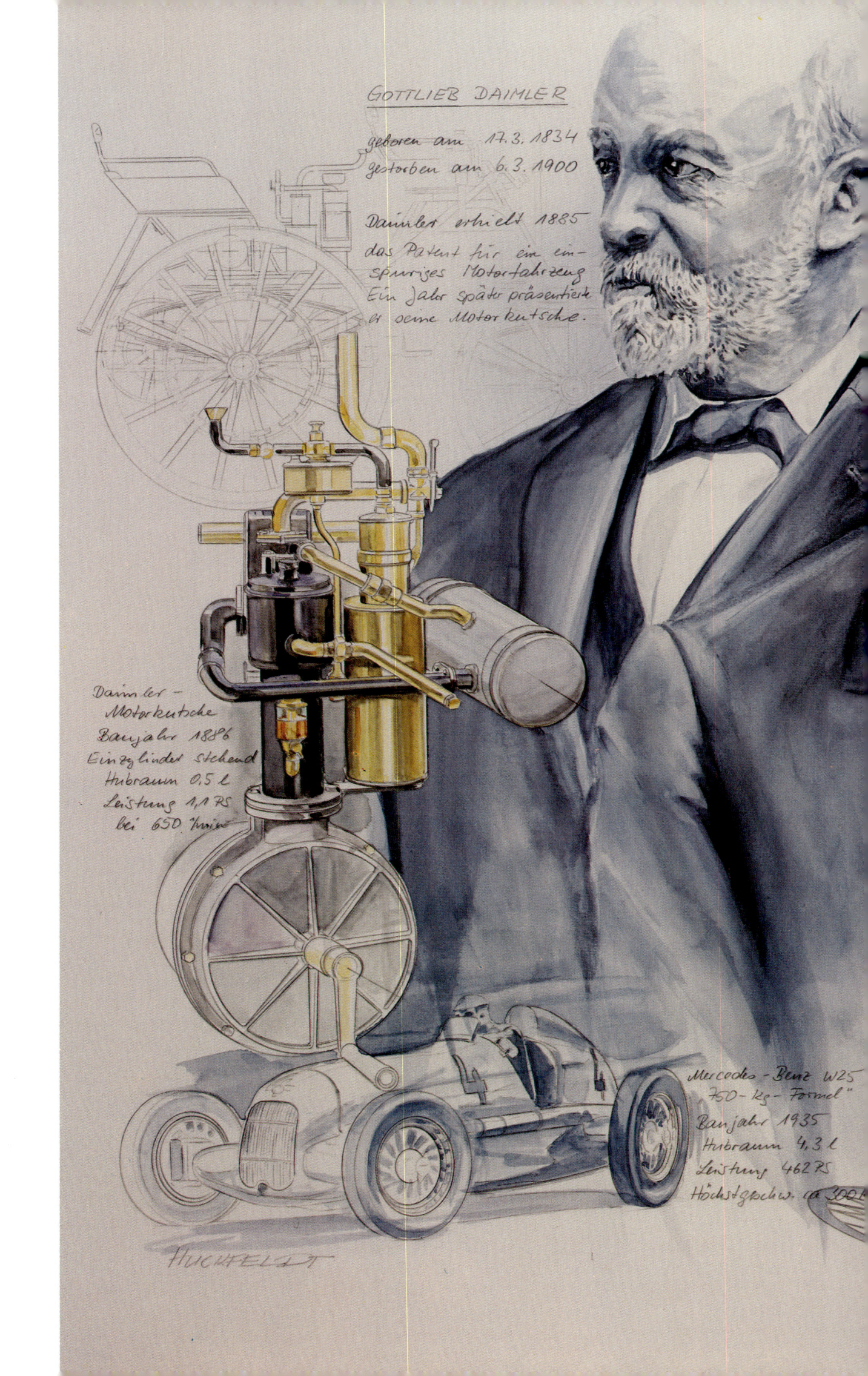

GOTTLIEB DAIMLER

geboren am 17.3.1834
gestorben am 6.3.1900

Daimler erhielt 1885 das Patent für ein einspuriges Motorfahrzeug. Ein Jahr später präsentierte er seine Motorkutsche.

Daimler-Motorkutsche
Baujahr 1886
Einzylinder stehend
Hubraum 0,5 l
Leistung 1,1 PS
bei 650 t/min

Mercedes-Benz W25
"750-kg-Formel"
Baujahr 1935
Hubraum 4,3 l
Leistung 462 PS
Höchstgeschw. ca. 300 km/h

HUCKFELDT

CARL BENZ

geboren am 25.11.1844
gestorben am 4.4.1929

Nach Erteilung des Patents
für Kraftfahrzeuge stellte
Benz 1886 seinen drei-
rädrigen Patent-Motorwagen
vor.

Blitzen-Benz Rekordfahrzeug
21504 ccm; 200 PS; 228,1 km/h (23.4.1911)

Der Dreizack-Stern war Markenzeichen der
Mercedes-Automobile
von Daimler.

1911   1909   1926

Nach der Fusion von
Daimler und Benz
entstand ein
neues Zeichen aus
Stern und
Benz-Lorbeer.

Benz-Patent-Motorwagen
Baujahr 1886
Einzylinder, liegend
Hubraum 0,9 l
Leistung 0,9 PS bei 400 U/min

Zeichnung des Einzylinder-Motors, der 1885 in Gottlieb Daimlers Reitwagen eingebaut wurde. Mit diesem Gefährt sollte bewiesen werden, daß Fortbewegung mit Motorkraft möglich sei

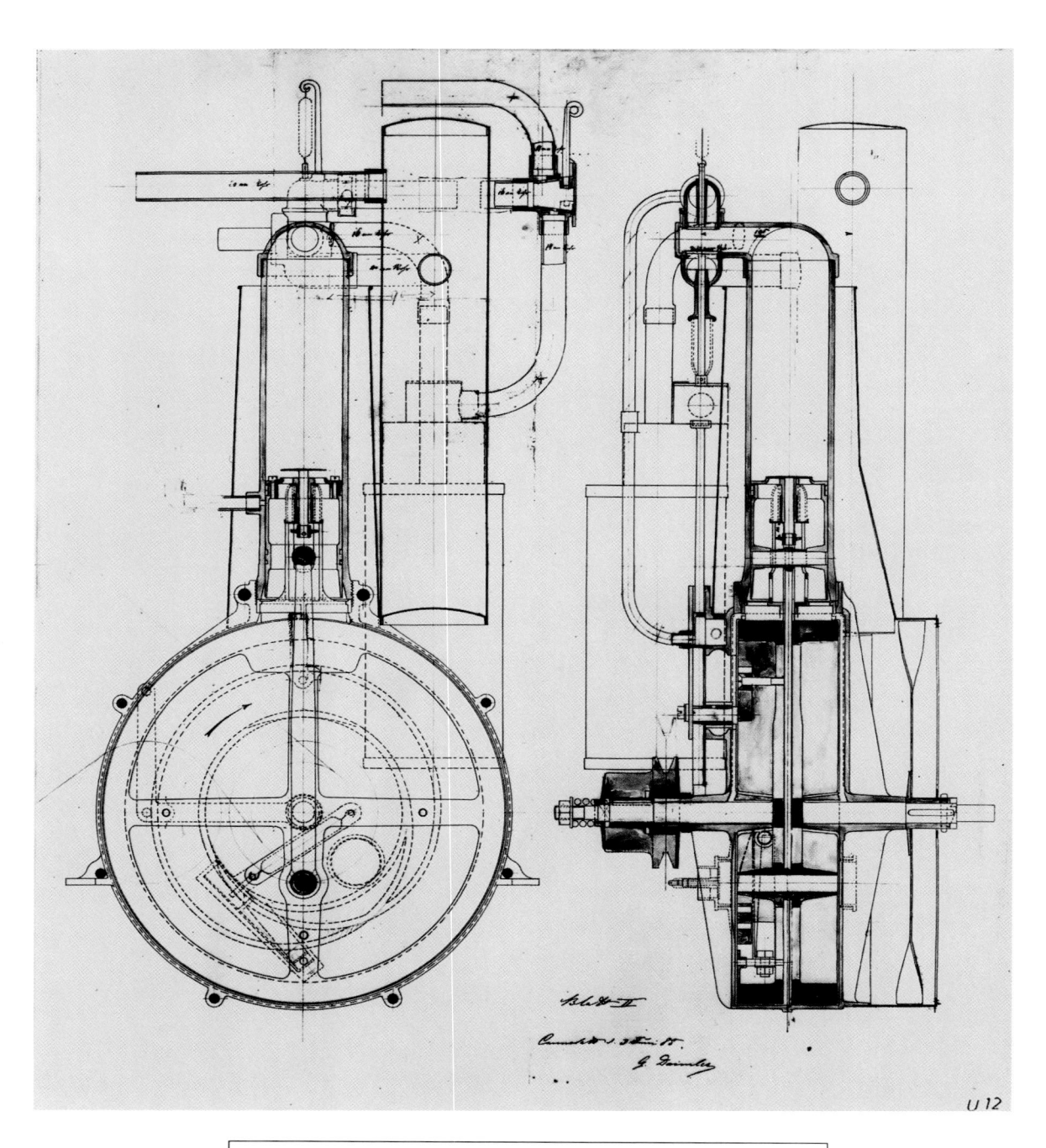

Gekündigt, rausgeflogen. Die Herren Otto und Langen müssen von allen guten Geistern verlassen sein. Einen Gottlieb Daimler setzt man nicht vor die Tür, ein Gottlieb Daimler geht von sich aus. "Aber nicht allein meine Herren, nicht allein..."

Zehn Jahre hatte er sich arrangiert. Wohlgefühlt hat er sich als Direktor der Gasmotorenfabrik Deutz von Nicolaus August Otto und dessen Finanzier Eugen Langen jedoch nie so recht. Nicht enden wollende Auseinandersetzungen mit dem langmütigen Autodidakten Otto waren seit seinem ersten Arbeitstag (1. August 1872) an der Tagesordnung. Und: War es nicht

So sollte sie aussehen - die von Daimler und Wilhelm Maybach geplante neuartige Motorkutsche mit stehendem Einzylinder, 1,5 PS, 700 U/min und 16 km/h Höchstgeschwindigkeit

28 Gottlieb Daimler / Carl Benz

Langen gewesen, der ihn seit der Umwandlung der Firma in eine Aktiengesellschaft (5. Januar 1872) unbedingt als Fabrikationsleiter hatte verpflichten wollen, weil Otto überfordert war? Hatte nicht auch Otto zugestimmt, ihm die "Verantwortung für die Werkstätten und für das Zeichenbüro" zu übertragen? Gut, seine finanziellen Forderungen hatten die Kölner verschreckt. Aber Vertrag war Vertrag. Ein Jahresgehalt von 1500 Talern, eine fünfprozentige Beteiligung am Reingewinn der Gasmotoren-Fabrik Deutz und ab Januar 1873 freies Wohnen in der Direktoren-Villa waren doch wohl nicht zuviel verlangt.

Gutes Geld für gute Arbeit. Die hatte er geleistet. Zusammen mit seinem Freund und Mitarbeiter Wilhelm Maybach, den er als Leiter der Konstruktionsabteilung vorgeschlagen und der bereits am 1. Januar 1873 seinen Dienst angetreten hatte. Die Produktivität war erheblich gestiegen, Ottos atmosphärische Maschine hatte ein verhältnismäßig hohes konstruktives und fertigungstechnisches Niveau erreicht, die Aufträge konnten ohne allzu große Verzögerungen bearbeitet werden. Nicht zuletzt deshalb, weil Daimler Fabrikarbeiter aus Württemberg ab-

Gottlieb Daimler wurde am 17. März 1834 als Sohn eines Bäckermeisters in diesem Fachwerkhaus in der Stuttgarter Höllgasse geboren (das Haus wurde inzwischen mehrfach renoviert)

Motor des ersten Daimler-Motorwagens. Die 1886 in Daimlers ersten Motorwagen eingebaute Maschine war wassergekühlt (Bohrung 70 mm, Hub 122 mm, Gesamthubraum 469 ccm, 0,46 l

Braver Junge, guter Schüler, fleißiger Auszubildender. Als Gesellenstück wählte der Büchsenmacher-Lehrling Gottlieb Daimler eine Pistole - und wurde zum Gesellen befördert

Der Beweis ist erbracht - die Kutsche fährt, von unsichtbaren Kräften geschoben. Nach dem Reitwagen und einem Bootsmotor der dritte Versuch Daimlers, die Welt mobil zu machen

Teuer, aber repräsentativ: Die Daimler-Villa am Kurpark von Stuttgart - Bad Cannstatt. In den Aufbaujahren der Daimler Motorengesellschaft nutzte er sie als Wohn- und Geschäftshaus

warb und die Deutzer Handwerker an den Rhythmus moderner Industrie-Fertigung gewöhnte. Es war ihm nach nur zweieinhalbjähriger Tätigkeit gelungen, die Jahresproduktion auf 643 Motoren mit einer Gesamtleistung von 735 PS zu steigern. Mit nur 230 Mann. Die Meister hatten, entsprechend der Zahl der funktionstüchtigen Maschinen, eine Gratifikation erhalten, Maybach war pro Motor mit einer Sondervergütung von einem Taler beteiligt worden.

Daß sich der atmosphärische Motor überlebt hatte, war schließlich nicht seine Schuld. Mehr als drei PS konnte er kaum leisten, seine Größe, sein Gewicht und sein unruhiger Lauf schränkten die Einsatzfähigkeit erheblich ein - an den Antrieb von Motor-Kutschen war unter diesen Umständen nicht zu denken.

Gewächshaus mit "Arbeitszimmer für den Gärtner" - so hatte es in den Bauplänen geheißen. Daimler ließ es - um ungestört arbeiten zu können - in eine Werkstatt umbauen

Platz für Versuchs- und Testreihen. In der für damalige Verhältnisse luxuriösen Werkstatt entstand 1882 auch Daimlers erster schnellaufender Verbrennungsmotor

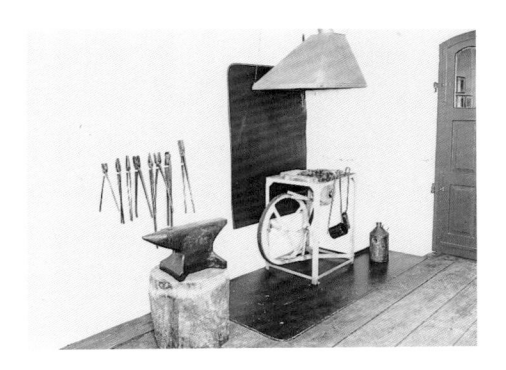

Glücklich verheiratet: Gottlieb Daimler mit seiner ersten Frau Emma, der Apothekertochter Kurz aus Maulbronn (die Aufnahme entstand Mitte der Siebziger Jahre)

Gottlieb Daimler / Carl Benz 31

Familientreffen auf der Terrasse: Gottlieb Daimler, seine Maulbronner Schwägerin Marie Kurz, der älteste Sohn Paul Daimler, Sohn Adolf, Schwiegervater Kurz (Apotheker in Maulbronn), der jüngste Sohn Wilhelm (schwer verletzt und von da an gehbehindert), Daimlers Frau Emma, die älteste Tochter Emme mit ihrer Puppe Rosa und seine zweite Tochter Martha Daimler

Das erste Daimler-Motorboot lief 1886 auf dem Neckar vom Stapel. Die 1888 fertiggestellte "Marie" war mit einem 1,3 PS Einzylinder-Motor ausgestattet

Canstatter Ausstellungs-Straßenbahn (1887). Ein mit Daimler-Motoren angetriebenes Miniatur-Schienenfahrzeug auf dem Cannstatter Volksfest

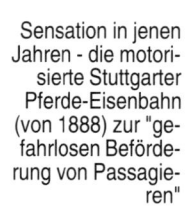

Sensation in jenen Jahren - die motorisierte Stuttgarter Pferde-Eisenbahn (von 1888) zur "gefahrlosen Beförderung von Passagieren"

32 Gottlieb Daimler / Carl Benz

Der Daimler-"Stahlradwagen" von 1889 wurde von einem neuartigen Zwei-Zylinder-V-Motor angetrieben. Das Fahrgestell bestand aus Stahlrohren, in denen das Kühlwasser zirkulieren sollte

Motor des "Stahlradwagens" mit Brennergehäuse. Die bei Daimler entstandene Maschine leistete 1,5 PS bei 920 U/min, hatte einen Hubraum von 565 ccm und erreichte 18 km/h

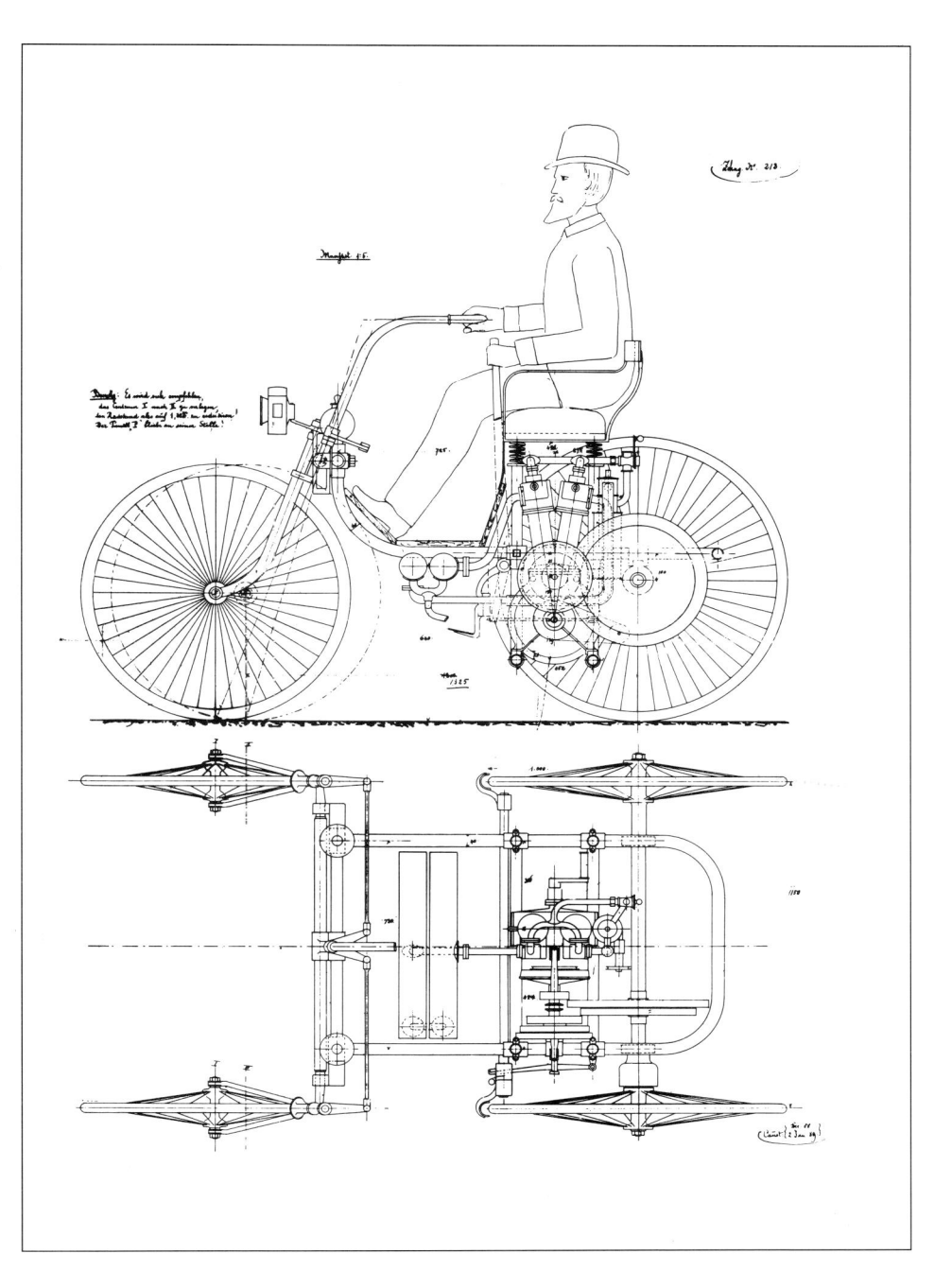

Gottlieb Daimler / Carl Benz 33

William Steinway, weltweit ein Begriff als Konzertflügel-Hersteller, leitete die Daimler-Geschäfte in den USA. Die Partnerschaft führte 1888 zur Gründung der Daimler Motor Co.

Benötigten die Techniker für das Aufstellen der stationären Zwei-PS-Aggregate eine Raumhöhe von drei Metern, brauchten sie für die Drei-PS-Version bereits stolze vier Meter. Zuviel für kleine Handwerksmeister, die am Aufbruch der Gründerjahre teilhaben wollten.

Mehr hatte er nicht tun können. Unter seiner Leitung waren die tonnenschweren Motoren inzwischen auf Petroleum-Destillate umgerüstet worden, deren Explosionssicherheit auf Anweisung des Aufsichtsrates vom 5. Januar 1876 in umfangreichen Testserien untersucht und für unbedenklich erachtet worden war. Langens Bruder Gustav hatte lange zu vermitteln versucht. Vergebens. "Ein gedeihliches, kollegiales Zusammenarbeiten" zwischen Otto und Daimler war "nicht mehr möglich".

Daran änderte auch das Angebot nichts, in Rußland eine neue Filiale der Deutzer Gasmotoren-Fabrik aufzubauen und so die motorischen Kontrahenten für einige Monate, wenn nicht Jahre, wenigstens räumlich voneinander zu trennen. Daimler willigte ein.

WILLIAM STEINWAY, PRESIDENT.
LOUIS VON BERNUTH, TREASURER.
ADOLPH H. BURKARD, SECRETARY.

ILLUSTRATED

CATALOGUE AND PRICE-LIST

OF THE

DAIMLER MOTOR COMPANY'S

Gas and Petroleum Motors

FOR

STREET RAILROAD CARS, PLEASURE BOATS, CARRIAGES,

QUADRICYCLES, FIRE ENGINES,

AS WELL AS ALL STATIONARY, MANUFACTURING OR OTHER PURPOSES.

Manufacturing Works and Principal Office:

Nos. 937, 939 and 941 STEINWAY AVENUE,

"STEINWAY," LONG ISLAND CITY, N. Y.

Branch Office: 111 East Fourteenth Street,

NEW YORK CITY.

1891.

Stolz, ein Daimlerianer zu sein: Foto-Termin für die Werksangehörigen der Dreherei der Daimler-Motorengesellschaft im Jahre 1893

Daimler selbst reiste in die Vereinigten Staaten von Amerika, um den Besuchern der "Columbian Exposition" 1893 das erste in USA gezeigte Automobil vorzustellen

Nach dem Tode seiner Frau Emma, heiratete Gottlieb Daimler 1893 zum zweiten Male. Mit der 21 Jahre jüngeren Lina, geborene Schwend, bekam der fünffache Vater weitere zwei Kinder

Gottlieb Daimler / Carl Benz 35

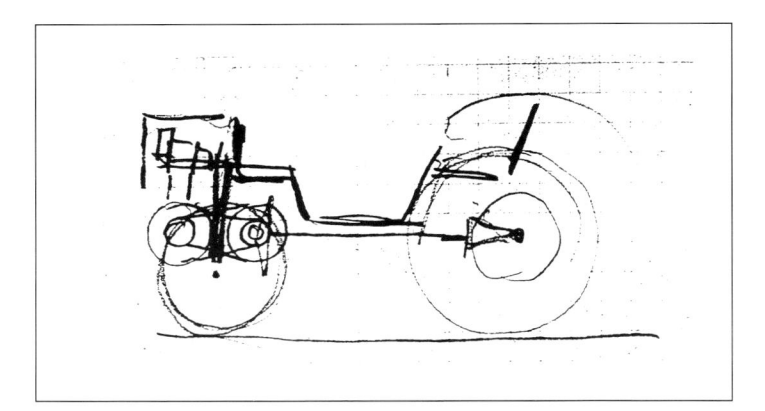

Notizbuch-Skizzen des genialen Wilhelm Maybach, der von Daimler gebeten worden war, ihn in die Gasmotoren Fabrik von Nicolaus Otto und Eugen Langen nach Köln zu begleiten

In Reutlingen lernte Gottlieb Daimler den 1846 geborenen Wilhelm Maybach kennen - eine schicksalhafte Begegnung. Denn ohne Maybachs Mitarbeit wären seine Erfolge undenkbar gewesen

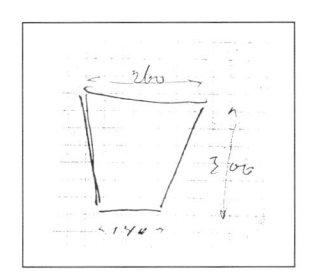

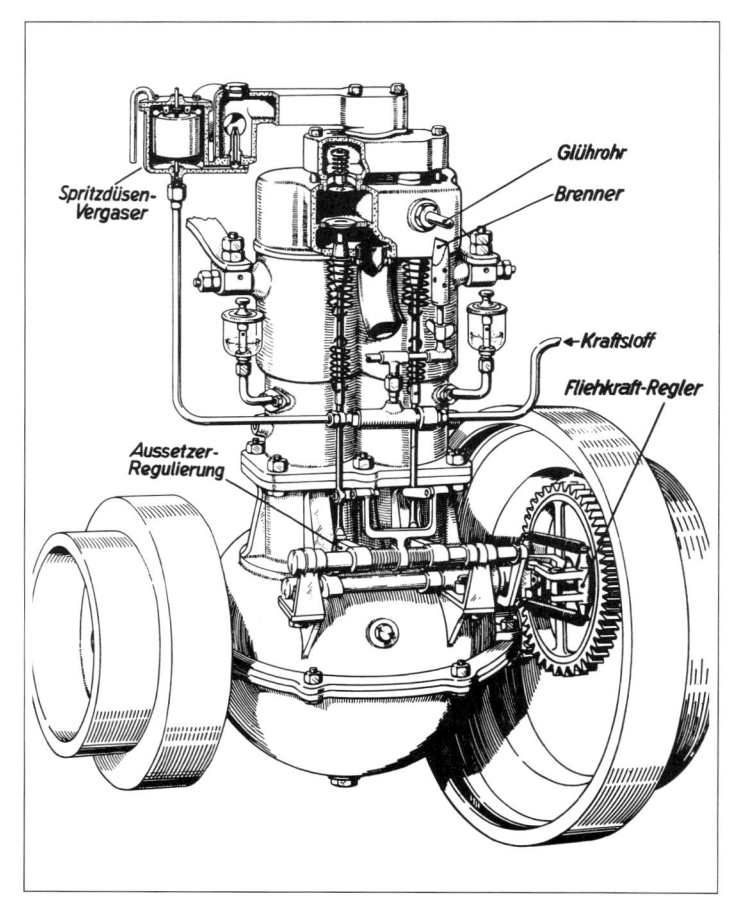

Richtungweisend: der Phönix-Motor in Zweizylinder-Ausführung mit dem von Wilhelm Maybach in Gottlieb Daimlers Cannstatter Gesellschaft entwickelten Spritzdüsen-Vergaser (1893)

36 Gottlieb Daimler / Carl Benz

Der Phönix wurde als erster Daimler-Wagen mit einem Viergang-Zahnrad-Wechselgetriebe ausgestattet, der Motor (5,5 Liter, vier Zylinder) war vorne stehend eingebaut

Er trat seine Reise über Berlin nach Moskau, St. Petersburg, Riga, Nowgorod, Tula, Charkow und Odessa am 30. September 1881 an. Sein Bericht aber, den er bereits 14 Tage später vorlegte, war eindeutig. Das "unvorstellbar rückständige" Zarenreich - kein Pflaster für den aufbrausend ehrgeizigen, dennoch weltgewandt bürgerlichen Daimler. Trotz glänzender Aussichten auf ausgezeichnete Geschäfte. "Denn", betonte er ausdrücklich, "hier schreit alles nach Belebung durch technischen Fortschritt." Ein Ende mit Schrecken. Dolchstoß.

Allzu schmerzhaft war er nicht. Der Rückzug wurde ihm, dem Büchsenmacher, Maschinenbauer und begnadeten Kaufmann vergoldet: ein Aktienpaket von 112.000 Mark, für das er allein 1882/83 stolze 96 Prozent Dividende kassierte - mehr als genug, den Schritt in die Selbständigkeit zu wagen. Zumal mit ihm auch seine rechte Hand, Wilhelm Maybach, bei den Deutzern in Ungnade gefallen war. Daimler bot ihm einen Vertrag an, um - wie es darin hieß - "die Interessen des Herrn Maybach mit denen des Herrn Daimler dauernd zu verbinden."

Das erreichten sie am 18. April 1882 mit zehn "Einzelabmachungen", die seinem Vertrauensmann unter anderem 3600 Mark Jahresgehalt und vier Prozent aus einem sichergestellten Kapital von 30.000 Mark garantierten. "Herr Maybach" übernahm dafür "bei Herrn Daimler in Cannstatt die Stelle als Ingenieur und Konstrukteur zur Ausarbeitung und praktischen

"... Die hocheleganten Fahrzeuge werden von geübten Leuten in Livree sicher geleitet... Die Wagen sind in zwei Minuten zum Fahren gerüstet..." - Werbung für die Kutscherei (1897)

Gottlieb Daimler / Carl Benz 37

Es roch nach Schmieröl, Benzin und Farbe. Doch die Arbeiter, die in der von ohrenbetäubendem Lärm erfüllten Montagehalle ihr Geld verdienten, hätten ihre Stellung niemals aufgegeben

Paradestück: Gottlieb Daimler ließ keine Gelegenheit ungenutzt, seine Produkt-Pallette zu präsentieren. Wie in Bremen, wo er im Jahre 1899 die Ausstellungsbahn baute

1900. Das legendäre Luftschiff "Zeppelin" LZ 1 am 2. Juli auf seiner ersten Fahrt mit zwei Daimler-Vierzylinder-Motoren von zehn und zwölf PS über dem Floß Modell "N"

Durchführung diverser Projekte und Probleme im maschinentechnischen Fache, welche ihm von Herrn Daimler aufgetragen werden; sowie eventuell auch andere technische oder kaufmännische Arbeiten für denselben."

Und der hatte seine Karriere bestens vorbereitet. In der ihm bis zu seinem endgültigen Ausscheiden bei Otto und Langen verbliebenen Zeit hatte Daimler mit seiner Frau Emma, der neun Jahre jüngeren Apotheker-Tochter (geborene Kunz) beschlossen, nach Cannstatt umzusiedeln und eine prunkvolle Villa am Rande des Kurparks, der heutigen Taubenheimstraße, zu kaufen. Im Juli 1882 war es vollbracht: Gottlieb, Emma, die fünf Sprößlinge Paul, Adolf, Emma, Marta und Wilhelm zogen um, das Gewächs-

Fotografische Feinarbeit statt hektischer Betriebsamkeit. Ruhig und menschenleer war es vor den Toren der Motoren-Gesellschaft in Untertürkheim allerdings nur bei Sonnenaufgang

Angenehme Arbeitsatmosphäre dank fortschrittlicher Technologie. Der Speisesaal (links) war ofengeheizt, Arbeiter und "Beamte" durften duschen, im Büro standen Schreibmaschinen (unten)

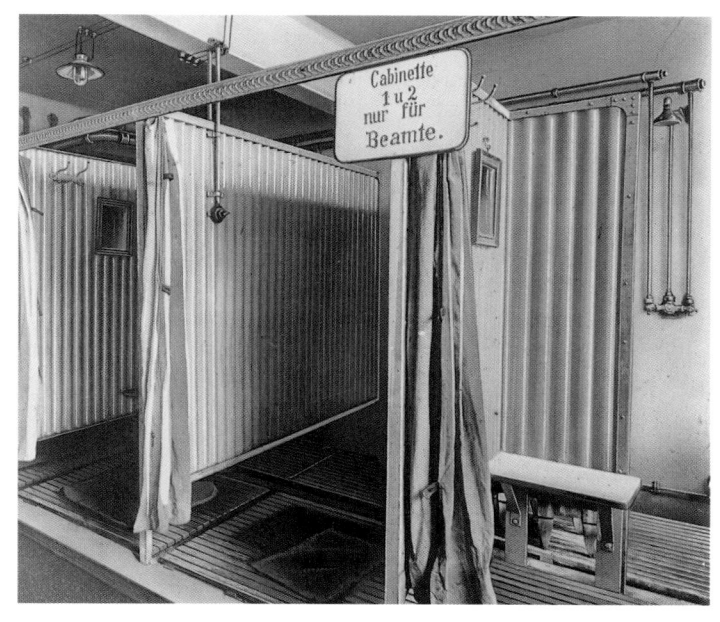

Gottlieb Daimler / Carl Benz 39

Semmering-Rennen 1899: Der motorsportbegeisterte Großkaufmann Emil Jellinek am Steuer des 24 PS-Daimler-Boliden. Mit ihm im Wagen die Herren Braun, Spiegel, Zels und Fernand

Der in Nizza lebende österreichische Generalkonsul Emil Jellinek nahm unter dem Pseudonym "Mercedes" äußerst erfolgreich an Rennen teil - und schlug Daimler ein gutes Geschäft vor...

Villla Mercedes an der Coté d' Azur. Der Diplomat und Kaufmann Jellinek hatte die Residenz (wie auch den Rennwagen) nach seiner über alles geliebten Tochter benannt

haus wurde um einen Werkstattanbau vergrößert, die Gerätekammer zum Büro, in dem er seine Idee vom kleinen, schnellaufenden, mit Ligroin (Benzin aus der Apotheke) angetriebenen Verbrennungsmotor verwirklichen wollte: "Zutritt strengstens verboten" - nicht einmal seine Familie durfte das Heiligtum betreten.

Der Erfolg gab ihm recht. Im August 1885 reichte er die Patentschrift für das erste Motorrad der Welt ein, im November hoppelte sein ungefederter Reitwagen auf eisenbeschlagenen Holzrädern von Cannstatt nach Untertürkheim.

Das erste "Auto" sollte bald folgen. Als "Geburtstagsgeschenk für meine Frau" bestellte er beim Königlichen Hoflieferanten W. Wimpff & Sohn in Stuttgart eine blau-rote Kutsche, "Typ Americain". Lieferung am 18. August 1886. Preis: 775 Mark. Vom Pferde- zum Motorbetrieb umgebaut wurde das Gefährt in der Maschinenfabrik Esslingen.

Die Ereignisse überschlugen sich. Daimler reiste - trotz seiner angeschlagenen Gesundheit - mit seiner zweiten Frau Lina, geborene Schwend, verwitwete Hartmann (Emma starb 1889),

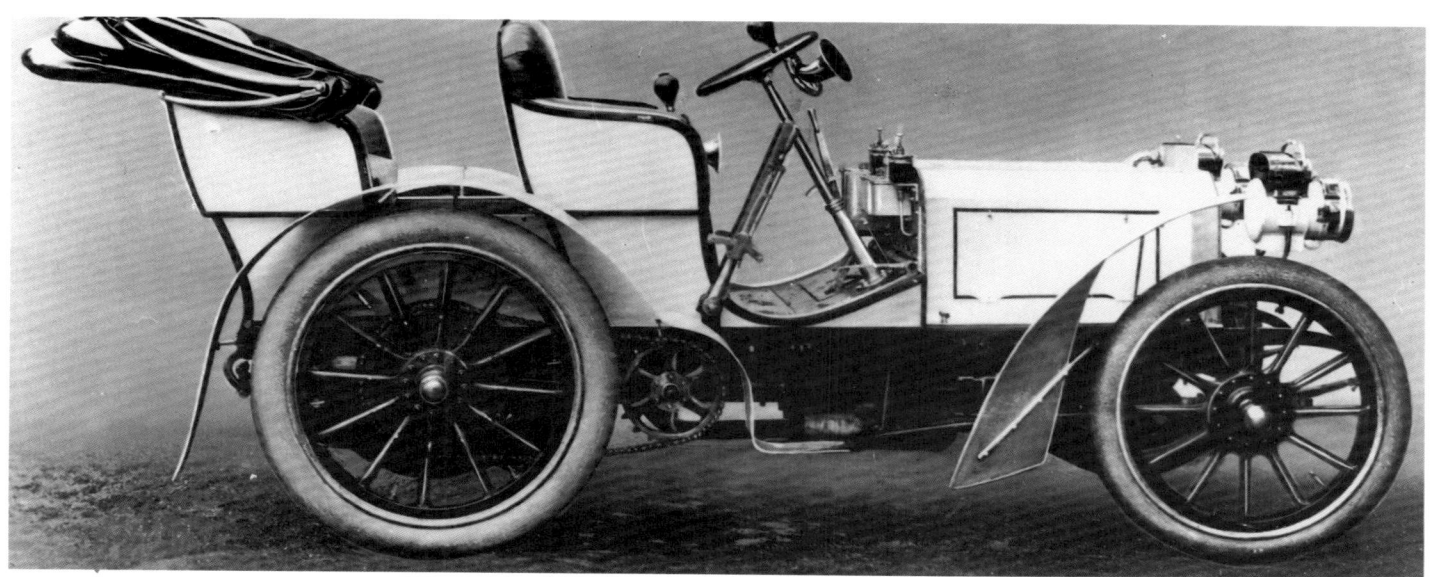

Der robuste "Mercedes" (Phönix/Daimler-Motorwagen) von 1901 - mit ihm begann im Hause der Daimler Motorengesellschaft die Geschichte des modernen Auto-Mobils

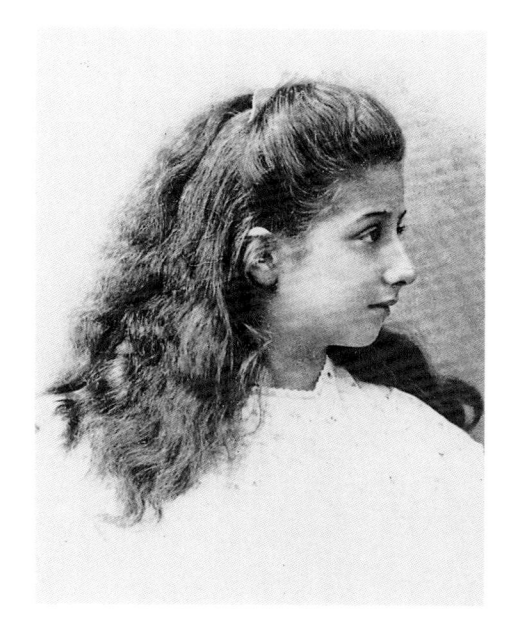

1902 als Wortmarke gesetzlich geschützt: der Name von Jellinek-Tochter "Mercedes". 1926 fusionierten Daimler und Benz zur Daimler-Benz AG mit der Marke Mercedes-Benz

Gottlieb Daimler / Carl Benz

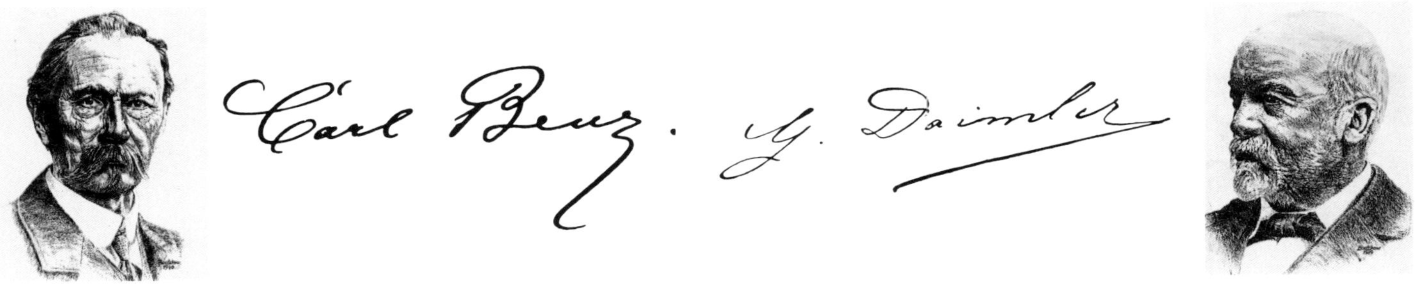

Carl Benz. *G. Daimler*

MERCEDES BENZ

Die beiden ältesten und größten Automobilwerke Deutschlands haben sich zusammengeschlossen, damit sie, gestützt auf ihre mehr als 40 jährigen Erfahrungen im Automobilbau, ihren gemeinsamen Einkauf der Rohstoffe und des Fabrikationsmaterials und eine großzügige Außenorganisation ihren über die ganze Welt verbreiteten Abnehmern

PERSONEN- UND NUTZFAHRZEUGE
IN UNÜBERTREFFLICHER GÜTE
PREISWERT DARBIETEN KÖNNEN·

DAIMLER-MOTOREN-GESELLSCHAFT	BENZ & Cie
Werk Untertürkheim, Werk Marienfelde, Werk Sindelfingen	Rheinische Automobil- und Motorenfabrik · Aktiengesellschaft Mannheim, Benzwerke Gaggenau

1909

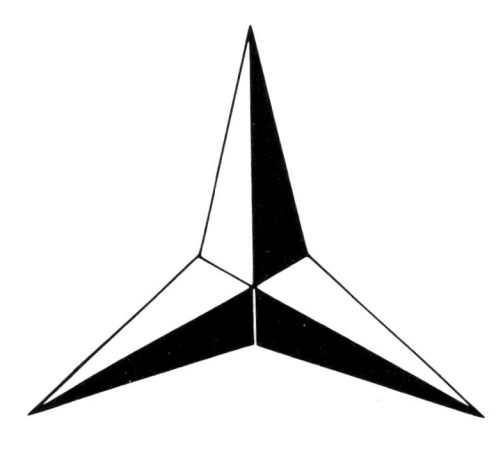

1909

1916

nach Amerika, England, Frankreich und lernte in Nizza den österreichischen Großkaufmann Emil Jellinek kennen. Der machte ihm 1900 ein phänomenales Angebot: Kauf von 36 Wagen im Wert von 550.000 Goldmark. Die Bedingungen erschienen Daimler fair: Alleinverkaufsrechte für Österreich-Ungarn, Frankreich und Amerika; Verwendung des Namens seiner zwölfjährigen Tochter Mercedes und Mitspracherecht bei der Konstruktion. Gottlieb Daimler starb im gleichen Jahr an Herzversagen. Jellinek zog in den Aufsichtsrat der Daimler-Motoren-Gesellschaft ein. Der Name Mercedes blieb erhalten und wurde 1902 als Wortmarke geschützt.

Während der dreizackige Daimler-Stern als Symbol für seine Motorisierungs-Phantasien zu Lande, zu Wasser und in der Luft bereits zu strahlen begann, kämpfte in Mannheim eine couragierte Frau noch immer verbissen um das Wohl ihres geliebten, von Selbstzweifeln gequälten Mannes: Bertha Benz. Zwar hatte ihr Carl am 29. Januar 1886 ein Patent auf das erste fahrtüchtige Automobil der Welt erhalten. Doch genützt hatte das wenig. Carl, der Perfektionist, der Zaude-

1926

1933

1989

Gottlieb Daimler / Carl Benz

Tradition: Über viele Generationen betrieben Angehörige der Familie Benz das Schmiede-Handwerk. Das Foto zeigt den Stammsitz der Dynastie im badischen Pfaffenrot

Introvertiert, scheu, weltfremd - der Mann, der mit der Erfindung des Automobils das gesellschaftliche Leben von Grund auf verändern sollte: Carl Benz mit 26 und als Student

rer wollte es nicht verkaufen. Zu groß war seine Skepsis gegenüber der eigenen Erfindung, zu tief das Mißtrauen in die Funktionstüchtigkeit seiner in der Silvesternacht 1879 zum ersten Mal ratternden (damals noch stationären) Gasmaschine.

Sie hatte es mit eigenen Augen gesehen: Carls Zweitakter, an dem er in den vergangenen Monaten Tag und Nacht gearbeitet hatte, lief. Und daß dieser Jahreswechsel der schönste ihres Lebens werden sollte, hatte sie gefühlt. Ganz tief im Herzen. Dabei hatte ihr Mann zunächst wieder einmal abgewunken. Eine kleine Feier hatte er sich vorgestellt. Allein mit seiner Bertha. Ein Gläschen Sekt vielleicht.

Doch sie hatte sich durchgesetzt, ihn zu einem erneuten Besuch seines Kabinetts gedrängt. Er hatte nachgegeben. Wieder einmal. Gottlob.

Jahre später erst vermochte er darüber zu sprechen: "Nach dem Nachtessen sagte meine Frau: wir müssen doch noch einmal hinüber in die Werkstatt und unser Glück versuchen. In mir lockt etwas und läßt keine Ruhe. Und wieder stehen wir vor dem Motor wie vor einem großen, schwer rätselbaren Geheimnis. Mit starken

Schlägen pocht das Herz. Ich drehe an. Tät, tät, tät! antwortet die Maschine. In schönem, relgemäßigem Rhythmus lösen die Takte der Zukunftsmusik einander ab. Über eine Stunde lauschten wir tief ergriffen dem einförmigen Gesang. Was keine Zauberflöte der Welt zuwege gebracht hat, das vermag jetzt der Zweitakter. Je länger er singt, desto mehr zaubert er die drückend harten Sorgen vom Herzen. In der Tat! War auf dem Herwege die Sorge neben uns hergegangen, so ging auf dem Rückweg die Freude neben uns her. Auf die Glückwünsche der Umwelt konnten wir an diesem Neujahrsabend verzichten. Denn wir hatten ja das leibhaftige Glück an der Arbeit gesehen in unserer ärmlichen kleinen Werkstätte, die an diesem Abend zur Geburtsstätte eines neuen Motors wurde.

Lange noch standen wir aufhorchend im Hofe umher, und immer noch zitterte es verheißungsvoll durch die Stille der Nacht: Tät, tät, tät! Auf einmal fingen auch die Glocken zu läuten an. Silvesterglocken!

Uns war's, als läuteten sie nicht nur ein neues Jahr, sondern eine neue Zeit ein, jene Zeit, die vom Motor den neuen Pulsschlag empfangen sollte."

Carl Benz baute den ersten Motorwagen, bei dem das Fahrgestell und die Antriebseinheit harmonisch aufeinander abgestimmt waren. Bei der Ausfahrt am 3. Juli 1886 erreichte er 15 km/h

Trieb den am 29. Januar 1886 patentierten Benz-Motorwagen an: der liegende Einzylinder-Motor (Bohrung 91,4 mm, Hub 150 mm, Hubraum 984 ccm, Leistung 0,9 PS bei 400 U/min)

KAISERLICHES PATENTAMT.

PATENTSCHRIFT
— № 37435 —

KLASSE 46: LUFT- UND GASKRAFTMASCHINEN.

BENZ & CO. IN MANNHEIM.
Fahrzeug mit Gasmotorenbetrieb.

Patentirt im Deutschen Reiche vom 29. Januar 1886 ab.

Ausgegeben den 2. November 1886.

Vorliegende Construction bezweckt den Betrieb hauptsächlich leichter Fuhrwerke und kleiner Schiffe, wie solche zur Beförderung von 1 bis 4 Personen verwendet werden.

Auf der beiliegenden Zeichnung ist ein kleiner Wagen nach Art der Tricycles, für 2 Personen erbaut, dargestellt. Ein kleiner Gasmotor, gleichviel welchen Systems, dient als Triebkraft. Derselbe erhält sein Gas aus einem mitzuführenden Apparat, in welchem Gas aus Ligroin oder anderen vergasenden Stoffen erzeugt wird. Der Cylinder des Motors wird durch Verdampfen von Wasser auf gleicher Temperatur gehalten.

Der Motor ist in der Weise angeordnet worden, dafs sein Schwungrad in einer horizontalen Ebene sich dreht und die Kraft durch zwei Kegelräder auf die Triebräder übertragen wird. Hierdurch erreicht man nicht nur vollständige Lenkbarkeit des Fahrzeuges, sondern auch Sicherheit gegen ein Umfallen desselben beim Fahren kleiner Curven oder bei Hindernissen auf den Fahrstrafsen.

Die Kühlung des Arbeitscylinders des Motors geschieht durch Wasser, welches die ringförmigen Zwischenräume ausfüllt. Gewöhnlich läfst man das Kühlwasser bei Gasmotoren mit geringer Geschwindigkeit durch den Cylinder sich bewegen, indem das kalte unten eintritt und das erwärmte oben abfliefst. Es ist aber dazu ein grofser Wasservorrath nöthig, wie ihn leichte Fuhrwerke zu Land nicht gut mitführen können, und daher folgende Einrichtung getroffen worden: Das Wasser um den Cylinder verdampft. Die Dämpfe streichen durch das oberhalb des Cylinders angebrachte Rohrsystem 1, werden dort zum gröfsten Theil condensirt und treten wieder als Wasser unten in den Cylinder ein. Der nicht condensirte Dampf entweicht durch die Oeffnung 2.

Das zum Betrieb des Motors nöthige Gas wird aus leicht verdunstenden Oelen, wie Ligroin, dargestellt. Um stets ein gleichmäfsiges Gasgemenge zu erhalten, ist es nöthig, dafs neben der gleichmäfsigen Luftzutritt und der gleich hohen Temperatur des Ligroins auch der Stand des letzteren im Kupferkessel 4 ein möglichst gleicher sei, und ist zu diesem Zweck der Vorrathsbehälter 5 mit dem Kupferkessel 4 durch eine enge Röhre 6, die in ein weites Wasserstandsglas 7 mündet, verbunden. An der Röhre ist ein kleiner Hahn 8 angebracht, um den Zuflufs nach Bedarf reguliren zu können. Durch die Glasröhre ist das tropfenweise Eintreten des frischen Ligroins wahrzunehmen und zugleich der Stand desselben im Apparat zu controliren.

Das Ingangsetzen, Stillhalten und Bremsen des Fuhrwerkes geschieht durch den Hebel 9. Der Motor wird, bevor man den Wagen besteigt, in Betrieb gebracht. Dabei steht der Hebel auf Mitte. Will man das Fuhrwerk in Bewegung setzen, so stellt man den Hebel 9 nach vorwärts, wodurch der Treibriemen vom Leerlauf auf die feste Scheibe geschoben wird. Beim Anhalten bewegt man den Hebel 9 wieder auf Mitte, und will man bremsen, so drückt man ihn über Mitte rückwärts. Der ausgerückte Riemen bleibt dabei in seiner Stellung und nur die Bremse wird angezogen. Um zu bewirken, dafs, wenn der Riemen auf Leerlauf gestellt ist, derselbe bei weiterer Rück...

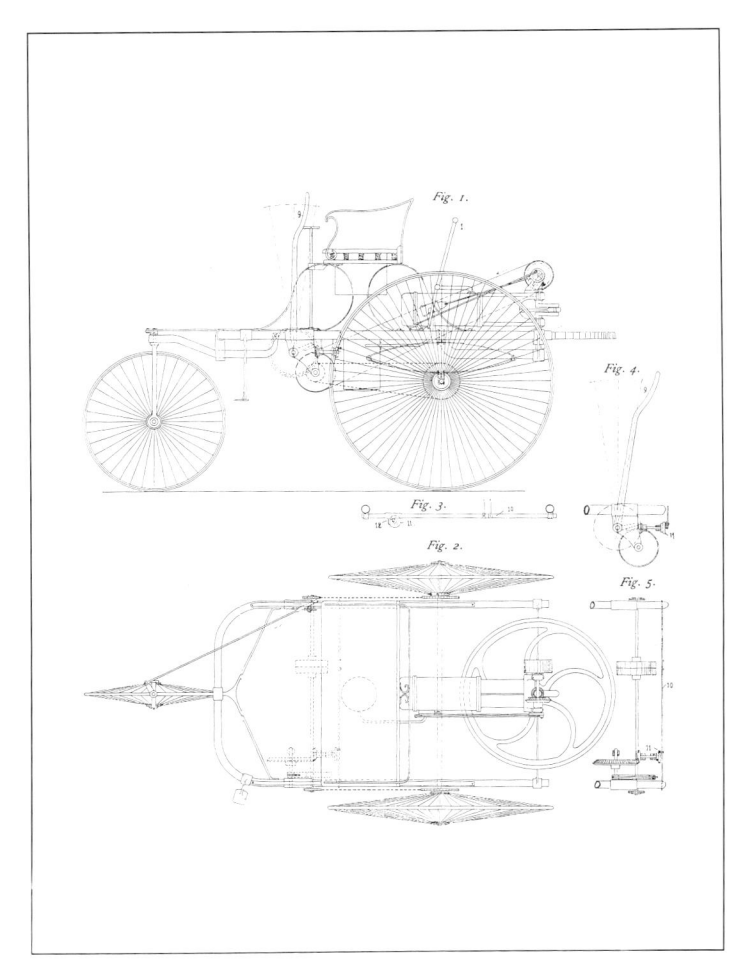

Patentschrift, ausgegeben am 2. November. "Vorliegende Konstruktion bezweckt den Betrieb hauptsächlich leichter Fuhrwerke und kleiner Schiffe... zur Beförderung von 1 bis 4 Personen..."

Billigste und bequemste Betriebskraft!

Neuer liegender Gasmotor System „Benz"

Absolut geräuschlos arbeitend. — Zu jeder Zeit betriebsfähig.

Zuverlässiger Betrieb und unbedingt gefahrlos.

In jedem Raume, Wohnhause u. Stockwerke aufstellbar.

Keinerlei Concession erforderlich. — Keine besondere Bedienung.

von

BENZ & Cº.
Rheinische Gasmotoren-Fabrik
MANNHEIM, T 6, No. 14.

Die besonderen Vortheile unserer Motoren sind:

1) Sofortiges Angehen.
2) Geringster Gasverbrauch.
3) Geringe Tourenzahl und daher:
4) Geringste Abnützung.
5) Kraftabgabe bei jeder Umdrehung und daher:
6) Aeusserst gleichmässiger Gang.
7) Kein Gasschieber; kein Zündschieber; keine Zündflammen.
8) Absolut geruchlos und ohne jegliche Feuergefahr.
9) Vollständig geräuschloser Gang.

Patentirt in fast allen Ländern!

Kein Gasschieber; kein Zündschieber; keine Zündflammen und daher absolut geruchlos und ohne jegliche Feuergefahr - der liegende Gasmotor System Benz aus dem Jahre 1883

46 Gottlieb Daimler / Carl Benz

Übertrieben hatte er damit nicht. Denn Nicolaus August Otto hielt das Viertakt-Patent (DRP Nr. 532) und wer es sich nicht leisten konnte, Lizenzgebühren zu zahlen, mußte neue Wege gehen.

Vor Benz war das bisher nur Dugald Clerk in Glasgow gelungen, dem das Zweitakt-Patent bereits 1878 erteilt worden war. Gegenüber Clerks Maschine hatte die Benz'sche Konstruktion jedoch entscheidende Vorzüge. Bestand bei der Erfindung des Insulaners ständig Explosionsgefahr (das Treibstoffgemisch konnte sich in der Pumpe entzünden), hatte der Deutsche seinen Motor mit gesonderten Gas- und Luftpumpen gesichert. Durch eine neuartige Steuerung des Luft- und Gaseinlasses hatte er erreicht, daß die Ausströmgase zunächst durch reine Luft aus dem Zylinder gepreßt wurden, bevor das Gas-Luft-Gemisch einströmen konnte ("Spül-Luft"-Verfahren).

Neuneinhalb Jahre später, August 1888. Wieder war es Bertha, die die Initiative ergriff. Das Komplott war von langer Hand vorbereitet: sie stahl ihrem Mann, zusammen mit ihren 15- und 13jährigen Söhnen Eugen und Richard, das Auto. Im badischen Land hatten die Schulferien gerade begonnen, als morgens um fünf in der Mannheimer Waldhofstraße ein schweres Holztor aufschlug und leise ein dreirädriges Ungetüm auf die Straße geschoben wurde. Eugen warf das Schwungrad an und los ging's Richtung Pforzheim.

Schicksals-Gemeinschaft: Erst seine Frau Bertha, geborene Ringer (als Jugendliche, unten, als 18jährige, rechts) ermöglichte Carl mit ihrer Mitgift den motorischen Durchbruch

22 Jahre lang eine der ersten Adressen Mannheims: das in den Jahren 1886 bis 1908 hochmodern ausgestattete Benz & Co.-Fabrikgebäude in der Waldhofstraße

Gottlieb Daimler / Carl Benz

Carl Benz am Steuer seines Patent-Motorwagens (dritte Modifikation). Neben ihm sitzt sein langjähriger Mitarbeiter und Spezialist in allen Geldfragen Josef Brecht

Denk-Fabrik: Benz liebte die Einsamkeit, das ungestörte Grübeln ohne Ablenkungen und Lärmbelästigungen. Seine Mannheimer Werkstatt schätzte er als Refugium

48 Gottlieb Daimler / Carl Benz

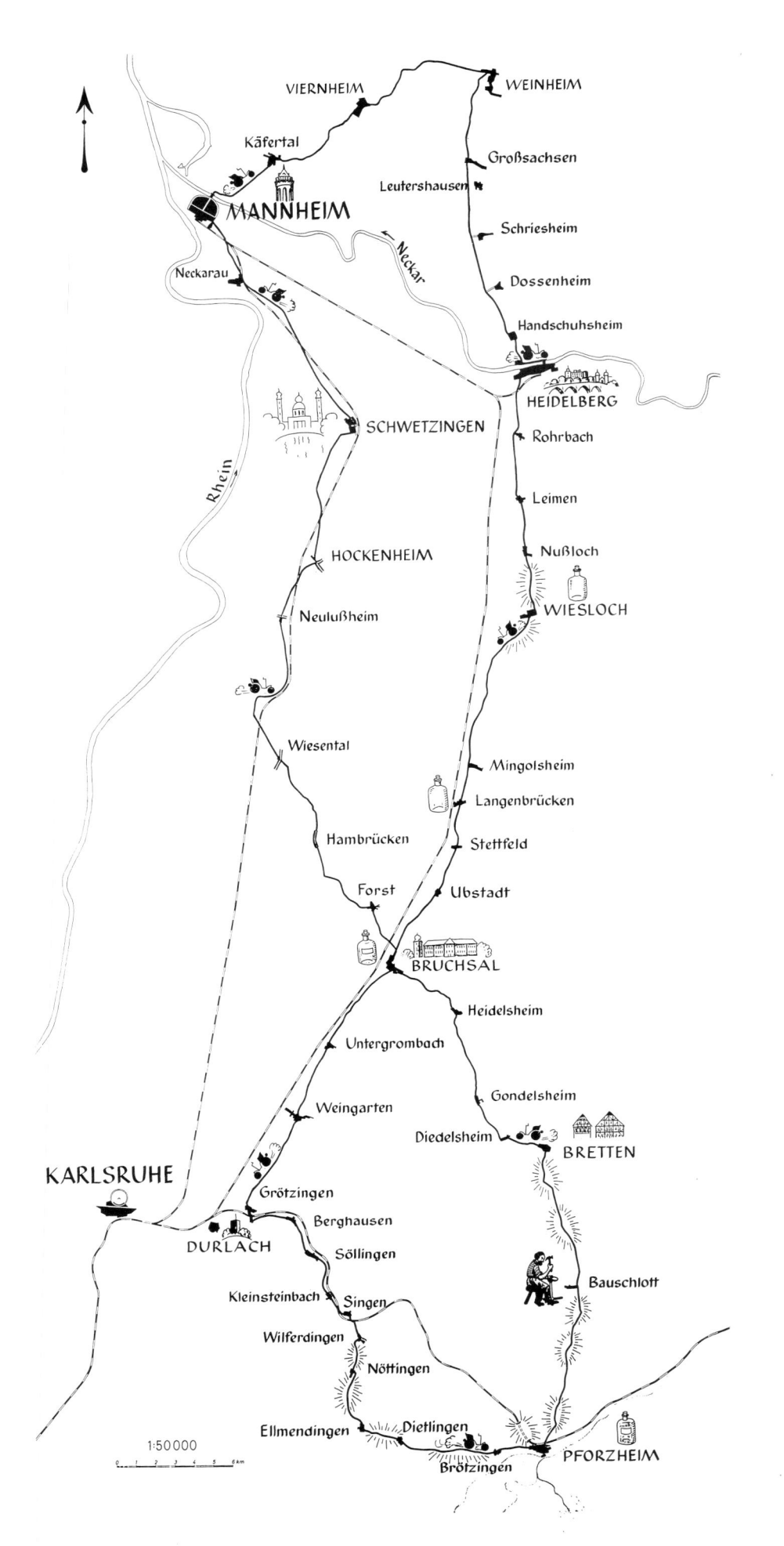

Aufmunterung und Trost in schweren Stunden: Bertha Benz (oben), die mit ihrer von langer Hand vorbereiteten automobilen Pionierleistung entscheidend zum geschäftlichen Erfolg beitrug

Erste Automobil-Fernfahrt der Geschichte: die hundert Kilometer von Mannheim nach Pforzheim (und zurück) bewältigte Bertha Benz mit zweien ihrer Söhne - ohne Wissen ihres Mannes Carl

Gottlieb Daimler / Carl Benz   49

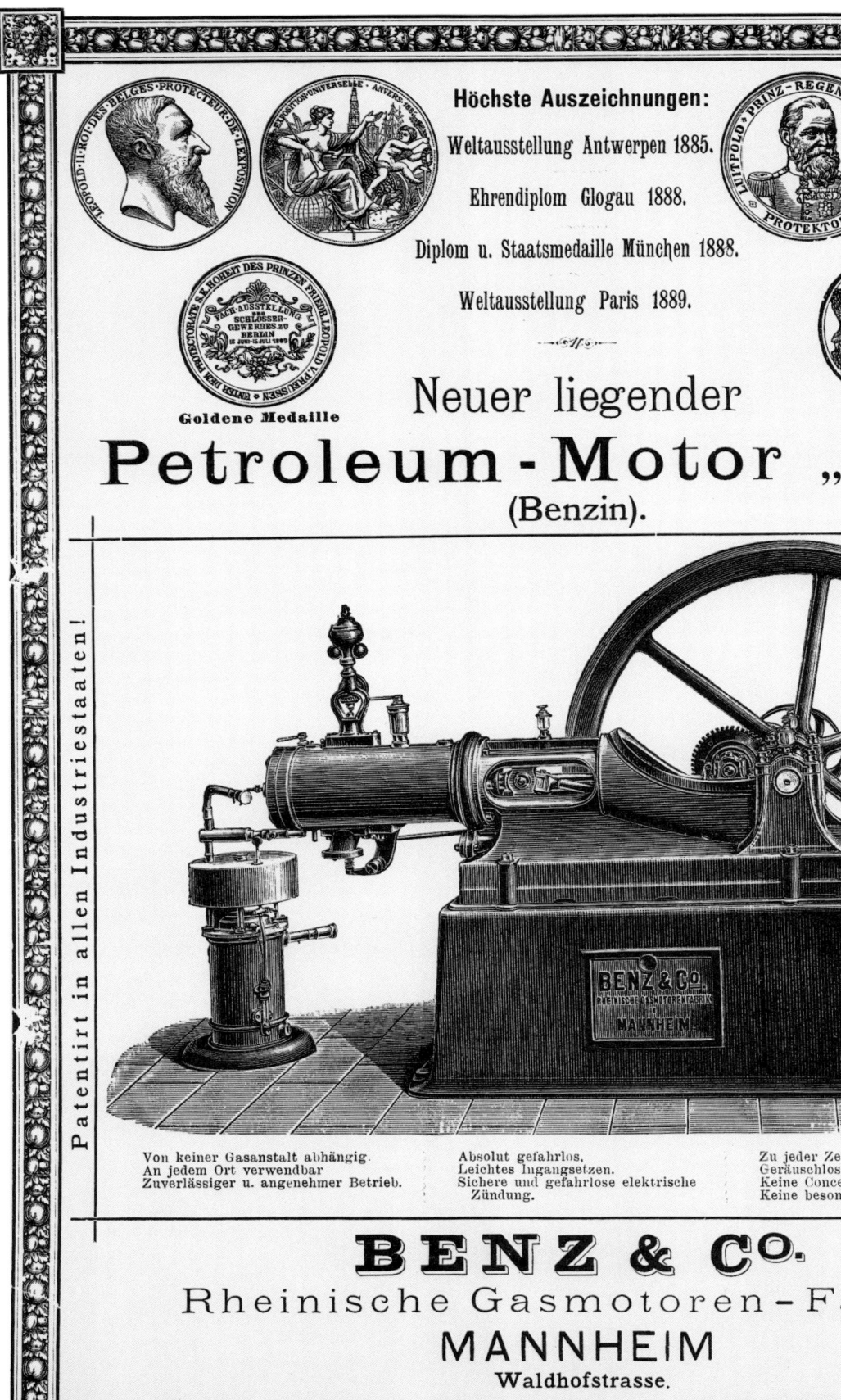

Höchste Auszeichnungen:

Weltausstellung Antwerpen 1885.

Ehrendiplom Glogau 1888.

Diplom u. Staatsmedaille München 1888.

Weltausstellung Paris 1889.

Goldene Medaille · Berlin 1889.

Neuer liegender
Petroleum-Motor „Benz"
(Benzin).

Patentirt in allen Industriestaaten!

Von keiner Gasanstalt abhängig.
An jedem Ort verwendbar.
Zuverlässiger u. angenehmer Betrieb.

Absolut gefahrlos.
Leichtes Ingangsetzen.
Sichere und gefahrlose elektrische Zündung.

Zu jeder Zeit betriebsfähig.
Geräuschlos arbeitend.
Keine Concession erforderlich.
Keine besondere Bedienung.

BENZ & CO.
Rheinische Gasmotoren-Fabrik
MANNHEIM
Waldhofstrasse.

Zur ersten Fernfahrt der Automobilgeschichte. Sie führte über 100 Kilometer - Weltrekord. Und Carl? Der hatte sie verschlafen.

Ein Abenteuer war es schon: Erste Pause in Wiesloch, Wasser nachfüllen, beim Apotheker Benzin kaufen, die Steigung nach Bauschlott hochschieben, dort beim Schuhmacher die Klotzbremsen neu "besohlen" lassen, im Wilferdinger Wirtshaus nach dem Weg fragen, um den "Sieh-dich-für"-Berg zu umfahren. Unzählige Pannen machten ihnen das Leben schwer. Gelängte Ketten sprangen aus den Zahnrädern, die Benzinleitung dutzendfach verstopft (Bertha soll sie mit einer Hutnadel freigekratzt haben), Kurzschlüsse in der elektrischen Anlage. Und der Eugen "sprang mit einer Fla-

Thilde, Ellen und Clara Benz auf dem Benz-Motorwagen. Die erste, von der Mannheimer Öffentlichkeit bemerkte Ausfahrt auf diesem Gefährt datiert auf den 3. Juli 1886

"Viktoria" soll Carl Benz (neben ihm Tochter Clara) ausgerufen haben, als es ihm 1893 mit seiner Achsschenkel-Lenkung gelungen war, den Vorderrädern beim Kurvenfahren verschieden große Ausschläge zu geben - und so hieß das neue Modell. Was dieser Wagen leisten konnte, wies Theodor Freiherr von Liebig 1894 nach. Er fuhr den "Viktoria" über 939 km, verbrauchte dabei 140 kg Benzin und 1.500 Liter Kühlwasser

Benz-Phaeton von 1893/94 (vor der Villa Hartmann): Am Steuer Eugen Benz, im Fond Auguste Ringer, geborene Kollmar (Berthas Mutter), Ellen Benz (dreijährig) und Julie Kollmar

Richard, Thilde und Ellen, Vater Carl, Clara und Eugen Benz 1894 im Fabrikhof der neu gebauten Firma in der Mannheimer Waldhofstraße. 1898 siedelte die Familie hierher über

sche hinterdrein", füllte tröpfchenweise Benzin nach, weil sein Vater einen Tank für zu gefährlich hielt.

Es war längst dunkel, als das unbeleuchtete Vehikel mit seiner übermüdeten und verstaubten Fracht in der Pforzheimer Ispringer Straße vor dem Gasthaus "Zur Post" endlich schnaufend und zischend ausrollte, der Motor abgeschaltet wurde. Die Passanten trauten ihren Augen nicht, schüttelten fassungslos den Kopf oder wandten sich schaudernd ab: "Jetzt können wir unsere Gäule totschlagen..."

Die Ausreißer telegrafierten ihre Erfolgs-Geschichte nach Hause, Carl reagierte mürrisch. Er sei aber bereit, kabelte der Düpierte zurück, die bei dem Unternehmen Weltrekord ruinierten Ketten zu ersetzen und als Eilgut nach Pforzheim zu schicken. Ein Opfer, denn die wurden eigentlich dringend für den inzwischen fast fertigen Münchener Ausstellungswagen gebraucht.

Die Nachricht vom erfolgreichen Dauertest verbreitete sich wie ein Lauffeuer - plötzlich verkauften sich die Patent-Motorwagen, die wegen der während der Rekordfahrt nachgewiesenen

Sonntags-Ausflug nach Gernsheim mit dem österreichischen Großindustriellen und langjährigen Freund der Familie Theodor Freiherr von Liebig (das Bild entstand 1894)

Ein Teil der Belegschaft durfte die Arbeit unterbrechen - Foto-Termin für ein historisches Schwarz-Weiß-Dokument im Hof der Benz & Cie (Waldhofstraße) im Jahre 1894

unzureichenden Steigungsfähigkeit eine weitere Übersetzung erhalten hatten. Im ersten Automobil-Prospekt der Welt wird seine Erfindung als "gefälliges Fuhrwerk sowie als Bergsteigapparat" angepriesen, der imstande sei, mit Belastung sechs, ohne Belastung acht Prozent Steigung zu überwinden und eine Höchstgeschwindigkeit von 16 Stundenkilometern zu erreichen.

Die Schlacht ums nackte Überleben war geschlagen. Wohlwollende Unterstützung kam von allen Seiten. Einem gewissen Herrn Kugler beispielsweise. Seines Zeichens königlicher Postoffizial in Speyer, der auf das Angebot, eine Benz'sche Vierrad-Version künftig bei "Kariol- und Postbotenfahrten" einzusetzen, am 1. Januar 1891 mit einem mehrseitigen Brief antwortete

und seine eigenen Überlegungen erläuterte: "Die Steuerung Ihres kleineren dreirädrigen Vehikels befindet sich im Inneren der Chaise. Ließe sich nun bei der neueren Konstruktion mit vier Rädern nicht vorne eine Art Bocksitz anbringen, so daß der innere Raum lediglich für die Passagiere verbleibt? Ließen sich nicht unter dem Bocksitz oder am Hinterteile zwei ver-

Gottlieb Daimler / Carl Benz 53

Gefragt waren bei der Benz & Cie. nicht nur Patent-Motorwagen. Auch stationäre Maschinen mit Glührohrzündung (1895) verkauften sich wegen ihrer Zuverlässigkeit

schließbare Magazine, ein größeres und ein kleineres, anbringen, welche zum sicheren Gewahrsam der zu befördernden Brief- und Geldpostbeutel zu dienen hätten? Warum bringen Sie keine Steuerung zum Rückwärtsfahren an? Der Mangel einer Rückwärtsbewegung wäre ein wunder Punkt. Ließe sich nicht eine stärkere Maschine anwenden, so daß sumpfige Wegstrekken und ziemlich tiefer Schnee mit Leichtigkeit genommen werden könnten?"

Postler Kugler dachte noch einen Schritt weiter: "Ich habe aber hierbei nicht nur die Kariolposten im Auge, sondern bin der unmaßgeblichen Ansicht, daß sich Ihr Vehikel namentlich für die landärztliche Praxis vorzüglich eignen würde. Nicht jeder auf einem Dorfe befindliche Arzt hat Stallungen,

Landpartie nach Grossachsen an der Bergstraße (1895). Im ersten Fahrzeug Clara und Thilde, im zweiten Richard (in Uniform) und Verwandte, die der Familie Benz einen Besuch abstatteten

54 Gottlieb Daimler / Carl

"Dos á dos" (Rücken an Rücken), anno 1899-1900. Mit 35 Stundenkilometern spurtete das vollgummibereifte Gefährt den Pferden davon, in der Preisliste wurde es mit 3.500 Mark geführt

Benz-Rennwagen aus dem Jahre 1899. Am Steuer Sohn Eugen Benz, rechts daneben Gustav Braunbeck

Herren-Runde im achtsitzigen Phaeton: Kupferschmidt, Mitschle (übernahm die Lackierung der ersten Benz-Wagen), Richard Benz, Brecht, Strasser, v. Fischer, Carl Benz und Julius Gauss

Der Spider von 1902 hatte einen vorn eingebauten liegenden Zwei-Zylinder-Kontra-Motor mit Kettenantrieb auf die Hinterräder. Leistung 15 PS, Höchstgeschwindigkeit etwa 60 km/h

Gottlieb Daimler / Carl Benz 55

Die Firma floriert. Weitere Flächen werden mit neuen Hallen und Verwaltungsgebäuden bebaut. Moderner Automobilbau 1909. Ein Blick auf die Benz & Cie. aus der Vogel-Perspektive

Ab 1908 hatte der Kardanantrieb bei Benz die Ketten verdrängt. Auch der 14/30 von 1909 war mit der neuen Welle ausgestattet (Foto: die Phaeton-Landaulet-Ausführung)

Offenes Vergnügen: der extravagante Benz Landaulet. Vier Zylinder, Bohrung 120 mm, Hub 135 mm, 6,11 Liter, 40 PS bei 1350 U/min, gebaut in den Jahren 1906 bis 1909

Pferde und Ökonomie, und doch ist ein Fuhrwerk für einen Arzt, dessen Praxis sich auf viele weit voneinander entfernte Ortschaften erstreckt, ein geradezu unentbehrlicher Gegenstand. Wie oft wird der Arzt zur Nachtzeit gerufen! Woher nun schnell die Fahrzeuggelegenheit nehmen? Bis er die schlaftrunkenen Bauern herausgetrommelt hat, bis angespannt ist, geht viel kostbare Zeit verloren. Anders bei Ihrem Vehikel: er setzt sich hinein und dampft ab. Keine Fütterung, kein Stallwärter, kein Schmied, keine Gefahr des Scheuens von Pferden; wie von Geisterhand getrieben, rollt das Gefährt dahin, ein Ruck und es steht. Dazu die Billigkeit des Betriebes. Diese immensen Vorteile müssen selbst dem borniertesten "Zopfe" einleuchten. Vom ästhetischen Standpunkt aus betrachtet, mag sich das Gefährt in voller Fahrt allerdings etwas komisch ausnehmen. Aber auch hierin läßt sich nach meinem Dafürhalten noch viel durch kleine künstlerische Zutaten verbessern und verschönern. Es würde hierdurch auch der Mangel der Zugtiere nicht so frappierend auf den Besucher wirken.

Ich bin sehr begierig, in welcher Weise der erste vierrädrige Wagen ausfällt, und wünsche Ihnen zu Ihrer vortrefflichen Erfindung den besten Erfolg, welcher ja nicht ausbleiben kann, wenn sich dieselbe erst einmal Bahn gebrochen hat."

Wie wahr. Benz avancierte zum größten Automobil-Bauer der Welt. Waren es 1894 nur 67, stellte er 1899 stattliche 572 Wagen auf die Räder.

Die Produktion war jahrelang auf Hochtouren gelaufen (oben), als am 13. Dezember 1922 in der Waldhofstraße ein Großfeuer ausbrach und große Teile des Werks zerstörte (rechts)

Blitzen-Benz von 1911: Der Weltrekordwagen wog 1450 kg, war mit einem Vier-Zylinder-Motor (21,5 Liter) ausgestattet, leistete 200 PS (1600 U/min) und hatte bereits eine Bosch-Zündung

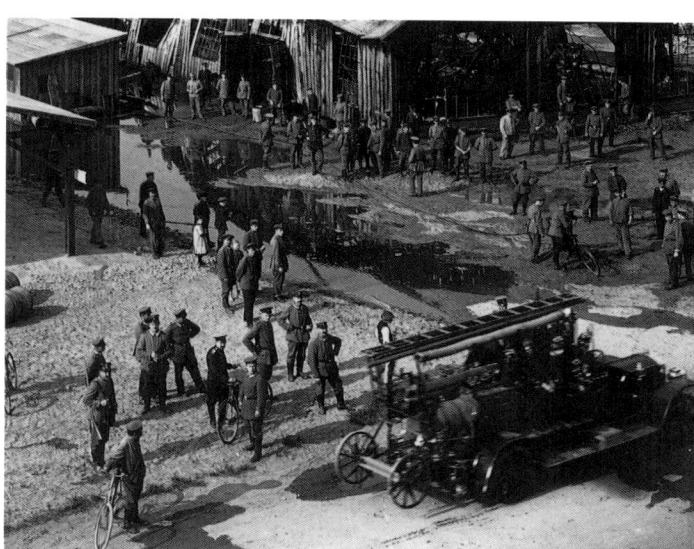

Die Schinderei hatte sich für den Lokomotivführersohn gelohnt. Doch die geschäftlichen Rückschläge, die er in den Jahren nach seinem Studium an der Polytechnischen Hochschule in Karlsruhe hatte einstecken müssen, hinterließen tiefe Spuren. Vor allem der Bankrott seiner "Produktion von Baubedarfsartikeln" (1877).

Der sensible, grüblerische und in sich gekehrte Sonderling hätte sein wechselvolles Schicksal wohl kaum gemeistert, hätte er nicht am 20. Juli 1872 Bertha Ringer geheiratet. Denn die hatte von ihrem Vater umgehend die Aushändigung der ihr zustehenden Mitgift verlangt und ihrem Carl damit ermöglicht, seinen Geschäftspartner der bis dahin gemeinsamen "Carl Benz und August Ritter, Mechanische Werkstätte" auszuzahlen, dessen Anteile und das Mannheimer Grundstück T 6, 11 inklusive des darauf befindlichen Holzschuppens zu übernehmen.

Wie sehr er seiner jungen Frau seit ihrem Hochszeitstag verpflichtet war, bekannte Benz, inzwischen Vater von fünf Kindern (Eugen, geb. am 1. Mai 1873, Richard, geb. am 21. Oktober 1874, Clara, geb. 1. August 1877, Thilde, geb. 2. Februar 1882, Ellen, geb. 16. März 1890), Jahre später gegenüber Freunden: "Was bis dahin Plan war und Traum, das müßte jetzt Flügel bekommen und sich aufschwingen zur Tat. Alles Glauben und Hoffen, alles Kämpfen und Ringen, aber auch alles Erfüllen und Vollenden werden nun zum heißen gemeinsamen Miterleben..."

Bertha Benz: unerschrocken, zielstrebig, zuversichtlich und warmherzig. Wer sie kannte, nannte sie ebenso respekt- wie liebevoll "Mutter Benz". Sie starb mit 96 Jahren

Zögerlich, unsicher - und doch genial: Carl Benz, der als 81jähriger noch darauf bestand, sich zum 25jährigen Jubiläum des Schnauferl Clubs selbst ans Steuer seines Patentwagens zu setzen

Nach einem gescheiterten Annäherungsversuch 1919 fusionierten die Firmen Daimler und Benz im Jahre 1926 zur Daimler-Benz AG mit der Marke "Mercedes-Benz". Carl Benz, der Gottlieb Daimler nie persönlich kennenlernte (beide lehnten es kategorisch ab, sich gegenseitig zu besuchen) gehörte dem Aufsichtsrat noch drei Jahre an. Er starb am 4. April 1929 an den Folgen eines Bronchialkatarrhs. An der ihm gewidmeten österlichen Ehrenausfahrt des Rheinischen Automobilclubs Mannheim unter dem Motto "Ehret Eure Meister" konnte der 85jährige nicht mehr teilnehmen - ein Flugzeug des badisch-pfälzischen Luftverbandes warf über der Villa Benz einen Lorbeerkranz ab. Seine geliebte Bertha überlebte ihn um 15 Jahre.

58 Gottlieb Daimler / Carl Benz

Ferdinand Porsche

Kraft durch Freude

Elektro-Mobil

Der Radnaben-Motor machte aufwendige Getriebe und andere, um die Jahrhundertwende noch problematische Antriebselemente überflüssig.

Technische Daten: Sieben PS pro 20 Minuten und Motor; Normalleistung 2,5 PS bei 120 U/min. Vorn Motorbremse, hinten Fuß-Außenband-Bremse. Gesamtgewicht des Lohner-Porsche mit Radnaben-Motor: 1205 kg; davon 500 kg Batterie-Gewicht; Aktionsradius etwa 50 Kilometer.

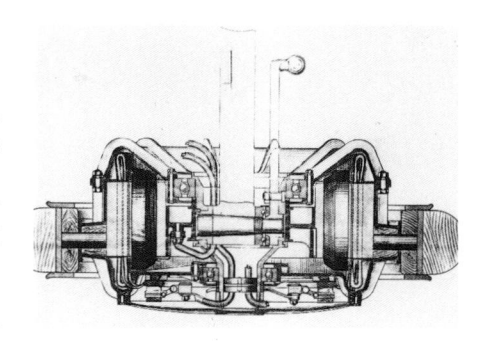

Auf der Pariser Weltausstellung 1900 präsentiert: Porsches mit Strom betriebener Radnaben-Motor

FERDINAND PORSCHE

geboren am 3.9.1875 in
Maffersdorf / Böhmen
gestorben am 30.1.1951
in Stuttgart

Porsche war zunächst technischer
Direktor, dann Generaldirektor
bei Austro-Daimler, wechselte 1923
zu Daimler nach Stuttgart (ab
1926 Daimler-Benz AG). 1930
machte er sich mit einem
Konstruktionsbüro selbständig.

Auto-Union - P (u
Grand-Prix-Wagen
750 kg - Formel

Porsche 356
Fahrzeug Nummer
1131 ccm
40 PS 130 km/h
Fertiggestellt am 8.6.1948
Konstruiert von Sohn Ferry Por

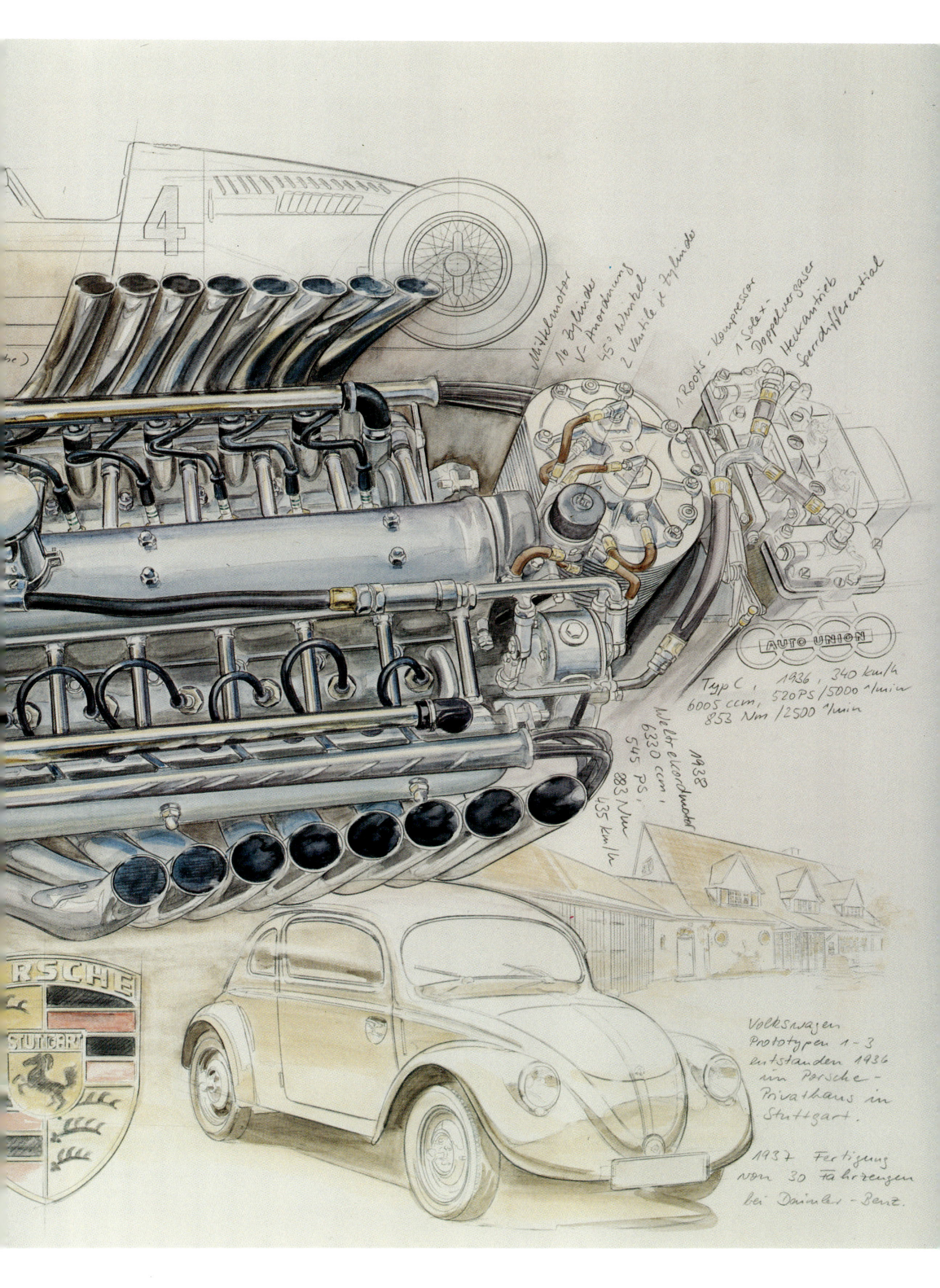

Mittelmotor
10 Zylinder
V-Anordnung
45° Winkel
2 Ventile x Zylinder

1 Roots - Kompressor
1 Solex - Doppelvergaser
Heckantrieb
Sperrdifferential

Typ C, 1936, 340 km/h
6005 ccm, 520 PS / 5000 u/min
853 Nm / 2500 u/min

1938 Weltrekordmotor
6330 ccm
545 PS
883 Nm
435 km/h

Volkswagen Prototypen 1-3 entstanden 1936 im Porsche-Privathaus in Stuttgart.

1937 Fertigung von 30 Fahrzeugen bei Daimler-Benz.

Die Eltern des jungen Ferdinand. Klempnermeister und Vize-Bürgermeister Anton und Ehefrau Anna Porsche im Jahre 1876

Geburtshaus in Maffersdorf (1888). Ganz links der 13jährige Ferdinand, neben ihm seine Geschwister Hedwig, Anna und Oskar. Hintere Reihe (Mitte): seine Eltern

Seelenheiler nennen es "doppelwertig" (ambivalent), der Volksmund schlicht "gespaltene Persönlichkeit": gerecht wird man ihm damit nicht. Diesem Genius zwischen Heidewitzka und Wagner, zwischen Donald Duck und Walhalla. Ferdinand Porsche. Der Alte. Gemein und herzensgut, eiskalt und doch sensibel, Tor und Analytiker, Untertan und General. Der Grat ist schmal.

Was schert es den, der sich auf dünnes Eis begibt? Der seine Freunde im böhmischen Maffersdorf schon als Siebenjähriger verblüfft, in der Abenddämmerung mit leuchtenden Schlittschuhen über den steifgefrorenen See flitzt.

Die Belegschaft der Klempnerei Porsche 1889 in Maffersdorf. Sieben Gesellen, zwei Lehrlinge. Vorne rechts auf dem Boden sitzend Ferdinand Porsche

62 Ferdinand Porsche

Tüftler Ferdinand 1894 vor einer von ihm selbst gebauten elektrischen Anlage im väterlichen Haus

Ferdinand als 25jähriger am Steuer des Lohner-Prosche-Rennwagens mit elektrischem Antrieb über zwei Radnaben-Motoren in den Vorderrädern (1900)

Das erste Automobil - die erste große Herausforderung. Der Lohner-Porsche auf der Pariser Weltausstellung im Jahre 1900

Ferdinand Porsche 63

Am 1. Mai 1901 von Porsche ausgeliefert: die "Voiturette". Käufer von Gutmann bezahlte 7.000 Kronen (links). Oben: Wagen mit Benzinmotor und elektrischer Kraftübertragung (1903)

Franz Ferdinand läßt sich beim Kaiser-Manöver 1902 von Porsche chauffieren. Flügeladjutant Gilb berichtet Ferdinand über des Erzherzogs "Zufriedenheit in jeder Beziehung"

64 Ferdinand Porsche

Die Montagehalle der Wiener K.u.K.-Hof-, Wagen- und Automobilfabrik Jacob Lohner & Co im Jahre 1903

Ein heller Junge, dieses dritte Kind von Anton (30) und Anna (25) Porsche (geborene Ehrlich).

Der Trick bleibt sein Geheimnis: Die Drähte, die von den Glühbirnen an den Kufen durch die Hosenbeine zur Batterie in seiner Jacke führen, fallen nicht auf. Unerklärlich. Sein Leben? Spektakulär - geheimnisvoll allemal.

Klempnermeister der Vater, Lehrling der Sohn. Bis die Elektrizität nach Maffersdorf kommt. Rohre und Hähne interessieren den Junior nur noch am Rande, Volt und Watt sind spannender. Der Senior gibt nach, Ferdinand besucht die Staatsgewerbeschule in Reichenberg.

Viel hat er da wohl kaum gelernt, ist Autodidakt geblieben. Die Praxis liegt ihm mehr als graue Theorie. Auch in Wien (1893).

Vater Anton fand sie "viel zu mager" - für Ferdinand war sie die Frau seines Lebens: die zweieinhalb Jahre jüngere Aloisia Johanna Kaes. Beim Tanzvergnügen anläßlich der Heiligen drei Könige 1897 war sie Porsches Tischdame, vier Monate später bat er sie auf einer Parkbank im Wiener Prater, seine Frau zu werden. Sie heirateten am 17. Oktober 1903 in der Maffersdorfer Dreifaltigkeits-Kirche

Ferdinand Porsche 65

"Der Bub" (Ferdinand Anton Ernst Porsche, Ferry) war gerade neun Monate alt geworden, als sich der Verdacht erhärtete, daß seine Kinderschwester unter Tuberkulose litt. Die Befürchtung, er habe sich möglicherweise angesteckt, erwies sich als unbegründet. Das Kindermädchen - hier mit Ferry und dessen am 29. August 1904 geborener älterer Schwester Louise Hedwig Anna Wilhelmine Marie im Park der Villa Porsche in der Pottendorferstraße - heiratete nach Katzelsdorf, einem Dorf in der Nähe von Wiener Neustadt. Sie starb tatsächlich wenig später an dieser Krankheit

Fahrversuche mit dem Prinz Heinrich Wagen, Baujahr 1909 (Fischform), in der Neunkircher Allee. Hinter Beifahrer Porsche auf der Rückbank sein Schwager Ernst Kaes

Das erste Kinderauto der Welt: Porsche, damals Generaldirektor bei Austro-Daimler, ließ den kleinen Zwei-Zylinder-Flitzer für seinen Sohn Ferry bauen

Ferdinand Porsche gewann die Prinz-Heinrich-Fahrt (2. bis 8. Juni 1910) auf Austro-Daimler. Neben ihm seine Frau, auf dem Trittbrett Tochter Louise

Wir Franz Joseph der Erste,

von Gottes Gnaden Kaiser von Österreich,
Apostolischer König von Ungarn.

König von Böhmen, Dalmatien, Kroatien, Slavonien, Galizien, Lodomerien und Illyrien Erzherzog von Österreich Grossherzog von Krakau, Herzog von Lothringen, Salzburg, Steyer, Kärnten, Krain, Bukowina, Ober- und Nieder-Schlesien Grossfürst von Siebenbürgen, Markgraf von Mähren, gefürsteter Graf von Habsburg und Tirol etz etz etz

haben Uns bewogen gefunden,

Unseren lieben Getreuen

FERDINAND PORSCHE

zum Ritter Unseres Franz Joseph-Ordens

Eintausend Neunhundert Zwölf

Anerkennung: Franz Joseph der Erste schlug Ferdinand Porsche am 12. November 1912 zum "Ritter unseres Franz Joseph-Ordens"

Ferdinand Porsche 67

Zeit der Reife: Ferdinand Porsche und seine im 4. Wiener Bezirk (Wieden) geborene Frau Johanna in den "Goldenen Zwanziger Jahren"

Schweres Geschütz. Von Ferdinand Porsche entwickelter und gebauter Mörser-Zug aus dem Jahre 1916

DIE KAIS. KÖN. TECHNISCHE HOCHSCHULE IN WIEN WILL, DIE SCHWELLE DES ZWEITEN JAHRHUNDERTS IHRES BESTANDES ÜBERSCHREITEND, DIESEN ABSCHNITT IN IHRER GESCHICHTLICHEN ENTWICKLUNG FEIERLICH BEZEICHNEN, INDEM SIE EINE REIHE VON MÄNNERN EHRT, DIE SICH UM DIE WISSENSCHAFTLICHE ODER PRAKTISCHE AUSBILDUNG DER TECHNIK VERDIENT GEMACHT HABEN; DIESER AKADEMISCHE AKT SOLL AUCH DIE ERINNERUNG AN DIE GROSZE ZEIT FESTHALTEN, DIE DER TECHNIK SO GEWALTIGE AUFGABEN GESTELLT HAT WIE KEINE ZUVOR

IM SINNE DER DIESE ABSICHT VERWIRKLICHENDEN BESCHLÜSSE DES PROFESSORENKOLLEGIUMS VOM 6. JULI 1916 VERLEIHT SIE DEM DIREKTOR DER ÖST. DAIMLER-MOTOREN-AKTIENGESELLSCHAFT

FERDINAND PORSCHE

ALS DEM GEISTIGEN FÜHRER EINES HEIMISCHEN GROSZUNTERNEHMENS, DAS SICH UM DIE AUSBILDUNG DES AUTOMOBILWESENS UND DER FLUGTECHNIK HOHE VERDIENSTE ERWORBEN HAT, DIE WÜRDE EINES **DOKTORS DER TECHNISCHEN WISSENSCHAFTEN EHRENHALBER**

ALS ÄUSZERES ZEICHEN DIESER VON SEINER MAJESTÄT DEM KAISER ALLERGNÄDIGST GESTATTETEN EHRENBEZEIGUNG IST GEGENWÄRTIGE URKUNDE AUSGEFERTIGT WORDEN

WIEN, DEN 20. JUNI 1917

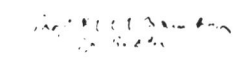

Der Ruhm kommt über Nacht. Als Konstrukteur bei Lohner & Co., jenem Nobelhersteller, der Kutschen für die Hautevolèe vertreibt. Der 25jährige Porsche entwickelt ein Elektromobil, dessen Antriebsmotoren in den Naben der Vorderräder stecken.

Das berühmte Haus Austro-Daimler - der österreichische Zweig des deutschen Unternehmens - engagiert ihn als technischen Direktor (1906). Eine Chance, die er sich nicht entgehen läßt. Hybridmotor (eine Kombination von Verbrennungsmaschine, Generator und Elektromotor), Rennerfolge, Flugmotoren.

Einer seiner Mitarbeiter: Josip Broz, bekannt als "Marschall Tito". Kein Mann von hoher Bildung, Erfinder oder Ingenieur. Ein einfacher "Einfahrer" und Mechaniker, der bei Carl Benz zwei Jahre Automobil-Erfahrungen gesammelt hat - und später Jugoslawien einte.

Porsche arbeitet wie besessen. Auch - oder vor allem - fürs Militär. Die Nation dankt es ihm, überhäuft ihn mit Ehrungen. Er revanchiert sich, entwickelt Zugmaschinen für die schwere Heeresartillerie, konstruiert "selbstfahrende Geschütze".

Targa Florio 1922. Fritz Kuhn am Steuer seines siegreichen Sascha-Rennwagens (vierter von rechts Ferdinand Porsche)

Steyr-Testfahrt als Familien-Ausflug. Ferdinand mit Ehefrau Aloisia Johanna und Sohn Ferdinand Anton Ernst (1929)

Erster Weltkrieg. Baron von Skoda zieht's nach Pilsen, Porsche rückt als Generaldirektor nach und löst 1922 Paul Daimler (Sohn Gottlieb Daimlers) als technischer Direktor im Stuttgarter Stammwerk ab. Daimler und Benz fusionieren 1926, die Lastwagenfabrik Gaggenau kommt hinzu.

Nicht seine Passion. Die gehört dem Rennsport. Er selbst gewinnt das Prinz-Heinrich-Gedächtnis-Rennen; Christian Werner gelingt 1924 auf Mercedes der erste deutsche Auslandserfolg auf der Targa Florio; Rudolf Caracciola prescht 1928 der Konkurrenz beim Großen Preis von Deutschland auf Porsches Mercedes SS (Kompressor) davon.

Es ist Zeit für ihn zu gehen - und doch zu bleiben. 1930 gründet Porsche in Stuttgart ein "unabhängiges neutrales Konstruktionsbüro", die Dr. Ing. h.c. F. Porsche GmbH.

Nürburgring 1928. Siegerehrung für Nummer 8. Otto Merz auf Daimler-Benz, Typ S (Ferdinand Porsche unterhalb des zweiten Sterns von links)

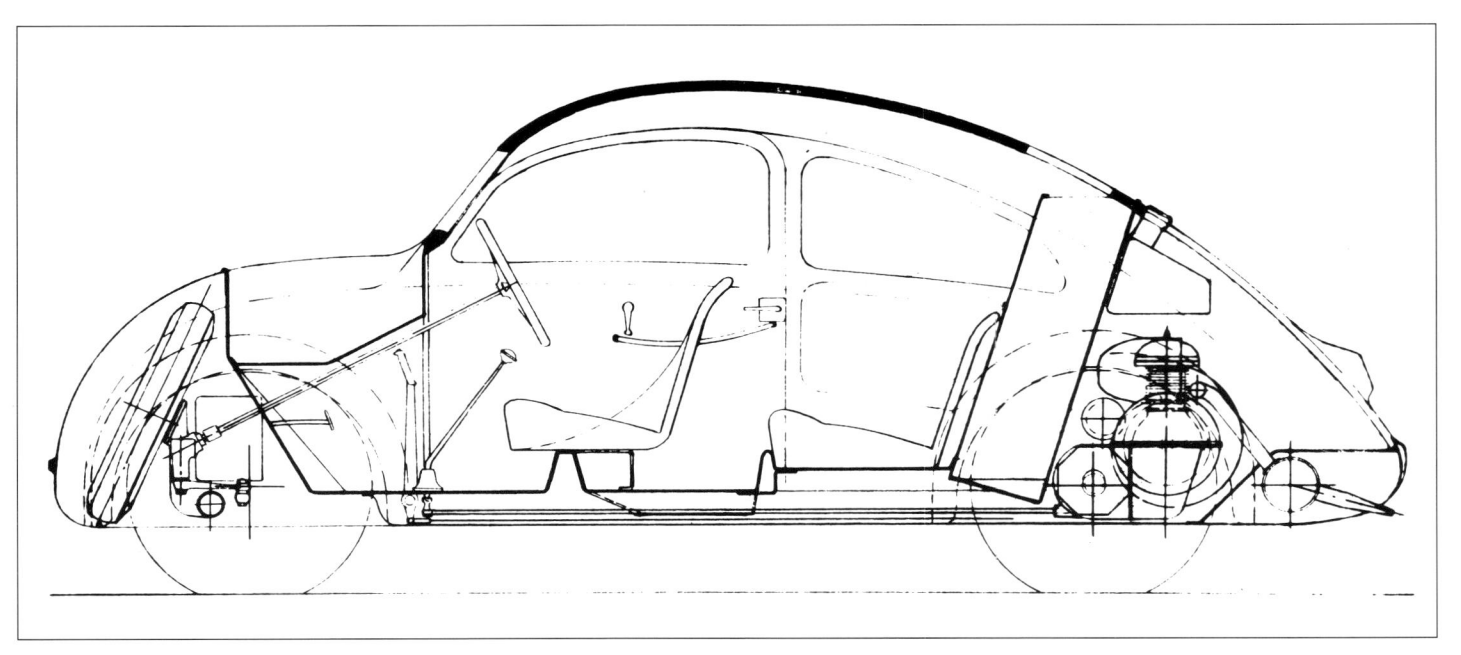

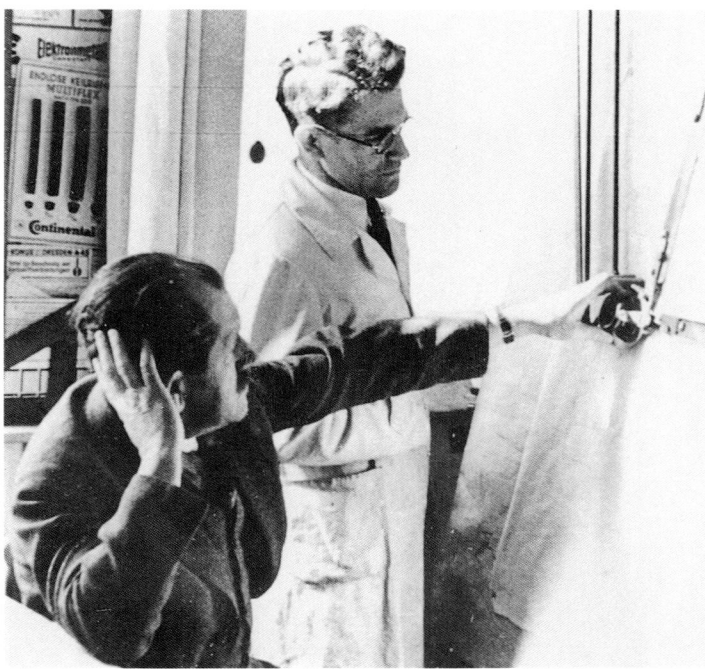

Legende. Die viersitzige Limousine Typ 60, Radstand 2400, Spurweite 1200 mm mit hinten eingebautem Quermotor wird später zum Käfer weiterentwickelt (oben)

"Der Alte" 1938 mit seinen Motoren-Entwicklern Josef Kales (links) und Franz Xaver Reimspieß (1937, rechts) im Konstruktionsbüro in der Stuttgarter Kronenstraße 24

Käfer-Entwurf vom 17. September 1934 - die ersten 30 Exemplare wurden 1937 bei Daimler-Benz in Stuttgart gebaut

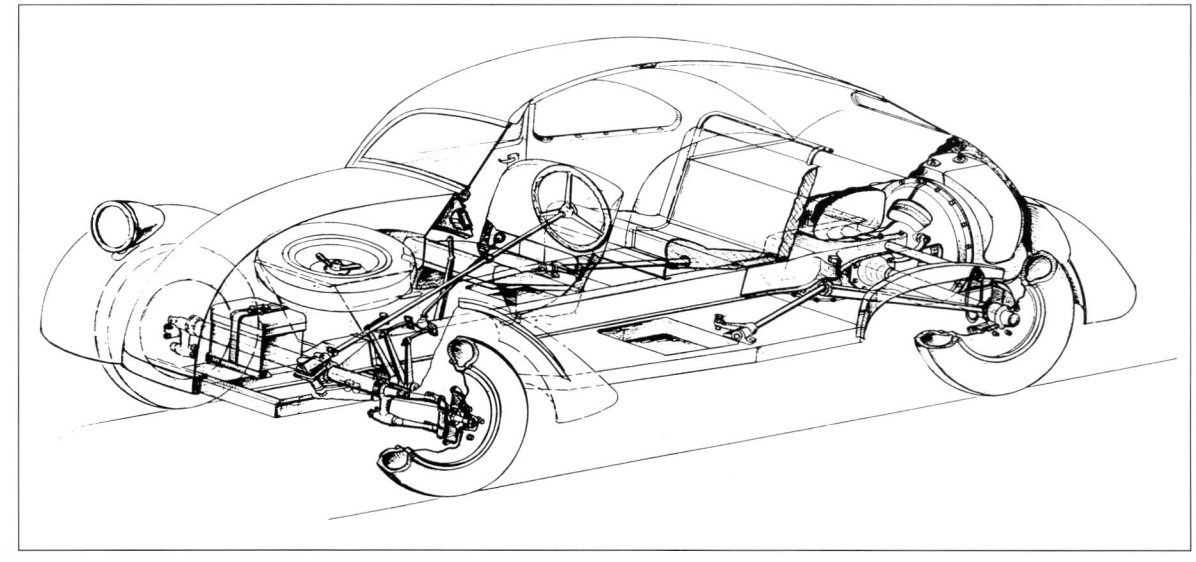

70 Ferdinand Porsche

Ein Volk, ein Reich, ein Auto: Propaganda-Fahrt des KdF-Wagens durch Berlin (1939)

Kraft durch Freude. Wer seinen Volkswagen nicht bar bezahlen konnte, mußte trotzdem nicht verzichten - dank des großdeutschen Sparkarten-Systems

12 Zylinder, 44,7 Liter Hubraum, 3000 PS, rechnerische Höchstgeschwindigkeit 650 km/h. Porsche Typ 80 (Mercedes-Benz Weltrekordwagen von 1938)

Ferdinand Porsche

Juli 1939. Ferdinand Porsche mit seinem Volkswagen (Typ 38) auf Erprobungsfahrten in den österreichischen Alpen

Porsches Villa im Stuttgarter Feuerbacher Weg 48. Davor der erste Volkswagen der W 30-Serie (links) und der nach einem Unfall modifizierte Versuchswagen V 1, Baujahr 1935 (rechts)

Gebirgstour nach Heiligenblut (Großglockner) mit Ehefrau Johanna. Fahrmeister Goldinger machte das Foto am 30. September 1939

Sommerfrische (1941): Ferdinand Porsche, Ernst Piech, Louise Piech, Louise Porsche (oben, von links); Ferdinand Karl Piech, Gerhard Anton und Ferdinand Alexander Porsche (unten)

Zusammenbruch und Wiederaufbau nach dem Zweiten Weltkrieg im zunächst provisorischen Porsche-Werk Gmünd (Kärnten 1948)

Unabhängig ist sie nicht lange geblieben: Machtergreifung, braune Garden. Porsche soll den Volkswagen bauen, die Massen mobil machen. Am 26. Mai 1938 (Christi Himmelfahrt) wird bei Fallersleben der Grundstein zum VW-Werk gelegt. Kraft durch Freude. Der Österreicher macht den begnadeten Böhmen zum Deutschen - per Verordnung.

Zweiter Weltkrieg. 15.000 Amphibienfahrzeuge, Minen, Bombenhülsen. 51.000 Kübelwagen. Im Räderwerk des Größenwahns entwickelt Porsche Panzer. Leopard, Tiger, Maus. 1944 macht das Werk 70 Prozent seines Umsatzes mit der Produktion der V-1-Rakete. Für Vaterland und Führer.

Und der ist tief beeindruckt. Sohn Ferry Porsche, von Himmler wider Willen zum "Ehrenoffizier der SS" ernannt ("Jetzt ist Hitler verrückt geworden"): "Der hörte auf meinen Vater mehr als auf jeden anderen, wenn es um technische Dinge ging."

Doch: Gefälligkeiten haben ihren Preis. Porsche wurde 1937 Mitglied der NSDAP, 1938 der SS (später Oberführer). Hitler bedachte ihn mit der höchsten zivilen Auszeichnung, am 6. September 1938 mit dem mit

Ferdinand Porsche 73

Generations-Wechsel 1949: Porsche zeigt seinen Enkelkindern Ferdinand Alexander Porsche (links) und Ferdinand Piëch das Modell des ersten Typs 356 (Nr. 1 Roadster)

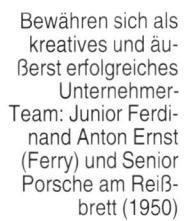

Bewähren sich als kreatives und äußerst erfolgreiches Unternehmer-Team: Junior Ferdinand Anton Ernst (Ferry) und Senior Porsche am Reißbrett (1950)

Das erste Auto mit dem Namen "Porsche". Der Typ 356 mit Vier-Zylinder-Saugmotor (Mittelmotor), 1131 ccm Hubraum, 35 PS, Höchstgeschwindigkeit 135 km/h, Gewicht 585 kg, Radstand 2100 mm

Nachkriegs-Traumwagen: 27. März 1950. Porsche Typ 356/2 Gmünd Coupé vor der Stuttgarter Villa (am Steuer Ferry Porsche, unter dessen Leitung der Wagen entwickelt wurde)

74 Ferdinand Porsche

Bei den 24 Stunden von Le Mans starteten 1951 Auguste Veuillet und Edmonde Mouche auf einem 356-Coupé – und belegten auf Anhieb den ersten Platz in der Klasse bis 1100 ccm

Erwin Allgaier, Ferry Porsche, Ferdinand Porsche und Oskar Allgaier bei der Vorstellung des luftgekühlten "Volksschleppers" (AP 17) auf der IAA in Frankfurt (1950)

100.000 Reichsmark dotierten Nationalpreis, verlieh Porsche am 12. September 1940 den Professorentitel und zeichnete ihn mit dem Totenkopfring (1944) aus.

Zusammenbruch, Gefangenschaft. Ferdinand Porsche wird ins französische Hauptquartier nach Baden-Baden verschleppt, soll wieder einen "Volkswagen" bauen. Diesmal unter der Trikolore. Die Pläne zerrinnen. Konzernboß Peugeot wirft ihm "Kriegsverbrechen" vor; Porsche muß hinter Gitter. Konkurrent Renault sucht seinen Rat, um endlich den Kleinwagen R 4 CV auf die Reifen zu stellen.

Junior Ferry kann bei Freunden eine Million Dollar Kaution auftreiben. Haftverschonung.

Verkannt? Verraten? Verleumdet? Ferdinand Porsche wird 1948 freigesprochen. "Der Alte", der aus tiefster Seele immer nur eines wollte: die besten Autos der Welt bauen, ist ein gebrochener Mann.

Verführt. Verheizt. Verkauft.

Der 75jährige stirbt am 30. Januar 1951 an den Folgen eines Schlaganfalls.

Zell am See: Die Grabkapelle des Mannes, dessen Team den Volkswagen das Laufen lehrte und der trotz vielfältiger Anfeindungen Automobilgeschichte schrieb. Von Professor Dr. techn. E. h., Dr. Ing. E. h. Ferdinand Porsche (1875-1951)

"Gemma, gemma" war sein Wahlspruch, im Juni 1948 erlitt er einen Schlaganfall. Seine Frau ("Louiss!") begleitete ihn 1950 zur Kur nach Bad Hall (Ober-Österreich)

John Boyd Dunlop

LUST AUF LUFT

Das Reifen-Polster

Ohne Dunlops luftige Erfindung wäre der moderne Straßenverkehr undenkbar. 1894 wurde der erste, von Carl Benz gebaute, Wagen (offene Voiturette) mit Luftreifen ausgerüstet, zehn Jahre später brachte Continental den Profil-Reifen heraus und 1946 präsentierte Michelin den Stahlgürtelreifen. Niederquerschnittsreifen kamen erst Ende der 50er Jahre auf den Markt.

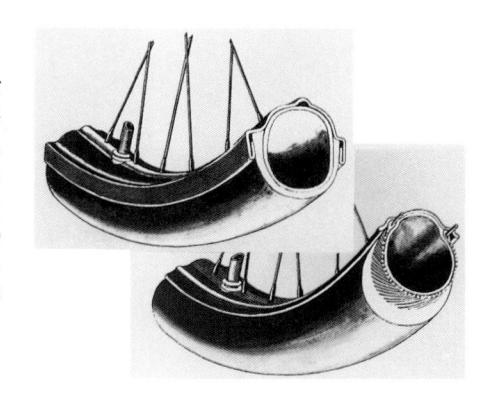

Bewährten sich zunächst im Fahrrad-Rennsport: luftgefüllte Gummischläuche, die später als Stahl-Wulstreifen (Foto oben) oder als Textil-Wulstreifen (Foto unten) angeboten wurden

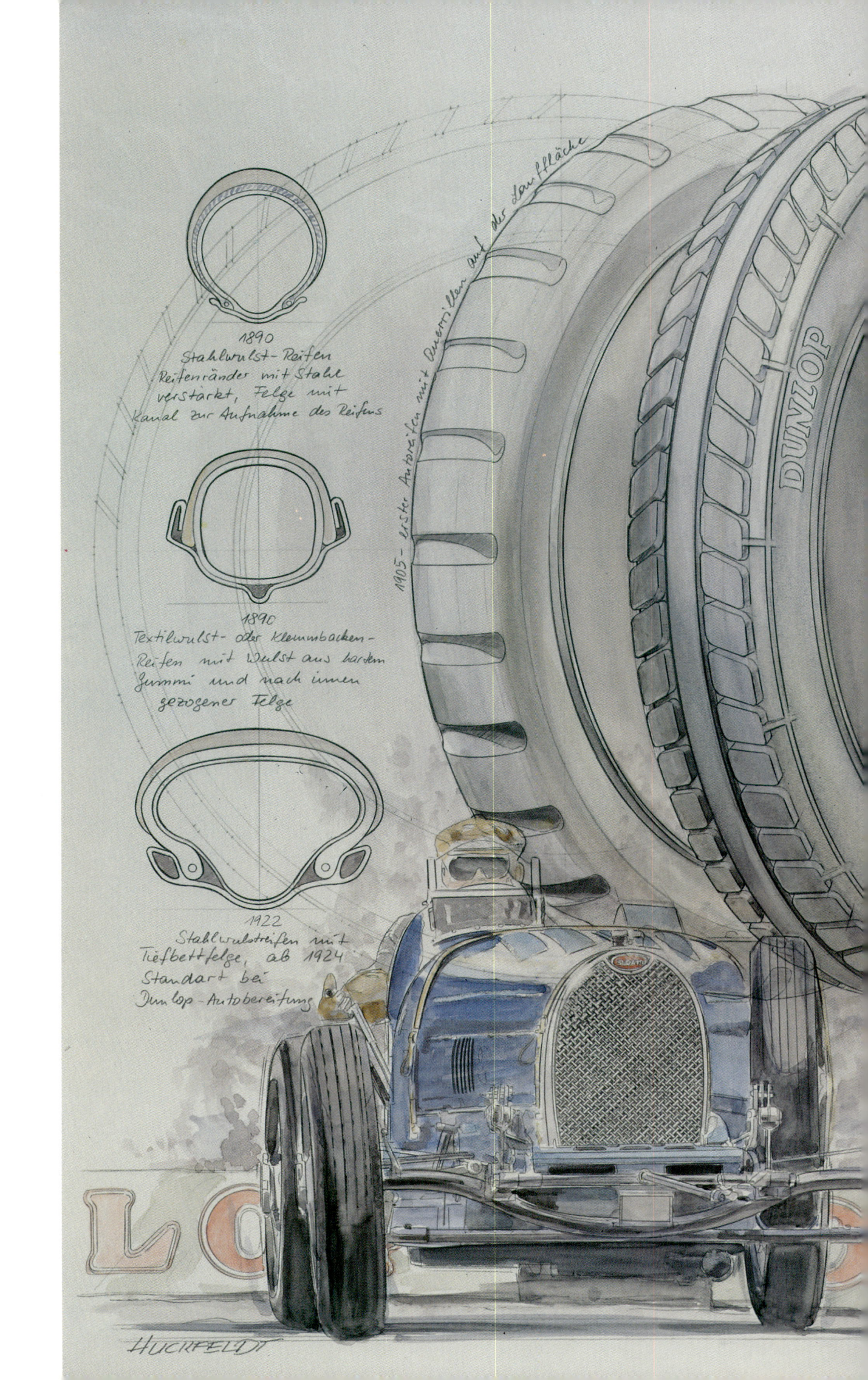

1890
Stahlwulst-Reifen
Reifenränder mit Stahl
verstärkt, Felge mit
Kanal zur Aufnahme des Reifens

1890
Textilwulst- oder Klemmbacken-
Reifen mit Wulst aus hartem
Gummi und nach innen
gezogener Felge

1922
Stahlwulstreifen mit
Tiefbettfelge, ab 1924
Standart bei
Dunlop-Autobereifung

M05 - erster Autoreifen mit Querrillen auf der Lauffläche

HUCKFELDT

1893 – neues Cord-
Gewebe ohne Schuß-
faden zur Mantel-
herstellung

1904 – Zugabe
von „Flammruß"
zur Festigkeits-
erhöhung der
Lauffläche

erster Einsatz des
Luftreifens auf dem
Dreirad von Sohn
Johnny am
28.2.1888

Bugatti-Rennsport-
Erfolge auf Dunlop-
Reifen, z.B.
1931 Bugatti 51
Sieg beim
Grand Prix de l'A.C.F

JOHN BOYD DUNLOP

geboren am 5.2.1840 in
Dreghorn / Ayrshire
gestorben am 23.10.1921
in Dublin

J.B. Dunlop erfand 1888 den
Luftreifen, um den Roll-
widerstand zu vermindern.
1889 gründete er seine Luft-
reifenfabrik in Dublin, aus
der er sich schon 1895 wieder
völlig zurückzog.

Johnny ist ein schwieriges Kind. Nicht dünn, nicht dick, nicht dumm. Ein wenig dreist vielleicht. Ehrgeizig sicher. Eines, das sein Bestes gibt. Bis zur Erschöpfung kämpft. Zeter und Mordio schreit, wenn's mal nicht so läuft: mittelgroß, untersetzt, ein wenig füllig, zum Jähzorn neigend, eher schwächlich. Doch durchaus selbstbewußt. Mit zehn.

Ganz der Vater eben. Mittelgroß, untersetzt, ein wenig füllig, zum Jähzorn neigend, eher schwächlich. Doch durchaus selbstbewußt. Mit 47.

So einer kann es nicht ertragen: Nicht die Niederlage, nicht den Spott, nicht die Tränen, nicht die Verzweiflung. Es zerreißt ihm das Herz. So einer muß helfen, einen Ausweg finden aus der Seelenqual der Jugend.

Nachbildung des Experimental-Reifens von 1887 (unten). Dunlop wollte damit verhindern, daß sich das Dreirad (oben) seines Sohnes Johnny im Schlamm festfuhr

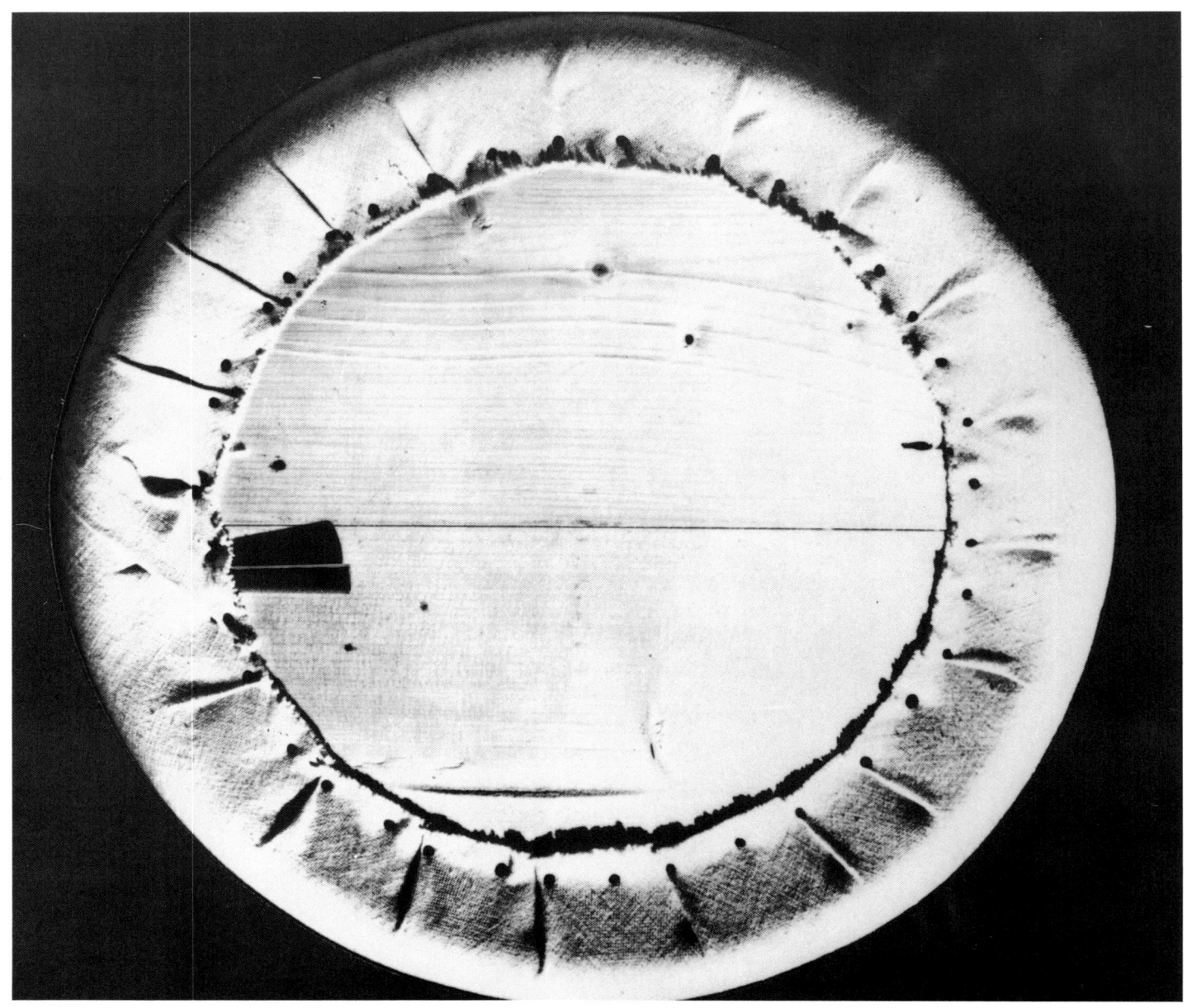

John Boyd Dunlop

Liebesdienst für Johnny (unten). Am 28. Februar 1888 bestand John Boyd Dunlops Erfindung (rechts) den ersten praktischen Test, wenige Jahre später rollten die Pneus bereits in der ganzen Welt

Komfortabler, schneller, aber auch erheblich störungsanfälliger: der erste Fahrradreifen (heute Teil der Sammlung eines wissenschaftlichen Museums in London)

John Boyd Dunlop 81

Endlich Sieges-Chancen: John Boyd Dunlops Sohn Johnny mit seinem Lieblingsspielzeug im Garten des elterlichen Anwesens

Zumal es ihm ähnlich erging. Ihm, der eigentlich die elterliche Farm in Dreghorn (Provinz Ayrshire) hätte übernehmen sollen, dann aber an der Irvine Academy im schottischen Edinburgh bei Dr. White studierte und mit 19 Jahren sein Tierarzt-Examen ablegte. Der mit 27 nach Irland auswanderte und sich bei seinen Farmbesuchen rings um Belfast mit unkommoden Pferdekutschen unzählige Male im Matsch der verregneten Feldwege festgefahren hatte. Sich nur widerstrebend der Tor-Tour weiter Anfahrtswege unterzog, weil Schlaglöcher und Felsbrocken ihn im rumpelnden Gefährt gerädert hatten.

Vaterliebe, die die Welt verändert. Johnny war auch heute wieder wild gestikulierend und plärrend ins Wohnzimmer gestürzt, hatte auch heute wieder vergessen, den Modder von den Schuhen zu streifen, hatte auch heute wieder tränenerstickt stammelnd auf die Ungerechtigkeiten seiner kleinen Welt verwiesen.

Eine bittere Lektion: wer hoch hinaus will, muß tief fallen können.

John Boyd Dunlop junior hatte das Dreirad-Rennen mit den Nachbarskindern (auch heute wieder) verloren. Zu schwer, zu langsam, zu ungeschickt.

Der Belfaster Radrennfahrer William Hume geht aus fünfter Position an die Spitze und besiegt seine auf Hoch- oder Niederrädern fahrenden Massiv-Reifen-Konkurrenten

[Sixth Edition.]

The decision of the Comptroller-General, of the 9th day of July 1892, allowed, under Section 18 of the Patents, &c. Act, 1883, an Amendment of this Specification.

[*The Amendment is shown in italic type.*]

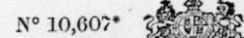

N° 10,607*   A.D. 1888

Date of Application, 23rd July, 1888
Complete Specification Left, 2nd Nov., 1888.—Accepted, 7th Dec., 1888

PROVISIONAL SPECIFICATION.

An Improvement in Tyres of Wheels for Bicycles, Tricycles, or other Road Cars.

I, JOHN BOYD DUNLOP, Veterinary Surgeon, 50 Gloucester Street Belfast do hereby declare the nature of this invention to be as follows:—

A hollow tyre or tube made of India-rubber and cloth, or other suitable material, said tube or tyre to contain air under pressure and to be attached to the wheel or wheels in such method as may be found most suitable.

Dated this Twentieth day of July 1888.

JOHN BOYD DUNLOP.

[*Price 8d.*]

N° 10,607*.—A.D. 1888.

Dunlop's Improvement in Tyres of Wheels for Bicycles, Tricycles, or other Road Cars.

COMPLETE SPECIFICATION (AMENDED).

An Improvement in Tyres of Wheels for Bicycles, Tricycles, or other Road Cars.

I, JOHN BOYD DUNLOP, of 50 Gloucester Street, Belfast, Veterinary Surgeon do hereby declare the nature of this invention and in what manner the same is to be performed, to be particularly described and ascertained in and by the following statement:—

My improvements are devised with a view to afford increased facilities for the passage of wheeled vehicles—chiefly of the lighter class such for instance as velocipedes, invalid chairs, ambulances—over roadways and paths, especially when these latter are of rough or uneven character, as also to avoid the sinking of the wheels of vehicles into the ground when travelling over boggy soil or land; and likewise for the tyreing of wheeled vehicles generally, in all cases where elasticity is requisite and immunity from vibration is desired to be secured, and at the same time ensuring increased speed in travelling owing to the resilient properties of wheel tyres according to my Invention.

In carrying out my Invention, I employ a hollow tube tyre of india rubber, surrounded with cloth canvas or other suitable material adapted to withstand the pressure of the air introduced and contained within the tube tyre as hereinafter mentioned. The canvas or cloth being covered with rubber or other suitable material to protect it from wear on the road. Said hollow tube tyre is secured to the wheel felloes—say by a suitable cement or by other efficient means—and is inflated with air or gas under pressure. I may use, for the purpose of inflation, any ordinary forcing pump or like device; the air or gas (as the case may be) under pressure being introduced to the interior of the hollow tube tyre through a small duct formed in the rim of the wheel and provided with a non return valve.

Having now particularly described and ascertained the nature of my said Invention and in what manner the same is to be performed, *I would have it known that I make no claim to the construction or use of any tyres which are not in accordance with the description set forth in the last preceding paragraph of this my Specification commencing with the words "In carrying out my invention" and ending with the words "with air or gas under pressure" but subject to this disclaiming note.* I declare, that what I claim is:—

For wheel tyres, the employment of a hollow tube or of hollow tubes of india rubber inflated with air or gas under pressure substantially as herein set forth.

Dated this 31st day of October 1888.

JAMES STEVENSON,
Gray's Inn Chambers,
20, High Holborn, London, W.C.

London: Printed for Her Majesty's Stationery Office, by Darling & Son, Ltd.—P 15110-250-11/96-G 3769

"Victoria von Gottes Gnaden..." erteilte John Boyd Dunlop 1888 das Patent auf seinen Luftreifen und ließ die Bedeutung der Erfindung am 31. Oktober würdigen

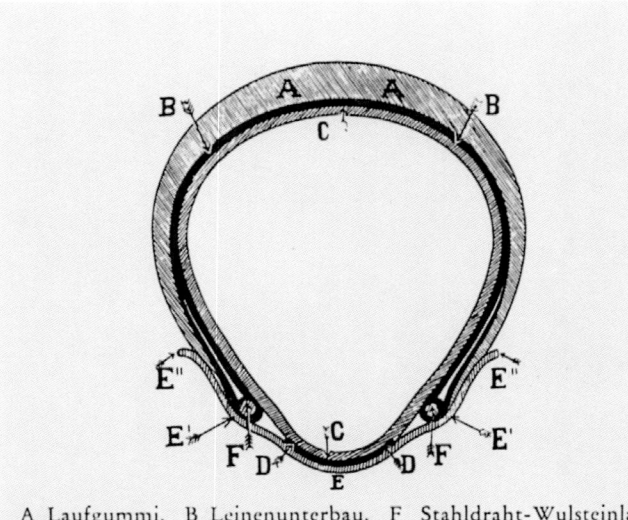

A Laufgummi, B Leinenunterbau, F Stahldraht-Wulsteinlage, C Gummiluftschlauch, E² Felgenhorn, E¹ Auflage der Reifenwulst auf die Felge, E Tiefbettfelge, D Felgenband

Als im Jahre 1893 das Geheimnis der Dunlop Pneumatic in Form einer Querschnitt-Zeichnung öffentlich wurde, war in Hanau bereits die erste Auslandsniederlassung entstanden

Eine Werbepostkarte um 1900

Die Räder hatten sich tief in den aufgeweichten Boden eingegraben. Wie so oft in den vergangenen Wochen - von Chancengleichheit keine Spur.

Nicht, daß dem Senior etwas an Chancengleichheit gelegen hätte. Nur: Warum sollten diese Schicksalsschläge ausgerechnet John Boyd II. treffen?

Des Rätsels Lösung lag hingegen auf der Straße. Genauer: zwischen Straße und Felge.

Ideen hatte er genug. Dachte über elastische Speichen nach, skizzierte flache und gewundene Federn, wollte "Luft unter Druck in einem Gummi- oder Segeltuch-Schlauch einschließen, der sich zwischen der Straße und der Felge befinden sollte".

1887. Klein Johnny durfte hoffen: "Ich beschaffte mir eine Holzscheibe mit einem Durchmesser von etwa 16 Inches und kaufte dann etwas 1/32 In-

ches dickes Plattengummi (in Fellen), woraus ich einen Luftschlauch konstruierte. Der wurde auf der Peripherie der Holzscheibe mittels eines Überzuges aus dünnem Leinen befestigt, der mit kleinen Stiften an den Kanten der Scheibe festgemacht wurde. Ich pumpte den Luftschlauch durch einen kleinen Zufuhrschlauch mit der Fußballpumpe meines Sohnes auf und band den kleinen Luftzufuhrschlauch

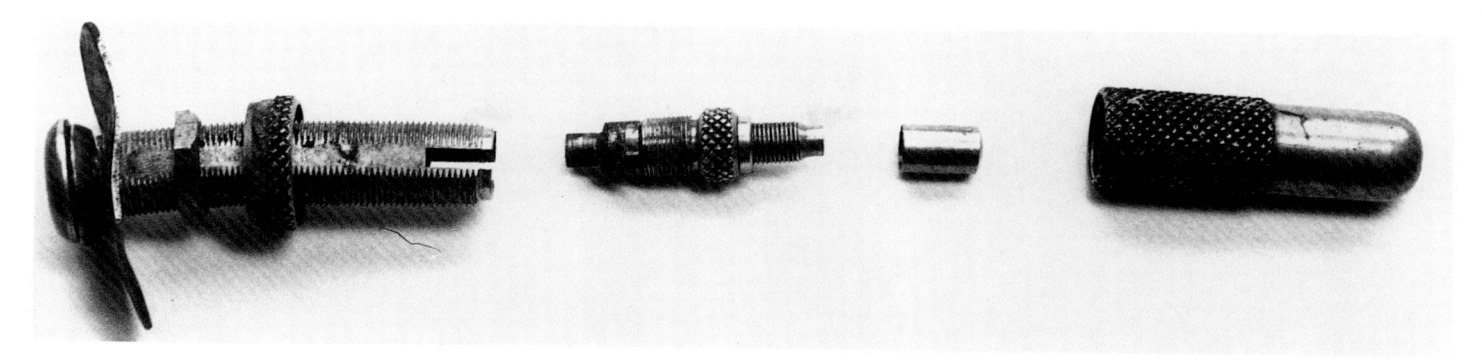

Luft-Schloß: Um das langsame Ausströmen der Schlauch-Luft zu verhindern, wurden die Dunlop-Reifen mit speziellen - von Woods entwickelten - Ventilen ausgerüstet

Ihre Qualitäten bewies die Luftpolsterung vor allem in unwegsamem Gelände. Mit nur einem Reifensatz gelang es bei der Australien-Ralley, das ganze Land zu durchqueren (1904)

Dabeisein ist alles. Der Chef der Hanauer Dunlop-Werke, Generaldirektor Max Th. Bräuning (1898-1940), als Teilnehmer an der Prinz-Heinrich-Fahrt im Jahre 1907

John Boyd Dunlop 85

Frankreich, Deutschland, Italien, Amerika, Canada - nach nur zehn Jahren hat Dunlop Niederlassungen auf vielen Kontinenten. Die indische Vertretung entstand 1898 in Bombay

Wirtschaftsflaute und fortschreitende Technisierung der Betriebe machten's möglich - 1907 reduziert Dunlop erstmals die Preise, weitet trotzdem das Geschäft aus

Grösse in mm	Preisreduktion: Laufdecke			Luftschlauch
	Dessin A rund mit Protector	Dessin B mit Querrillen	Dessin C mit Stollen	
120 m/m				
820	M. 173.—	M. 188.—	M. 239.—	M. 49.—
850	„ 182.—	„ 197.—	„ 248.—	„ 51.—
880	„ 194.—	„ 207.—	„ 258.—	„ 52.—
920	„ 200.—	„ 216.—	„ 271.—	„ 54.—
125 m/m				
820	M. 206.—	M. 218.—	M. 283.—	M. 51.—
850	„ 212.—	„ 224.—	„ 292.—	„ 52.—
880	„ 218.—	„ 231.—	„ 303.—	„ 53.—
920	„ 224.—	„ 247.—	„ 316.—	„ 59.—

Obwohl Firmengründer Dunlop seine Nachfolger wegen zahlreicher (für ihn "geschmackloser", weil in ihrer Freizügigkeit nahezu pornographischer und zutiefst schamloser) Werbeslogans vor Gericht brachte - gegen dieses Poster von 1913 hatte nicht einmal er etwas einzuwenden

86 John Boyd Dunlop

Die Firmen-Anteile verkauft, finanzielle Sorgen braucht er sich nicht zu machen. Dunlop hat Zeit zum Fahrradfahren. Das hatte er erst als (Früh-)Rentner gelernt - mit 54

John Boyd Dunlop 87

Die Gestellungsbefehle sind geschrieben, bei Dunlop in Hanau läuft die Produktion auf Hochtouren. Es gibt Krieg. Und viele wollen daran verdienen

88 John Boyd Dunlop

Patriotismus. Wer bietet mehr? Man schenkt sich nichts. Schon gar nicht im Kampf um Marktanteile. Dramatische Werbe-Schlachten, doch am Ende haben alle verloren

in der gleichen Weise ab, wie es bei einem Fußball gemacht wird. Ich brachte dann das kleine vordere Lenkrad vom Dreirad meines Sohnes und auch die luftbereifte Scheibe in meinen Geschäftshof..."

Ort und Zeit für eine Wette mit dem Freund und Tierarztkollegen Doktor R. Kyle: Welches Rad rollt weiter? Einsatz: Fünf Sixpence. Dunlop selbst machte den ersten Versuch, kegelte das Vollgummirad über den Hof. Nach 20 Hoppel-Metern kam es ins Trudeln, blieb nach weiteren zehn Metern liegen. Nicht so die luftbereifte Scheibe. Die tänzelte über die gesamte Distanz und krachte erst nach über 40 Metern gegen das Hoftor.

Wette gewonnen, Kollege und Mitspieler Kyle fassungslos: Der Luftreifen hatte seine Bewährungsprobe bestanden.

Ablehnung des Historizismus, Erneuerung hat Konjunktur. Die im Jugend-Stil für Dunlop entworfene Grafik "Dunlop, die Perle aller Pneumatic" wurde zum Klassiker

Der Erste Weltkrieg hinterläßt tiefe Spuren, doch das Geschäft geht weiter. Der Wasserturm des Hanauer Werks wird zum Symbol für unaufhaltsamen Fortschritt

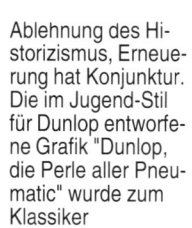

Die Schornsteine rauchen wieder. Dunlop Deutschland, aufgenommen aus der Perspektive der Hahnenkammstraße (das Foto entstand zwischen 1925 und 1927)

90 John Boyd Dunlop

Major Seagrave in seinem zweimotorigen Sunbeam-Weltrekord-Wagen von 1927. Er hatte in Daytona Beach (USA) mit 203 Meilen pro Stunde einen neuen Weltrekord aufgestellt

Das aufregendste Rennen der Welt, Bei den 24 Stunden von Le Mans (1927) war auch Dunlop dabei. Montiert an Benjafields Bentley (im Foto die Pontlieue-Kurve)

Gewohnter Anblick im Stadtbild aller größeren Städte des Königreichs: Dermarkante Kundendienst- und Lieferwagen (aus dem Jahre 1927)

Königlicher Besuch: George der Fünfte 1928 mit Gefolge und noblen Droschken auf Stippvisite in "Fort Dunlop" (Kosename für die Fabrik in Birmingham)

John Boyd Dunlop 91

Der Railton Mobil Special rast in Utah (USA) mit 634 km/h einem neuen Geschwindigkeitsrekord entgegen (unten). Auch er war Dunlop-bereift

Und Johnny? Der mußte leider weiter warten. Bis zum späten Abend des 28. Februar 1888. Denn erst gegen 22 Uhr war es seinem Vater gelungen, einen mit Plattengummi bedeckten Segeltuchmantel über die verbreiterten Felgen seines Dreirades zu ziehen. Der Senior erinnert sich: "Der Mond war voll und der Himmel klar. Ich sagte ihm, er solle über eine Schotterstraße fahren. Zufällig trat um 23 Uhr eine Mondfinsternis ein, so daß er heimkam. Nachdem der Mondschatten vorbeigegangen war, fuhr er wieder fort."

Der Reifen hielt, Johnny war begeistert. Ebenso wie der reiche Fabrikant und Radrennfahrer Harvey du Cros, der John Boyd I. zur Gründung einer gemeinsamen Gesellschaft überredete.

Wieder wird mobil gemacht. "Der schlafende Krieger" (Dunlop Zeitung vom Juni 1935), der "Starke, zuverlässige Helfer" und "neue Ortsschilder" künden von der neuen Zeit

92 John Boyd Dunlop

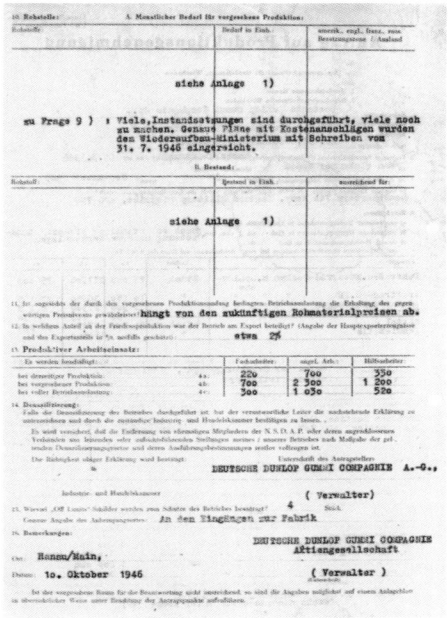

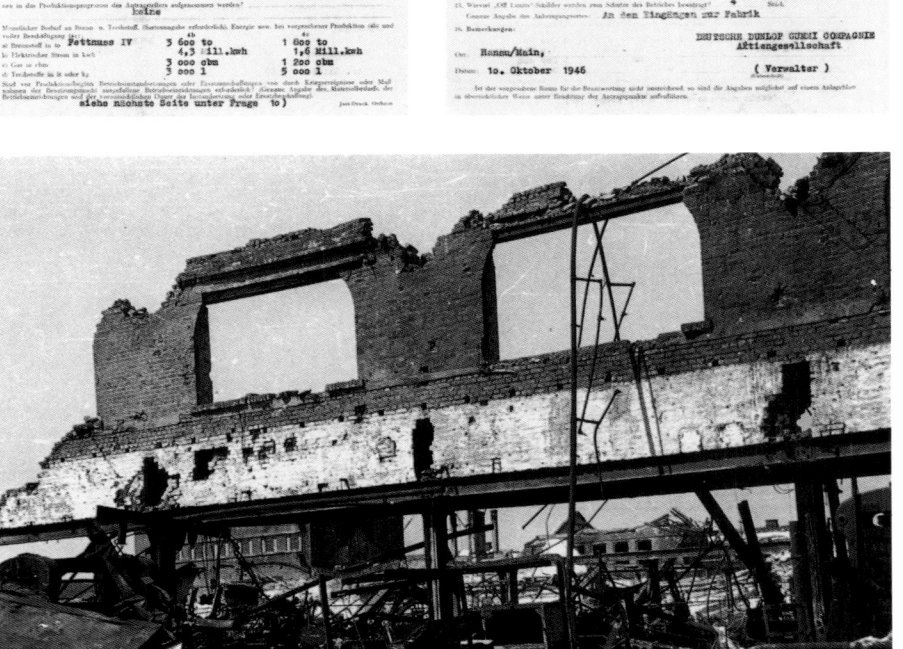

Neubeginn nach 1000 Jahren. Die Produktion wird wieder aufgenommen - mit einer Genehmigung für die Industriegruppe No. 51, Chemische Industrie (10. Oktober 1946)

1944. Das Ende. Wie die meisten kriegswichtigen Industriestandorte, liegen auch die Hanauer Dunlop-Werke nach einem verheerenden Luftangriff in Schutt und Asche

Dunlop zog nach Dublin, übergab die Tierarztpraxis - inzwischen die größte des Landes - seinem Bruder und widmete sich dem Fahrradreifen-Geschäft.

Das lief besser als erwartet, die Firma florierte.

Doch der störrische, zuweilen kauzige "Alte" hatte bald genug, überwarf sich mit dem Partner, kassierte 36.000 Pfund (12 Prozent des Firmenwertes) und hatte endlich Zeit, Fahrradfahren zu lernen. Als Pensionär. Mit 54.

Finanzielle Sorgen brauchte er sich nicht zu machen. Seine Margret (geborene Stephenson), die er 1876 in Belfast heiratete, hatte vorgesorgt. Tochter Jean (Jahrgang 1880, später Mrs. MacClintock) anerkannte ihr Problem:

John Boyd Dunlop 93

"Er hatte in seiner Praxis genug verdient, und außerdem stellte sich der Erwerb einer Schaf-Farm in Australien als günstig heraus. Diese Investition fand in einer etwas eigenartigen Weise statt.

Mein Vater neigte dazu, zu jedem, der mit Schwierigkeiten zu ihm kam, zu großzügig zu sein. Meine Mutter billigte dies natürlich nicht, und um eine fortwährende Inanspruchnahme der Familienkasse zu verhindern, schickte sie alle überschüssigen Einkünfte an ihren Bruder in Australien, der sie in einer Merino-Schaf-Farm anlegte."

Ob es allerdings ohne jenen irischen Lokalpatrioten im Belfaster Patentamt möglich gewesen wäre, schon vor der Jahrhundertwende luftbereifte Automobile auf den Markt zu bringen, ist zumindest fraglich; denn der hielt den Schotten Dunlop 1888 für einen waschechten Iren. Sonst wäre ihm vermutlich aufgefallen, daß es ein anderer Schotte war, dem die Luftreifen-Rechte bereits vor 43 Jahren, am 10. Dezember 1845, zugesprochen worden waren: Robert William Thompson. Doch der hatte -von der Nutzlosigkeit seiner Erfindung überzeugt- von der Serienproduktion nichts wissen wollen und sein Patent verfallen lassen...

Zeitläufte: Postkarte (rechts) von 1913; Plakat von 1930 und das unvergessene Meisterwerk von Savignac, mit dem Dunlop in den fünfziger Jahren in Frankreich warb

94 John Boyd Dunlop

Robert Bosch

EXPLOSIVE SPANNUNGEN

Die zündende Idee

Während Gottlieb Daimler zunächst am Prinzip des "offenen Glührohrs" festhielt und Carl Benz die Zukunft weiterhin in der Batterie-Zündung sah, setzten Robert Bosch und Gottlob Honold auf die Magnet-Zündung. Dabei wurde mit einem Magneten Hochspannung erzeugt, die sich in der Spitze der Kerze als Funke entlud und das Benzin-Luft-Gemisch im Motor explodieren ließ.

Meilenstein in der Geschichte der auto-mobilen Motorentechnik: Die erste Bosch/Honold-Hochspannungs-Zündkerze mit Befestigungsflansch, ausgeliefert am 24. September 1902

Batterie-
Zündanlage
nach Bosch-
Werkzeichnung
ca. 1926

Zündkerzen
für Hoch-
spannungs-
zündung
ab 1902

Elektrotechn. Fabrik.
ROBERT BOSCH.

erstes eigenes
Fabrikgebäude
in Stuttgart,
erster Eisen-
betonbau in
Württemberg

Prinzip der ersten Magnetzünder
nach Muster von Nicolaus Otto

1887 - pendelnder
Anker erzeugt
Stromstoß für
Abreißzündung

1897 - pendelnde
Hülse, ab 1901
rotierende Hülse für
Hochspannungszünder

Steuerwelle
Antrieb vom Motor

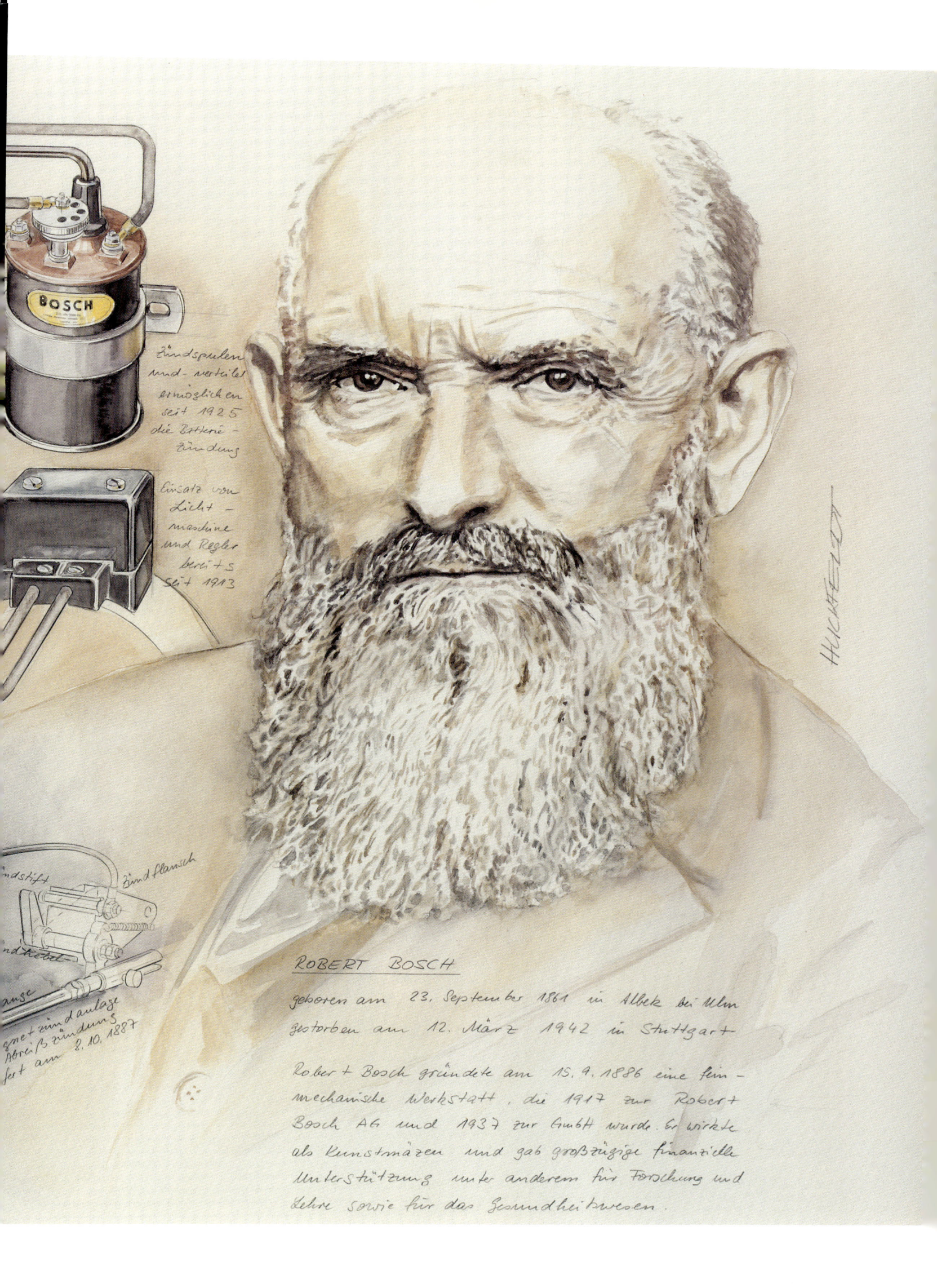

Zündspulen und -verteiler ermöglichen seit 1925 die Batterie-zündung

Einsatz von Licht-maschine und Regler bereits seit 1913

Zündstift Zündflansch

...magnetzündanlage Abreißzündung fert am 8.10.1887

HUCKFELDT

ROBERT BOSCH

geboren am 23. September 1861 in Albek bei Ulm
gestorben am 12. März 1942 in Stuttgart

Robert Bosch gründete am 15.9.1886 eine fein-
mechanische Werkstatt, die 1917 zur Robert
Bosch AG und 1937 zur GmbH wurde. Er wirkte
als Kunstmäzen und gab großzügige finanzielle
Unterstützung unter anderem für Forschung und
Lehre sowie für das Gesundheitswesen.

Ein Roter soll er sein, ein Linker, ein Sozialist. Einer, dem man nicht über den Weg trauen darf - meint der Führer. Und weil Despoten ihre An- oder Einsichten nicht in Frage stellen, haben Freigeister bei ihnen nichts zu lachen.

Auch wenn Robert Bosch ein Vorzeige-Deutscher hätte sein können: Hitler hat es nur einmal versucht, ihn ins braune Boot zu ziehen. Der Schwabe wehrt sich, kontert die plumpen Annäherungsversuche bereits im September 1933 in der Reichskanzlei: "Sie müssen sich auf dem Stuhl Bismarcks doch recht merkwürdig vorkommen..." Das Gespräch ist beendet, Bosch in Ungnade gefallen. "Das will ein Staatsmann sein und weiß nicht,

Robert Boschs Vater, der Gast- und Landwirt Servatius Bosch (das Foto entstand 1865)

Mutter Maria Margaretha Bosch im Jahre 1888. Sohn Robert war das elfte ihrer zwölf Kinder

Das elterliche Gasthaus an der seinerzeit vielbefahrenen Verbindungsstraße zwischen Nürnberg und Ulm - Robert Boschs Geburtshaus in Albeck auf der Schwäbischen Alb

Robert Bosch, der sich auf Drängen seines Vaters Servatius zum Feinmechaniker ausbilden ließ als Zehnjähriger (oben rechts) und als 25jähriger, kurz bevor er sich 1886 selbständig machte (links)

Boschs Zeugnis, ausgestellt am 1. Oktober 1879 vom Ulmer "Mechanicus & Opticus" Wilhelm Maier, der sich auf Hotel-, Haus- und Sicherheits-Telegraphen spezialisiert hatte

Robert Bosch 99

15. November 1886. Robert Bosch eröffnet seine erste "Werkstätte für Feinmechanik und Elektrotechnik" im Erdgeschoß (Hinterhof) des Hauses Rothebühlstraße 75 B in Stuttgart

was Gerechtigkeit ist", ereifert er sich im Freundeskreis.
Statt dessen sucht er den Kontakt zu Gleichgesinnten: Aufrecht müssen sie sein, arbeitsam, anständig und akkurat. Ärmel aufkrempeln, zupacken. Und liberal. Das vor allem.

Wie der Widerstandskämpfer und ehemalige Oberbürgermeister von Leipzig, Dr. Carl Goerdeler (geboren 1884), durch den er zu einem der wichtigsten Förderer der Gegen-Bewegung wurde (Goerdeler, 1937 von Bosch als "Berater" engagiert, überlebte ihn um drei Jahre und wurde 1945 von den Nazis in Plötzensee hingerichtet). Oder Theodor Heuss (1884-1963), Bosch-Biograph und erster Bundespräsident der Bundesrepublik Deutschland. Und die Kommunistin Clara Zetkin (1857-1933). Warum nicht?

Kunden-Besuche mit dem Fahrrad - in den Aufbaujahren das einzige Fortbewegungsmittel für den Jungunternehmer Robert Bosch (Foto von 1890)

Im Februar 1887 erschien in der Stuttgarter Tageszeitung "Der Beobachter" die erste Geschäftsanzeige, mit der Bosch unter anderem für seine "Prüfung und Anlegung von Blitzableitern" warb

ROB. BOSCH
Rothebühlstr. 75 B.
Telephone, Haustelegraphen.
Fachmännische Prüfung und Anlegung von Blitzableitern. (37
Anlegung und Reparatur elektr. Apparate,
sowie aller Arbeiten der Feinmechanik.

Der Niederspannungs-Magnetzünder für ortsfeste Gasmotoren von 1887. Noch im gleichen Jahr macht Bosch sich auf den Weg, um Gottlieb Daimler seine Erfindung vorzustellen

Argwohn schlägt ihm oft entgegen, Offiziere meiden seine Gesellschaft, Gewerkschafter und Arbeitgeber wittern gleichermaßen Verrat. Aus gutem Grund - wenn auch zu Unrecht.

Denn: Wie ernst es ihm mit Menschlichkeit und Verantwortung für Staat und Gesellschaft ist, beweist er bereits um die Jahrhundertwende. 1905 werden in seinem Stuttgarter Magnet-Zünder-Werk der Acht-Stunden-Tag und arbeitsfreie Feierschichten eingeführt (Ostermontag, Himmelfahrt, 1. Mai). Abgestufte Urlaubsregelungen und freie Samstagnachmittage kommen 1910 hinzu.

Enttäuschungen bleiben ihm nicht erspart. Zwar kümmert er sich rührend um seine Mitarbeiter ("nur zufriedene Arbeiter sind gute Arbeiter"), beteiligt

Quittierte Rechnung der "Mechanische Werkstätte", Stuttgart. Bosch kassierte von A. Pecher für zweieinhalb Stunden Arbeit (inklusive "Elemente-Reinigen") nicht mehr als 3,95 Mark

Besitzerstolz: Bosch berichtet in einem Brief (oben) vom Erwerb des Grundstücks in der Stuttgarter Hoppenlaustraße, auf dem er seine erste Fabrik (links) bauen will (1901)

1902 werden die ersten Hochspannungs-Magnetzünder (an Daimler) ausgeliefert. Zwei Jahre zuvor hatte Bosch Gottlieb Daimler bereits Magnetzünder für die Zeppelin-Motoren geschickt

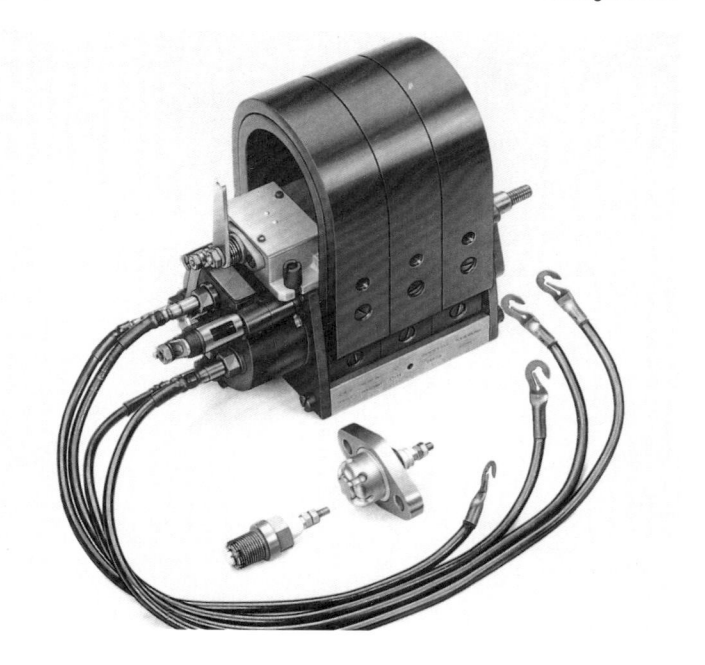

102   Robert Bosch

Litt seit dem Tode ihres Sohnes Robert (oben, Bildmitte, links neben ihm Schwester Paula, geb. 1889, rechts Margarete, 1888) unter schweren Depressionen: Boschs Ehefrau Anna (links)

Von Konstrukteur Gottlob Honold (rechts) entwickelt: der Anker, Kernstück des Magnet-Zünders. Der "flammende Magnet" (ganz rechts) wurde am 3. März 1899 als Warenzeichen eingetragen

Robert Bosch 103

Fleißig, ordnungsliebend, zielstrebig: Bosch (1906 an seinem Schreibtisch) "stellte nur die besten Mechaniker ein" und umgab sich ausschließlich mit "Leuten mit Phantasie"

Präzision und Fingerspitzengefühl. Wer bei Robert Bosch Polschuhe für Magnetzünder ausbohren wollte, mußte "wirtschaftlich arbeiten und technisches Verständnis haben" (1906)

sie mit hohen Löhnen überdurchschnittlich am Gewinn, sorgt für helle Räume, gute Luft, erstklassige Werkzeuge und eine vorbildliche Lehrlingsausbildung. Heftige Auseinandersetzungen mit der Gewerkschaft aber stürzen ihn in Konflikte.

Den Glauben an das Gute im Menschen hat er dennoch nie verloren. Das erkennen auch "seine Kollegen Mitarbeiter". Neue, von hitzigen Dogmatikern vehement geschürte Streikaufrufe (vor allem 1913) quittieren sie mit der Parole: "Halt dei Gosch, ich schaff' bei Bosch..."

Durchaus ein Grund, stolz darauf zu sein. Besteht die Belegschaft der ersten "Werkstätte für Feinmechanik und Elektrotechnik" (15. November 1886, 10.000 Mark Betriebskapital) noch aus einem Lehrling und einem

Modell und Wirklichkeit. Die Architektengemeinschaft Heim und Früh bekam 1909 den Auftrag, das Bosch-Haus in der Stuttgarter Heidehofstraße (später Sitz der Bosch-Stiftung) zu bauen

104 Robert Bosch

Robert Bosch, Stuttgart.

Die nachstehende, auf Grund des § 134a der Gewerbe-Ordnung erlassene Arbeits-Ordnung ist rechtsverbindlich für Arbeitgeber und Arbeitnehmer.

§ 1.

<u>Die tägliche Arbeitszeit währt 8 Stunden und beginnt</u>

im Sommer (1. April bis 30. September)
Morgens 7 1/2 Uhr und endet Abends 5 1/2 Uhr,
im Winter (1. Oktober bis 31. März)
Morgens 8 Uhr und endet Abends 6 Uhr; Mittagspause von 12 bis 2 Uhr.

Bezüglich der Arbeitszeit für jugendliche Arbeiter wird mit Genehmigung der Kgl. Kreisregierung vom 9. Juli 1906, Verfügung Nr. 7449, weiter bestimmt:

1. Die durch § 136 Abs. 1 der Gewerbe-Ordnung vorgeschriebene 1/2 stündige Vormittagspause kommt in Wegfall, dagegen ist den jugendlichen Arbeitern gestattet, Vormittags während der Arbeitszeit ein Vesperbrot zu sich zu nehmen.
2. Auf körperlich schwächliche, d. h. nicht gut entwickelte junge Leute, oder auf kränkliche jugendliche Arbeiter findet diese Bestimmung keine Anwendung.

§ 2.

An den Tagen vor Ostern, Pfingsten und Weihnachten tritt der Schluß der Arbeitszeit Mittags 12 Uhr ein. Am Neujahrsfest, Erscheinungsfest, Karfreitag, Ostermontag, 1. Mai, Himmelfahrtstag, Pfingstmontag, Volksfesthaupttag, sowie am ersten und zweiten Weihnachtsfeiertag ruht die Arbeit vollständig.

Die Arbeitnehmer haben weder für diese Tage, noch für die vor Ostern, Pfingsten und Weihnachten ausfallenden halben Tage Anspruch auf Bezahlung, wie überhaupt nur die Zeit, in der tatsächlich gearbeitet wurde, bezahlt wird.

§ 3.

Wird infolge von Betriebsstörungen, Inventur oder aus sonstigen Anlässen, welche den Arbeitnehmern tags zuvor mitgeteilt wurden, nicht gearbeitet, oder ruht die Arbeit auf Verlangen eines Teiles (mindestens drei Viertel) der Arbeitnehmer, mit Einwilligung der Fabrikleitung, so kann kein Arbeitnehmer Bezahlung verlangen.

§ 4.

Die Abrechnung des Lohnes erfolgt wöchentlich für den Zeitraum von Mittwoch Früh bis Dienstag Abend der folgenden Woche. Die Lohn-Auszahlung findet am darauffolgenden Freitag Abend in bar in Reichswährung vor Geschäftsschluß im Geschäftslokal statt.

§ 5.

Bei Versäumnissen steht dem Arbeitnehmer ein Anspruch auf Lohn auch dann nicht zu, wenn er durch einen in seiner Person liegenden Grund ohne sein Verschulden für verhältnismäßig nicht erhebliche Zeit an der Arbeit verhindert wird.

§ 6.

Jeder Arbeitnehmer, der im Geschäft Aufnahme findet, hat die Quittungs-Karte über die zur Invaliden-Versicherung gezahlten Beiträge, sowie sein Arbeitsbuch, soweit er zur Führung eines solchen noch verpflichtet ist, vorzuzeigen.

§ 7.

Beim Eintritt in das Dienstverhältnis erhält jeder Arbeitnehmer einen Schein, den er dem Meister, welchem er zugewiesen wird, zu übergeben hat. Beim Austritt erhält der Arbeitnehmer nach ordnungsmäßiger Fertigstellung seiner Arbeit und Übergabe seines Werkzeuges an den Meister von diesem den Schein wieder zurück, worauf ihm gegen Aushändigung desselben sein Lohn ausbezahlt wird.

§ 8.

Eine Kündigungsfrist besteht gegenseitig nicht; die Arbeitnehmer haben jedoch das Recht und die Pflicht, angefangene Akkord-Arbeiten fertigzustellen.

§ 9.

Vorstehende Arbeits-Ordnung wurde im Einverständnis mit dem gesamten Personal aufgestellt, und tritt mit dem 1. August 1906 in Kraft. Sie ist von jedem Arbeitnehmer durch Unterschrift anzuerkennen.

Stuttgart, den 16. Juli 1906.

Robert Bosch.

Bei Bosch bereits im Juli 1906 Realität: der Acht-Stunden-Arbeitstag. Im Winter (1. Oktober bis 31. März) hatten die Mitarbeiter Anspruch auf zwei Stunden Mittagszeit - eine Kündigungsfrist bestand jedoch "gegenseitig nicht"

Gesellen, katapultiert sich der Jungunternehmer mit seiner "Elektrotechnischen Fabrik" an die Spitze der wirtschaftlichen Enwicklung. 1901: 45 Mitarbeiter, 1906: 610; 1912: 4500 Beschäftigte.

Zugetraut hat ihm das keiner. Am allerwenigsten in seiner Heimat Albeck, einem kleinen Dorf auf der Schwäbischen Alb zwischen Ulm und Heidenheim, wo er als elftes von zwölf Kindern von Servatius und Maria Margaretha Bosch geboren wurde.

Ein eher durchschnittlicher Junior. Unruhig, unstet, möglicherweise begabt, ein Junge mit entschiedenen Meinungen zu allem und jedem, der deshalb von streitbaren Mitschülern als "Allweiser" gehänselt wird.

Daran ändert sich auch nach dem Umzug der Familie nach Ulm nichts. Roberts Schulleistungen bleiben mäßig: Durch und durch altwürttembergisch werden Fleiß und Betragen mit "löblich" benotet, "ziemlich gut bis gut" Deutsch, Französisch, Geschichte und geometrisches Zeichnen bewertet. Bosch über Bosch: "Wenn man nicht Gnade vor Recht hätte ergehen lassen, wären eine ganze Anzahl von uns, und ich mit darunter, durchgefallen."

In den Vereinigten Staaten von Amerika (New York, 160 West 56th Street) wird eine Tochtergesellschaft gegründet, die von Beginn an erfolgreiche Bosch Magneto Company (1906-1908)

Bosch, der inzwischen eine Reparaturwerkstatt im japanischen Yokohama eröffnet hat (1912), fährt im Sommer 1913 zu einer Vertreter-Versammlung in den Schwarzwald

Pioniere unter sich: Robert Bosch auf dem Cannstatter Wasen im Gespräch mit Hans Grade, der 1909 das erste deutsche Motorflugzeug (mit Bosch-Zündung) gebaut und geflogen hatte

Eignungstest. Bei der Lehrlingsausbildung gab es in dem aufstrebenden Unternehmen keine Kompromisse. Für den Nachwuchs war bei Bosch die beste Schulung gerade gut genug

62 Prozent mehr Geld als bei der Konkurrenz. Im Treibriemenwald (hier eine Werkstatt um 1920) stellten hauptsächlich Frauen Isolierkörper für Zündkerzen aus Speckstein her

Robert Bosch 107

Der Bosch-Zünder

Eine Zeitschrift für alle Angehörigen der Robert Bosch A.-G. und der Bosch-Metallwerk A.-G.
Stuttgart und Feuerbach

1. Jahrgang, Heft 2   5. April 1919

„Lieber Geld verlieren als Vertrauen."

Im September v. J. war unser Herr Robert Bosch aufgefordert worden, für die Autographensammlung der Preußischen Staatsbibliothek in Berlin einen handschriftlichen Beitrag über Fragen seiner Industrie beizusteuern. Herr Bosch hat sich daraufhin in einem Brief für die genannte Sammlung über die Grundsätze geäußert, von denen er sich stets in seinem geschäftlichen Leben leiten ließ. Da diese Grundsätze auch für die heutige Firma noch voll Geltung haben, mögen sie auch hier kundgegeben werden.

Nach einer kurzen Einleitung, die nicht hierher gehört, schreibt Herr Bosch:

„Es war mir immer ein unerträglicher Gedanke, es könne jemand bei Prüfung eines meiner Erzeugnisse nachweisen, daß ich irgendwie Minderwertiges leiste. Deshalb habe ich stets versucht, nur Arbeit hinauszugeben, die jeder sachlichen Prüfung standhielt, also sozusagen vom Besten das Beste war.

Es war ferner bei mir ständiger Grundsatz, mir willige Mitarbeiter heranzuziehen, und zwar dadurch, daß ich jeden möglichst weit selbständig arbeiten ließ, ihm dabei aber auch die entsprechende Verantwortung auferlegte. Lag mir z. B. eine Aufgabe vor, so fragte ich den, der sie lösen sollte, welchen Weg er einschlagen wolle; schien dieser mir gangbar, wenn auch nicht der beste, so sagte ich: ‚Gut. Nehmen Sie die Sache in Angriff. Ich hätte zwar aus diesen und diesen Gründen den und den Weg eingeschlagen, Sie gehen aber lieber den Ihrigen, der Ihnen besser liegt, mir scheint er jedoch diese und jene Nachteile zu haben.' — Dadurch erreichte ich, daß der Mann seine ganze Kraft einsetzte, um das Ziel zu erreichen, das gesteckt war.

Mein Geschäft, ursprünglich sehr klein, entwickelte sich nach langen, mühevollen Kämpfen allmählich immer rascher. Es lag nahe, durch Anzeigen u. dgl. die Absatzgebiete zu erweitern. Damit schien mir aber die Gefahr verknüpft, daß mächtige Wettbewerber merkten, in meinem Erwerbszweig sei etwas los. Ich zog vor, durch persönliche und schriftliche Bearbeitung meinen Kundschaftskreis zu erweitern, sodaß sich, als ich einmal groß war, die ganze Elektrotechnik, erstaunt, überzeugen mußte, daß zwar in meiner Linie etwas zu machen sei, daß ich aber schon zu groß geworden war, um leicht aus dem Sattel gehoben werden zu können. Als ich aber schließlich eine monopolähnliche Weltstellung hatte, was wäre dem neuzeitlichen Menschen näher gelegen, als zu sagen: ‚Seht mich an! Bei mir müßt Ihr kaufen! Ich bin groß und stark!' Statt dessen erklärte ich meinen Kunden: ‚Sie meinen, Sie müßten bei mir kaufen? Wie kommen Sie dazu? Sie können doch da und dort auch Ihren Bedarf decken. Von einem Muß ist keine Rede.' Damit erreichte ich, daß meine Kunden, die sich wie alle Menschen nicht gerne einem Zwange beugen, mir treu blieben und gerne mit mir arbeiteten. Dazu kam noch, daß bei mir feststehender Grundsatz war, einen Vertrag nur abzuschließen, beherrscht von dem Gedanken: Wenn bei einem Vertrag nicht beide Vertragschließende ihre Rechnung finden, so verlieren beide, der eine Geld, der andere Zutrauen. Einen Vertrag abschließen ohne Hintergedanken, ihn aufs pünktlichste erfüllen, ist eine Tat von höchster geschäftlicher Klugheit. Immer habe ich nach dem Grundsatz gehandelt: ‚Lieber Geld verlieren, als Vertrauen.' Die Unantastbarkeit meiner Versprechungen, der Glaube an den Wert meiner Ware und den an mein Wort standen mir stets höher als ein vorübergehender Gewinn.

Ich kenne keinen sehnlicheren Wunsch als den: Jeder Deutsche, er möge in verantwortlicher Stellung in der Regierung oder als Geschäftsmann, im In- und namentlich auch im Auslande tätig sein, möge sich bei allem, was er tut, von den Gesichtspunkten leiten lassen, die ich eben darlegte und denen ich meinen Erfolg verdanke."

gez. Robert Bosch.

Mit der Fertigung von Zündspulen und -Verteilern begann 1925 der Übergang zur Batteriezündung. Lucian Bernhard entwarf das Plakat, mit dem 1926 für das neue Produkt geworben wurde

Jedenfalls: Im sogenannten Einjährigen-Examen, mit dem ich abging, habe ich den pythagoreischen Lehrsatz nicht beweisen können. Um den Mangel später auszugleichen, war ich wohl zu faul, und so bin ich durch mein Leben gegangen und habe sogar Erfolge gehabt, die ich eigentlich nicht hätte haben sollen..."

Vater Servatius, Humanist und Freimaurer, hat seine Prinzipien: wortkarg, erfüllt von Pflichtbewußtsein, Ordnung, Sitte, Anstand. Robert über die, die ihm Goethe, Menschlichkeit und Würde näherbrachten: "Mein Vater war sehr weichherzig und wollte es um alle Welt nicht sehen lassen, sondern ging jeder Gelegenheit, bei der er hätte gerührt werden können, aus dem Wege; so kommt es auch, daß ich mich nicht erinnern kann, daß mein Vater mich jemals küßte. Und bei meiner Mutter weiß ich's nur zweimal."

Das "zweite Mal" wird wohl gewesen sein, als Robert sich mit 15 - eher zufällig - für einen Beruf entscheidet. Feinmechaniker will er werden. Und das auch nur, weil der puristische Senior den Vorschlag macht.

Bosch, der seit 1894 enge Kontakte zu Rudolf Diesel hatte, brachte 1927 die erste serienmäßige Diesel Einspritzanlage auf den Markt - und ermöglichte damit den kommerziell erfolgreichen Bau von Serien-Diesel-Kraftfahrzeugen

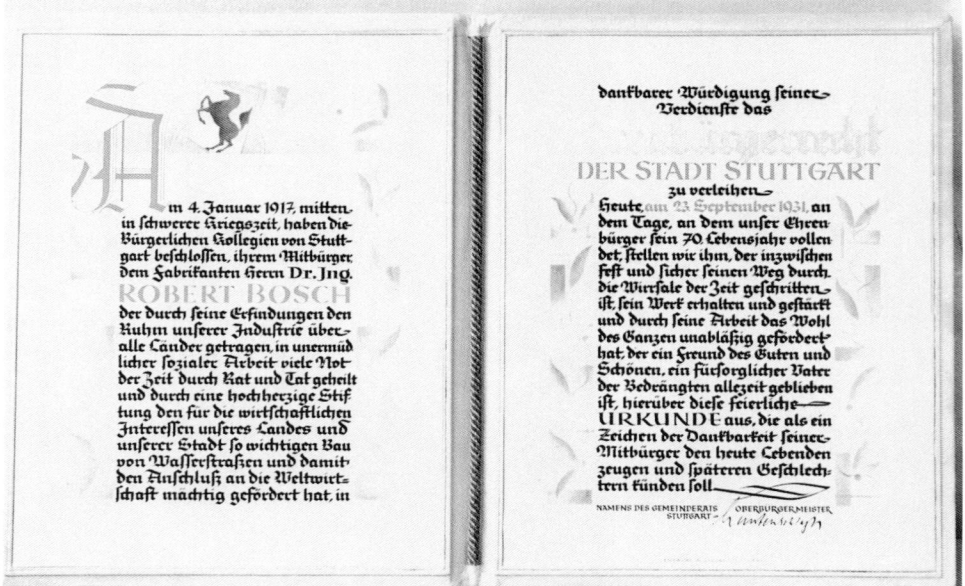

"...den Ruhm unserer Industrie über alle Länder getragen... den Anschluß an die Weltwirtschaft mächtig gefördert...". Bosch wird am 23. September 1931 Ehrenbürger Stuttgarts

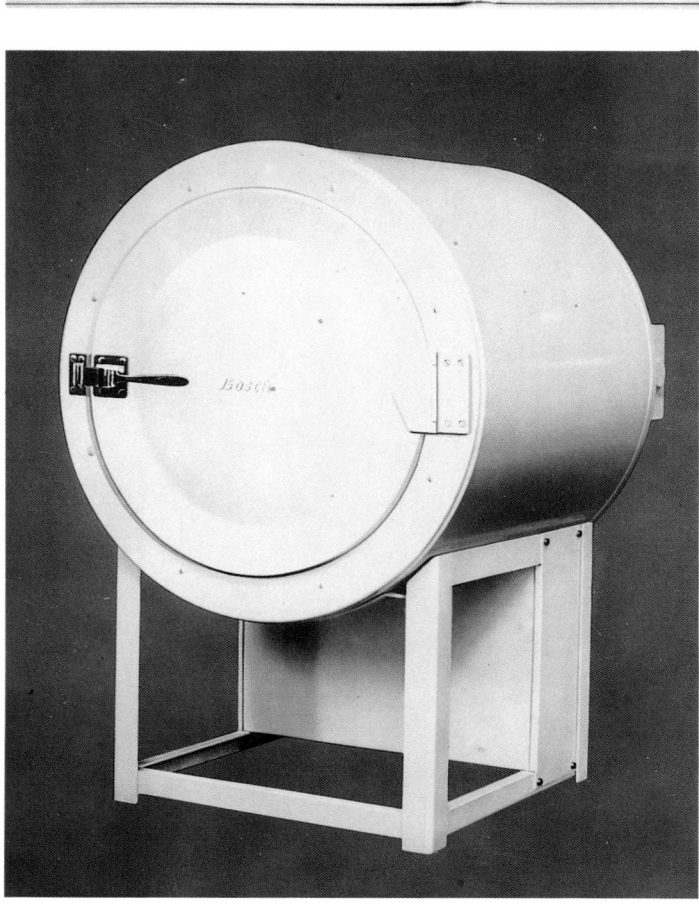

Bosch übernimmt die Junkers & Co GmbH und die Eugen Bauer GmbH, stellt den "Bosch-Hammer" vor und produziert ab 1933 auch Haushaltsgeräte (im Bild der erste Kühlschrank)

Die Alters- und Hinterbliebenen-Fürsorgeeinrichtung "Bosch-Hilfe" war gegründet, die Einführung von Arbeits- und Erfolgsprämien stand bevor: Robert Bosch im Jahre 1931

Robert Bosch und seine zweite Frau Margarete, geborene Woerz, mit Sohn Robert II. (geb. 1928) und Tochter Eva (geb. 1931) am 23. September 1935 in Baden-Baden

August im Hinterautal (bei Scharnitz). Bosch (hier 1936 mit Robert und Eva) "stieg in vier bis sechs Wochen fast jeden Tag morgens und abends je 600 bis 700 Meter hoch..."

Robert Bosch

Wohlwollend kritisch und zeitlebens aufgeschlossen für die Sorgen und Nöte junger Menschen: Der Firmenchef 1938 in der Lehrlings-Abteilung der Frankfurter Niederlassung

Erstes Robert-Bosch-Krankenhaus in Stuttgart (1940-1973). "Ich bin froh, daß in diesem Krankenhaus nicht nur nach homöopathischen Grundsätzen geheilt werden soll..."

Die Lehr- und Wanderjahre: Köln, Stuttgart, Hanau, die Firma Schuckert in Nürnberg. Aufbruch nach Amerika. Ohne Geld und ohne Ziel. Beseelt von dem Gedanken, lernen zu wollen und die Freiheit der Andersdenkenden kennenzulernen. Das Abenteuer wird zum Fehlschlag.

Bosch in seinen Memoiren:

"Im Frühjahr 1884 fuhr ich nach New York. Bei Bergmann erhielt ich eine Stellung als Mechaniker mit wöchentlich acht Dollar Gehalt. Es wurden Hughes-Schreiber und Telephone, Bogenlampen und Beleuchtungskörper, Grammophone und Fernthermometer, kurz alles gebaut, was eben verlangt wurde. Ich sah dort auch ein- oder zweimal Thomas Alva Edison.

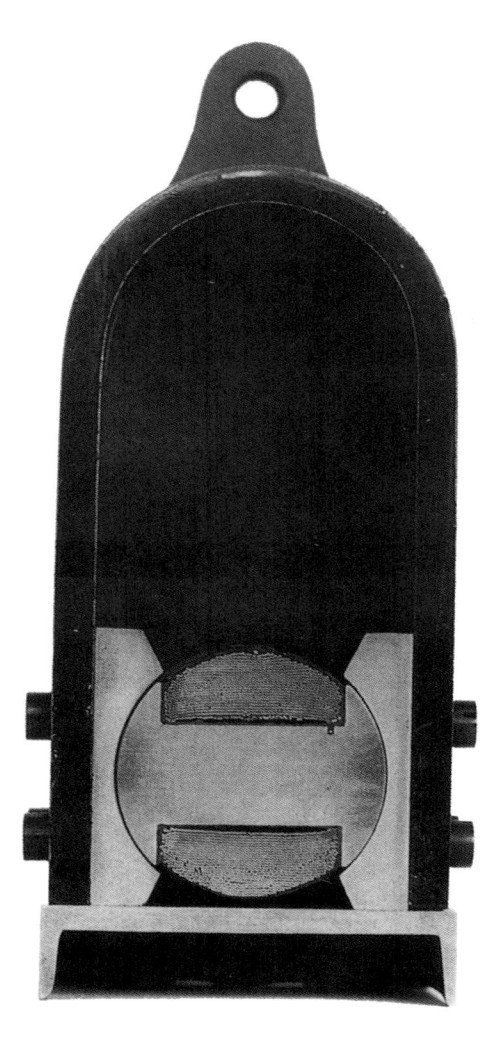

Lebens-Werke. Mit der Batteriezündung verlor der Doppel-T-Anker seine Bedeutung als Kernstück des Systems (links); das Bosch-Horn (rechts)

Bosch stirbt am 12. März 1942: "Meine Erben sollen sich der schweren Verantwortung bewußt sein, die mit dem Besitz von Geschäftsanteilen gegenüber der Allgemeinheit verbunden ist"

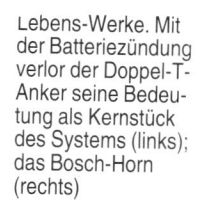

Es herrschte damals eine Krise und ich war einige Zeit arbeitslos, bekam aber dann wieder Stellung in den Edison Machine Works. Zu jener Zeit trat ich den "Knights of Labour" bei, einem weit verbreiteten Arbeiterverband, der bei der Aufnahme maurerische Gebräuche hatte und viel von Brüderlichkeit sprach.

Wenn ich so zurückblicke, so habe ich das Gefühl, daß ich als Mechaniker kaum mehr als Mittelmäßiges leistete. Ich muß aber schließlich in meinen Leistungen so sehr mittelmäßig nicht gewesen sein, denn letzten Endes war ich überall wohl gelitten.

Ich war nach Amerika gegangen, um mich in der Welt umzusehen, dann aber auch, weil den jungen Demokraten, der ich aus Erziehung und nach Vorbild meines Vaters und meiner älteren Brüder war, dieses Land der Freiheit besonders lockte.

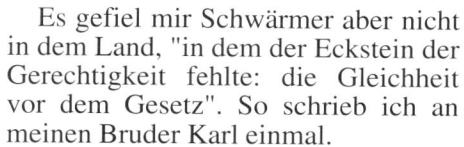

Es gefiel mir Schwärmer aber nicht in dem Land, "in dem der Eckstein der Gerechtigkeit fehlte: die Gleichheit vor dem Gesetz". So schrieb ich an meinen Bruder Karl einmal.

Ich war im Frühjahr 1885 in London und fand bei Siemens Brothers in Woolwich Stellung im Apparatebau. Dort fand ich im Gegensatz zu New York zwar eine nach deutschem Sytem aufgebaute Fabrikation, aber eine sehr veraltete nach jeder Hinsicht. Zu Weihnachten zog es mich nach Hause."

Am 15. November 1886, wird er seßhaft, gründet seine Firma und heiratet am 10. Oktober 1887 die Schwester seines Freundes Eugen Kayser, Anna. 1888 wird Tochter Margarete, 1889 Paula und 1891 Sohn Robert geboren, der (dreißigjährig) an multipler Sklerose starb.

Ein schwerer Schlag. Unüberwindbar für Ehefrau Anna. Biograph Theodor Heuss: "Sie, die in der Pflege des geliebten Kranken ihre Aufgabe gefunden und sich fast verbraucht hatte, wurde selber der Pflege bedürftig, körperlich anfällig und von schweren Depressionen niedergeworfen. Nun begann für sie die tragische Wanderung von Heilanstalt zu Sanatorium... Der mehrjährigen Trennung der beiden Gatten folgte 1926 nach schwerem Entschluß die Scheidung." 1927 heiratet Bosch Margarete Woerz, Sohn Robert II. wird 1928, Tochter Eva 1931 geboren.

Robert Bosch erlebt nicht mehr, wie die apokalyptischen Feuerstürme des Krieges sein Werk in Schutt und Asche legen. Er stirbt am 12. März 1942 an einer Mittelohrvereiterung.

des Kaiserlichen
Patentamts.

KAISERLICHES PATENTAMT.

AUSGEGEBEN DEN 20. SEPTEMBER 1898.

PATENTSCHRIFT
№ 99399

KLASSE 46: LUFT- UND GASMASCHINEN, FEDER- UND GEWICHTS-TRIEBWERKE.

ROBERT BOSCH IN STUTTGART.
Elektrischer Funkengeber zur Zündung des Explosionsgemisches in Gasmaschinen u. dgl.

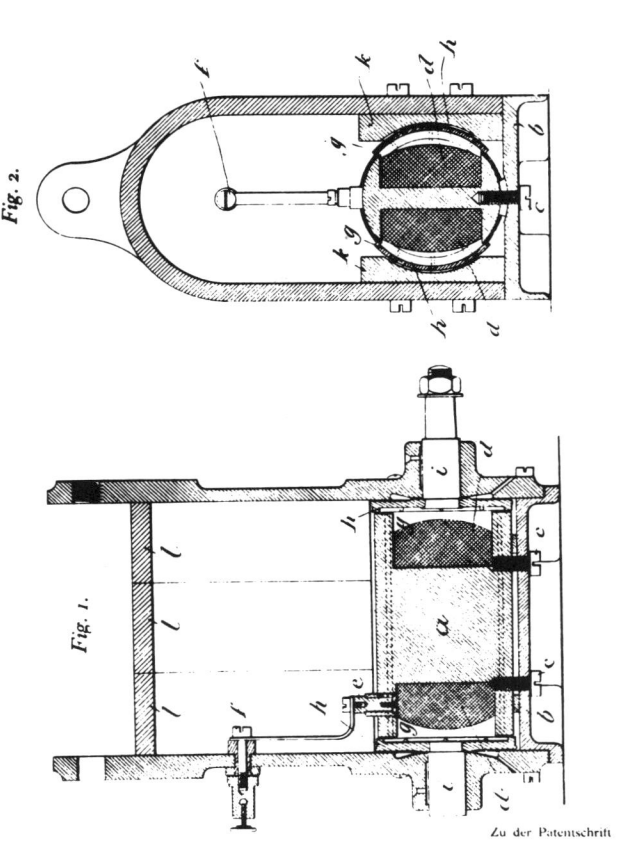

Patentirt im Deutschen Reiche vom 11. Juni 1897 ab.

Der Gegenstand der Erfindung besteht in einer elektrischen Zündvorrichtung für Gasmaschinen und dergl., welche viele schnell auf einander folgende Funken dadurch erzeugt, dafs ein Eisenkörper, welcher im Verhältnifs zum Anker geringes Gewicht besitzt, zwischen den Polen eines feststehenden Magneten und einem mit einfacher Wickelung versehenen, ebenfalls feststehenden Anker eine theilweise Kreisbewegung abwechselnd in dem einen und anderen Sinne ausführt.

Die Vorrichtung ist in der Zeichnung dargestellt, und zwar zeigt
Fig. 1 einen senkrechten Schnitt und
Fig. 2 einen Querschnitt.

Als Funkengeber ist hier ein Siemens-Doppel-T-Inductor gewählt, dessen Anker a feststehend und durch Schrauben c mit dem Gehäuse b fest verbunden ist. Es kann also das eine Ende der Wickelung d des Inductors an dem Anker festgeschraubt werden, von dem aus der Strom über die Schrauben in das Gehäuse u. s. w. gelangen kann, ohne Flächen überwinden zu müssen, die infolge der Schmierung Widerstand bieten.

Zwischen den Polen k der ebenfalls feststehenden Magnete l und dem mit einfacher Wickelung d versehenen feststehenden Anker ist ein Eisenkörper angebracht, welcher eine theilweise Kreisbewegung ausführt, wodurch viele schnell auf einander folgende Funken entstehen.

Der Eisenkörper bildet eine von der Steuerwelle aus oder in anderer geeigneter Weise in Schwingung versetzte Hülse, welche aus zwei auf den Achsen ii befestigten Scheiben h besteht. An diesen sind die aus weichem Eisen hergestellten Streifen g g angebracht, welche der Form des Ankers sich anpassen.

Ein wesentlicher Vortheil besteht darin, dafs der Eisenkörper bezw. die Hülse im Verhältnifs zum Anker ein geringes Gewicht besitzt, was namentlich bei Motorfahrzeugen von grofser Bedeutung ist, da diese als Zweicylindermotoren eine ungewöhnlich hohe Umlaufzahl besitzen.

Bei dieser Vorrichtung läfst sich der Stromabnehmer vermeiden, da das isolirte Ende der Wickelung d mit einer am Gehäuse angebrachten isolirten Klemme e bezw. f verbunden werden kann. Die Magnete l sind mit besonderen Polschuhen k versehen, doch könnte man dieselben auch ganz weglassen oder die Magnete gleich selbst entsprechend ausdrehen, um die nöthige Annäherung bezw. Verringerung des Abstandes zwischen den Polen und den Eisenstreifen zu erzielen; ferner könnten die hufeisenförmigen Magnete l auch aus einem Stück bestehen.

PATENT-ANSPRÜCHE:

1. Elektrischer Funkengeber zur Zündung des Explosionsgemisches in Gasmaschinen und dergl., welcher dadurch zur Abgabe vieler schnell auf einander folgender Funken geeignet ist, dafs ein Eisenkörper, welcher im Verhältnifs zum Anker geringes Gewicht besitzt, zwischen den Polen (k) eines feststehenden Magneten (l) und dem mit einfacher Wickelung (d) versehenen, ebenfalls

ROBERT BOSCH IN STUTTGART.
Elektrischer Funkengeber zur Zündung des Explosionsgemisches in Gasmaschinen u. dgl.

Zu der Patentschrift
№ 99399.

Von den motorischen Anfängen zur Perfektion: Ein moderner Zylinderkopf, bei dem der fein zerstäubte Kraftstoff direkt auf das heiße Einlaßventil gespritzt wird und dort verdampft

Patent Nr. 99399, eingetragen im Deutschen Reiche am 11. Juni 1897. Das De Dion-Bouton-Dreirad mit Bosch-Niederspannungs-Magnetzündung (Abreißzündung, oben rechts)

Rudolf Diesel

ENDSTATION SEHNSUCHT

Reine Druck-Sache

Ansaugen und Kompression von reiner Luft; Einspritzen des Brennstoffs, der sich an der (bei der Verdichtung erhitzten) Luft von selbst entzündet und den Motor antreibt: Diesels Versuchsmaschine, die 1894 zum ersten Mal mit Rohöl (statt Lampenpetroleums) lief, nutzte den Brennstoff etwa dreimal besser aus, als die bis dahin in der Industrie verwendeten Dampfmaschinen und Otto-Motoren.

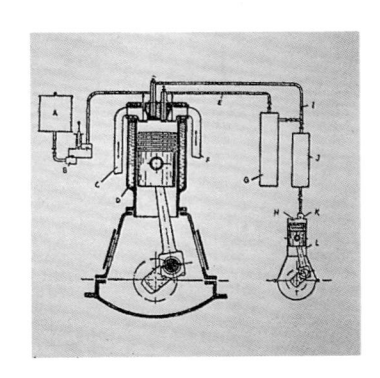

Der Diesel-Viertakter:
A=Brennstoff, B=Pumpe, C=Auspuff, D=Kühlwasser, E=zum Anlaßventil, F=Luft-Ansaugrohr, G=Anlaßluft, H=Ansaugventil, I=zum Öl-ventil, J=Einblaseluft, K=Druckventil, L=Luftpumpe

RUDOLF DIESEL

geboren am 18.3.1858
gestorben am 30.9.1913

Rudolf Diesel beendete 1880 sein Studium an der TH in München. 1893 baute er mit Unterstützung von Krupp und der Maschinenfabrik Augsburg eine Versuchswerkstatt. In nur vier Jahren wurde hier ein funktionsfähiger Dieselmotor aufgebaut und verbessert.

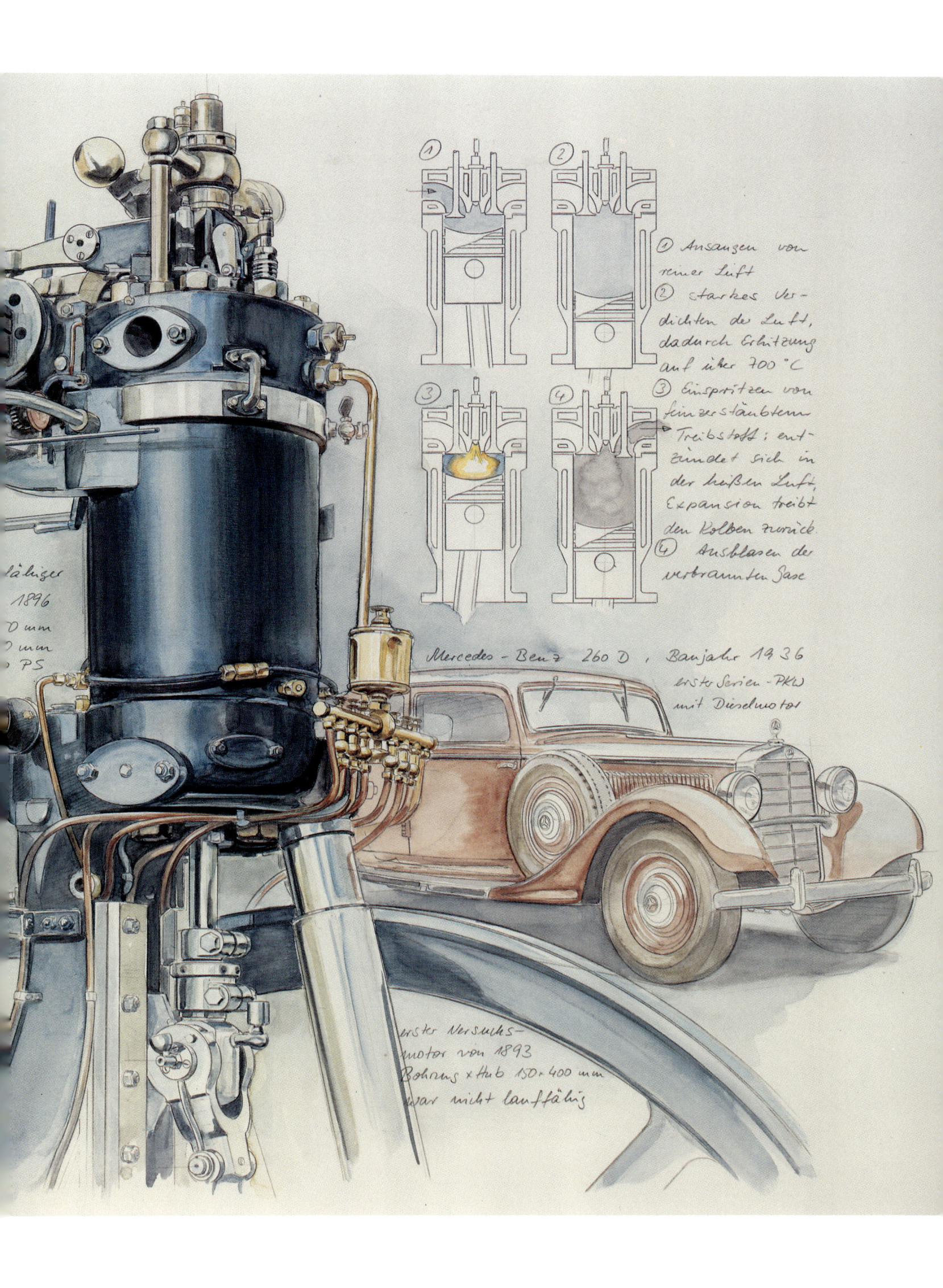

① Ansaugen von reiner Luft
② starkes Verdichten der Luft, dadurch Erhitzung auf über 700°C
③ Einspritzen von feinzerstäubtem Treibstoff; entzündet sich in der heißen Luft, Expansion treibt den Kolben zurück.
④ Ausblasen der verbrannten Gase

Mercedes-Benz 260 D, Baujahr 1936 erster Serien-PKW mit Dieselmotor

...fähiger 1896
... mm
... mm
... PS

erster Versuchsmotor von 1893
Bohrung × Hub 150 × 400 mm
war nicht lauffähig

Kannte die Namen Papin, Guericke, Watt und Stephenson (Dampfmaschinen) besser als die der Helden aus Sagen- und Märchenwelt: der zwölfeinhalbjährige Rudolf Diesel (fotografiert nach der Ankunft in Augsburg)

29. September 1913. Sieben Uhr morgens. Kein Lüftchen regt sich. Zuckerwatte. Dichter Nebel wabert über die seichten Wellen der Schelde-Mündung; Frühtau perlt von den verdorrten Borsten der abgeernteten Getreidefelder. Die "Dresden" dümpelt dumpf dem Tag entgegen.

"Es ist sommerlich warmes Wetter. Die Überfahrt scheint gut werden zu wollen", hatte er seiner geliebten Martha noch aus Gent geschrieben. Das war nachmittags um vier - wenige Stunden später ist Rudolf Diesel tot...

Elf Tage vergehen. Es ist Freitag, der 10. Oktober 1913, unweit der Dampferroute Belgien/England, morgens 10 Uhr 30: bei den Seehundbänken, an der Mündung der Osterschelde in die Nordsee, zwischen den Inseln Noordland und Schouwen, hieven holländische Matrosen den leblosen Körper eines Unbekannten an Bord des Lotsenschiffes "Coertsen". Der Kapitän, der trotz schwerer See ein Rettungsboot hatte aussetzen lassen, um den verwesenden Leichnam zu bergen, durchsucht Jacket- und Hosentaschen, bevor er den Toten zur letzten Ruhe ins Wasser zurückgleiten läßt. Diesels Sohn Eugen identifiziert die Habseligkeiten, die der untersetzte, schwarzhaarige Polizeichef auf einem Stückchen Sackleinen vor ihm ausbreitet: eine kleine Pastillendose (russische Tula-Arbeit), ein Portemonnaie (mit ein paar holländischen und englischen Münzen), ein Taschenmesser und ein Brillen-Etui (mit Werbeaufdruck eines Münchener Optikers). Kein Zweifel: Die Personenbeschreibung der Besatzung, die Utensilien - alles deutet darauf hin, daß es sich bei dem "Ertrunkenen" um Rudolf Diesel handelt.

Doch warum ist er gestorben? Und wie? Unfall? Mord? Freitod? Ein deutscher Fremdenlegionär meldet sich aus Sidi Bel Abbes (Algerien), will " die Verschwörung aufdecken, die zur Ermordung Diesels geführt hat", wenn man ihm das Fahrgeld für die Heimreise erstattet und eine angemessene Belohnung zahlt. In Paris kursieren Gerüchte, nach denen der deutsche Nachrichtendienst den Ingenieur ermorden ließ, um zu verhindern, daß er seine Patente an England verkauft.

Bemerkenswert allemal: Britannien tritt am 4. August 1914 in den Ersten Weltkrieg ein. Und: Diesel verschwindet wenige Stunden bevor er in der Provinzhauptstadt Ipswich (Suffolk) mit seinem langjährigen Freund, dem Großindustriellen George Carels, an der Einweihung einer neuen Motorenfabrik und einem Geheimtreffen mit der königlichen Admiralität teilnehmen kann.

Rudolfs Vater Theodor Diesel. 1830 geborener Buchbinder aus Augsburg, der die Familie in Paris als "Saffian-Lederfabrikant" ernährte und später nach London auswandern mußte

Elise Diesel, geborene Strobel (1826 bis 1897), als Tochter eines Geschäftsmannes in Nürnberg aufgewachsen. Sie lernte ihren Theo in Paris kennen, geheiratet haben sie in London

Schwere, freudlose, von elterlichen Geldsorgen geprägte Kindheit, in der Seine-Metropole: Das Geburtshaus Rudolf Diesels im sechsten Pariser Bezirk, Rue Notre Dame de Nazareth 38

KAISERLICHES PATENTAMT.

PATENTSCHRIFT
№ 67207
KLASSE 46

RUDOLF DIESEL IN BERLIN.

Arbeitsverfahren und Ausführungsart für Verbrennungskraftmaschinen.

Patentirt im Deutschen Reiche vom 28. Februar 1892 ab.

Am 27. Februar 1892 beantragte der Ingenieur Rudolf Diesel beim Kaiserlichen Patentamt in Berlin handschriftlich Patentschutz für seine "neue, rationelle Wärmekraftmaschine"

Das Arbeitsverfahren der bisher bekannten Motoren, welche die Verbrennungswärme von Brennstoffen direct im Cylinder zur Arbeitsleistung verwenden, ist durch das theoretische Indicatordiagramm (Fig. 1) gekennzeichnet.

Auf der Curve 1, 2 wird ein Gemenge von Luft und Brennstoff comprimirt, im Punkt 2 wird das brennbare Gemenge entzündet; durch die nun folgende Verbrennung tritt eine plötzliche Drucksteigerung von 2 nach 3 ein, begleitet von einer sehr bedeutenden Temperatursteigerung; die explosionsartige Verbrennung ist eine so rasche, dafs der Weg des Kolbens während der Verbrennung nahezu Null ist. Im Punkt 3 ist die Verbrennung der Hauptsache nach beendigt. Von 3 nach 1 hin findet Expansion unter Arbeitsverrichtung statt, wodurch Druck und Temperatur der Verbrennungsgase wieder sinken.

Bei allen bisher bekannten Verbrennungsverfahren ist der Verbrennungsvorgang sich selbst überlassen, sobald die Zündung stattgefunden hat; der Druck und die Temperatur werden bei denselben nicht während des eigentlichen Verbrennungsvorganges im Verhältnifs zum jeweiligen Volumen der Luftmasse geregelt oder gesteuert.

Aus diesem unrichtigen Verhältnifs zwischen Druck, Temperatur und Volumen entspringen bei allen diesen Verfahren folgende Nachtheile:

1. Die durch die Verbrennung entstehende Temperatur ist immer so hoch, dafs die mittlere Temperatur des Cylinderinhaltes, welche das Dichthalten der Organe, die Schmierung, überhaupt den praktischen Gang der Maschine ermöglicht, nur durch energische Kühlung der Cylinder- bezw. Ofenwände erreichbar ist, wodurch ein grofser Wärmeverlust entsteht.

2. Die Verbrennungsgase werden durch die Expansion ungenügend abgekühlt und entweichen noch sehr heifs, was einen zweiten grofsen Wärmeverlust bedeutet.

Auch diejenigen Motoren, welche von 1 nach 2, Fig. 1, reine Luft comprimiren und in der Nähe des Punktes 2 zusätzlich Brennmaterial unter gleichzeitiger Zündung einspritzen, zeigen die Drucksteigerung 2, 3, verbunden mit bedeutender Temperatursteigerung.

Dasselbe findet statt bei den Motoren, welche die Compression so hoch treiben, dafs die durch Compression entstehende Temperatur das Gemisch von selbst entzündet. Die Entzündungstemperaturen der meisten Brennmaterialien liegen sehr niedrig, für Petroleum z. B. bei 70 bis 100° C.; wenn durch die Compression diese Temperatur entstanden ist, was schon bei niedrigen Drucken der Fall ist (bei Petroleum ca. 5 Atm., bei Gas ca. 15 Atm.), so findet die Zündung von selbst statt; die auf die Zündung folgende Verbrennung steigert aber auch hier die Temperatur sehr bedeutend und erzeugt die Drucksteigerung 2, 3, Fig. 1. Die bei der Verbrennung auftretende höchste Temperatur der Verbrennungstemperatur ist von der Entzündungstemperatur, welche nur von den physikalischen Eigenschaften des Brennmaterials abhängt, vollständig unabhängig.

PATENT-URKUNDE
№ 67207

AUF GRUND DER ANGEHEFTETEN BESCHREIBUNG UND ZEICHNUNG IST DURCH BESCHLUSS DES KAISERLICHEN PATENTAMTES

an Rudolf Diesel, Ingenieur,
in Berlin

EIN PATENT ERTHEILT WORDEN.

GEGENSTAND DES PATENTES IST:

Arbeitsverfahren und Ausführungsart für Verbrennungskraftmaschinen.

ANFANG DES PATENTES: 28. Februar 1892.

DIE RECHTE UND PFLICHTEN DES PATENTINHABERS SIND DURCH DAS PATENTGESETZ VOM 7. APRIL 1891 (REICHS-GESETZBLATT FÜR 1891 SEITE 79) BESTIMMT.

ZU URKUND DER ERTHEILUNG DES PATENTES IST DIESE AUSFERTIGUNG ERFOLGT.

Berlin, den 23. Februar 1893.

KAISERLICHES PATENTAMT.

Beglaubigt durch Frank
Bureau-Vorsteher des Kaiserlichen Patentamtes.

Unter der Registriernummer 67207 am 23. Februar 1893 in die Patentrolle eingetragen: Rudolf Diesels "Arbeitsverfahren und Ausführungsart für Verbrennungsmotoren"

Im März 1892 hatte Diesel bei der Maschinenfabrik Augsburg nachgefragt - am 20. April kam bereits die Antwort. Direktor Heinrich von Buz befürwortete die "Ausführung einer Versuchsmaschine"

Liebe auf den ersten Blick. 1883 verlobte sich Diesel mit der in Paris als Erzieherin arbeitenden Remscheider Lehrerin Martha Flasche. Sie heirateten am 24. November in München

Die Folgen sind verheerend. Die Geldgeber der jungen Unternehmung verlieren die Kontrolle, versuchen mit einem hysterisch übereilten Dementi ("Der geniale Deutsche ist wohlbehalten in seinem Londoner Hotel eingetroffen!"), zu retten, was zu retten ist. Mehr als einen Aufschub erreichen sie damit nicht. Die Aktien stürzen ins bodenlose. Von 12 Schillingen zunächst auf fünf, nach weiteren Panikverkäufen auf nur noch zwei Schillinge - die Gesellschaft ist ruiniert.

Diesels eigene, minutiöse Terminplanung scheint die Mord-These zu stützen. Am 29. September 1913 schreibt er seinem Sohn Rudolf: "Bin eben im Begriffe, mit Herrn George Carels über Antwerpen nach Harwich zu reisen (Linie Antwerpen-Harwich, die Schelde hinunter), morgen früh sechs Uhr (30. September) Ankunft in Harwich, Fahrt nach Ipswich, Besichtigung der neuen Fabrik, nachmittags Fahrt nach London." Abends Diner im Königlichen Automobil-Club. "Ich drahtete heute früh, daß ich doch im Keysers Royal Hotel in London absteige, aus alter Gewohnheit. Dorthin sind also, meinen gestrigen Mitteilungen gemäß, wichtige Mitteilungen zu richten."

Rudolf Diesel

Doch dort kommt er nie an. Er, der seine Frau (Sprachlehrerin, geborene Flasche) noch vor Tagesfrist beschwört: "Fühlst Du, wie ich Dich liebe? Ich sollte meinen, daß Du es auch auf die große Entfernung fühlen mußt wie ein leises Zittern in Dir, wie der Empfänger eines drahtlosen Telegraphierapparates."

Diesel stirbt in der Nacht zum 30. September 1913. Irgendwann zwischen 22 und sechs Uhr. Als die "Dresden" im Morgengrauen in Harwich anlegt, ist er unauffindbar. Der Deckoffizier der Fähre entdeckt Hut und Mantel des Erfinders neben der Reling, sein Schlüsselbund steckt im Schloß des Aktenkoffers und Diesels Stahl-Taschenuhr (die goldene hatte er zu Hause gelassen) hängt so, daß er sie vom Bett aus hätte sehen können. Seine Lieblingslektüre liegt auf dem Nachttisch. Schopenhauer (Parerga und Paralipomena). "Schwer, aber genußreich" sinniert er schwärmerisch, obwohl er sich mit dessen "systematisch-philosophischen Anschauungen

Die Maschinenfabrik Augsburg verpflichtete sich (21. Februar 1893), eine Versuchsmaschine von etwa vier Pferdestärken aufzustellen und "alsdann die Versuche sofort vorzunehmen"

nicht befreunden", lediglich "seine allgemeinen, nicht systematischen Gedanken und Anschauungen fast ausnahmslos unterschreiben" kann.

Das dünne, seidene Lesezeichen markiert, was er gelesen hatte: "Leute, die von Haus aus kein Vermögen haben, aber endlich in die Lage gekommen sind, durch ihre Talente... viel zu verdienen, geraten fast immer in die Einbildung, ihr Talent sei das bleibende Kapital und der Gewinn dadurch die Zinse." Die Botschaft ist unmißverständlich. Schopenhauer: "Danach aber werden sie meistens in Armut geraten, weil ihr Erwerb stockt oder aufhört, nachdem entweder das Talent selbst erschöpft ist oder weil es nur unter besonderen Umständen und Konjunkturen geltend zu machen war." Armut? Der verklärt gepriesene, erhaben joviale Diesel, der vor Monatsfrist noch gedankenverloren grübelte: "Man wird alt. Man muß der Jugend weichen und abgehen." Für die belgische Polizei und das deutsche Generalkonsulat in London ist die Sache klar: Die Ermittlungen werden eingestellt, das Ausstellen der Sterbe-Urkunde ist Routine. Freitod durch Er-

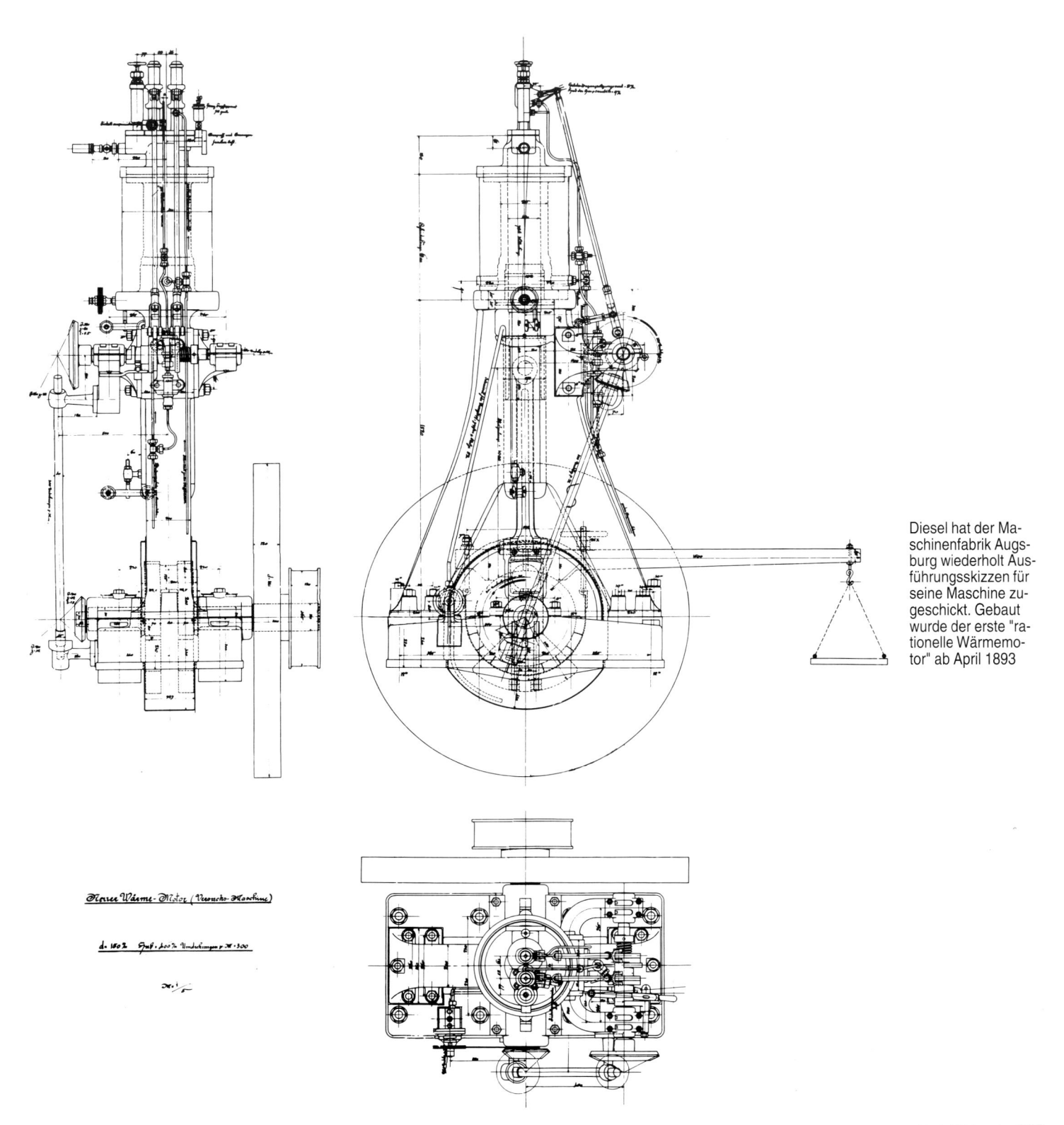

Diesel hat der Maschinenfabrik Augsburg wiederholt Ausführungsskizzen für seine Maschine zugeschickt. Gebaut wurde der erste "rationelle Wärmemotor" ab April 1893

trinken. Das halten auch seine Reisebegleiter, George Carels, und dessen Chefkonstrukteur, Alfred Luckmann, für wahrscheinlich. Die hatten am 1. Oktober 1913 zu Protokoll gegeben: "Wir sind am 29. September nachmittags in Begleitung von Herrn Dr. Rudolf Diesel von Antwerpen nach Harwich abgefahren, und zwar mit dem Dampfer "Dresden" der Great Eastern Linie. Kurz nachdem wir Vlissingen passiert hatten, etwa gegen zehn Uhr abends, verabschiedeten wir uns mit Händedruck von Herrn Diesel und begaben uns zur Ruhe. Herr Diesel ging in seine Kajüte, nachdem er den Steward beauftragt hatte, ihn am nächsten Morgen um 6.15 Uhr zu wecken.

Wir standen um die gleiche Zeit auf und wunderten uns, als wir angekleidet waren, daß Herr Diesel noch nicht aus seiner Kajüte gekommen war. Luckmann ging alsdann auf die Suche und da er ihn im Frühstückssaal nicht fand, klopften wir an seine Kajütentür. Da wir keine Antwort erhielten, traten wir ein und sahen, daß das Bett nicht berührt war, sein Nachthemd lag gefaltet auf dem Bett und seine Reisebedarfssachen waren alle vorhanden.

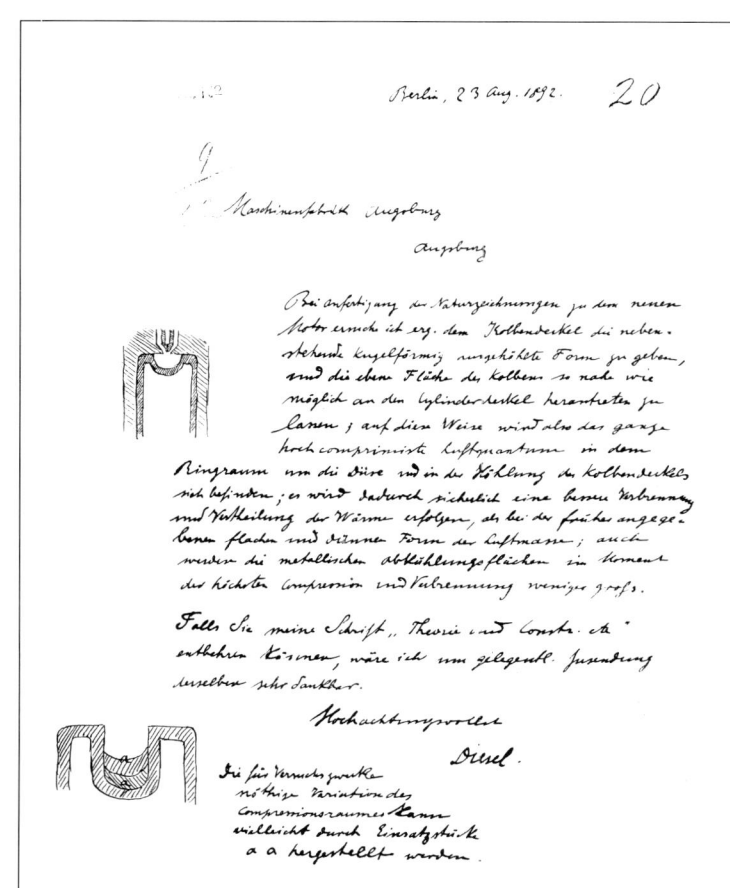

Originalbrief und Skizze, adressiert an die Maschinenfabrik Augsburg. Am 23. August 1892 (oben) beschreibt Diesel darin seine Idee des kugelförmigen Brennraumes im Kolben (Mittenhalbkugel)

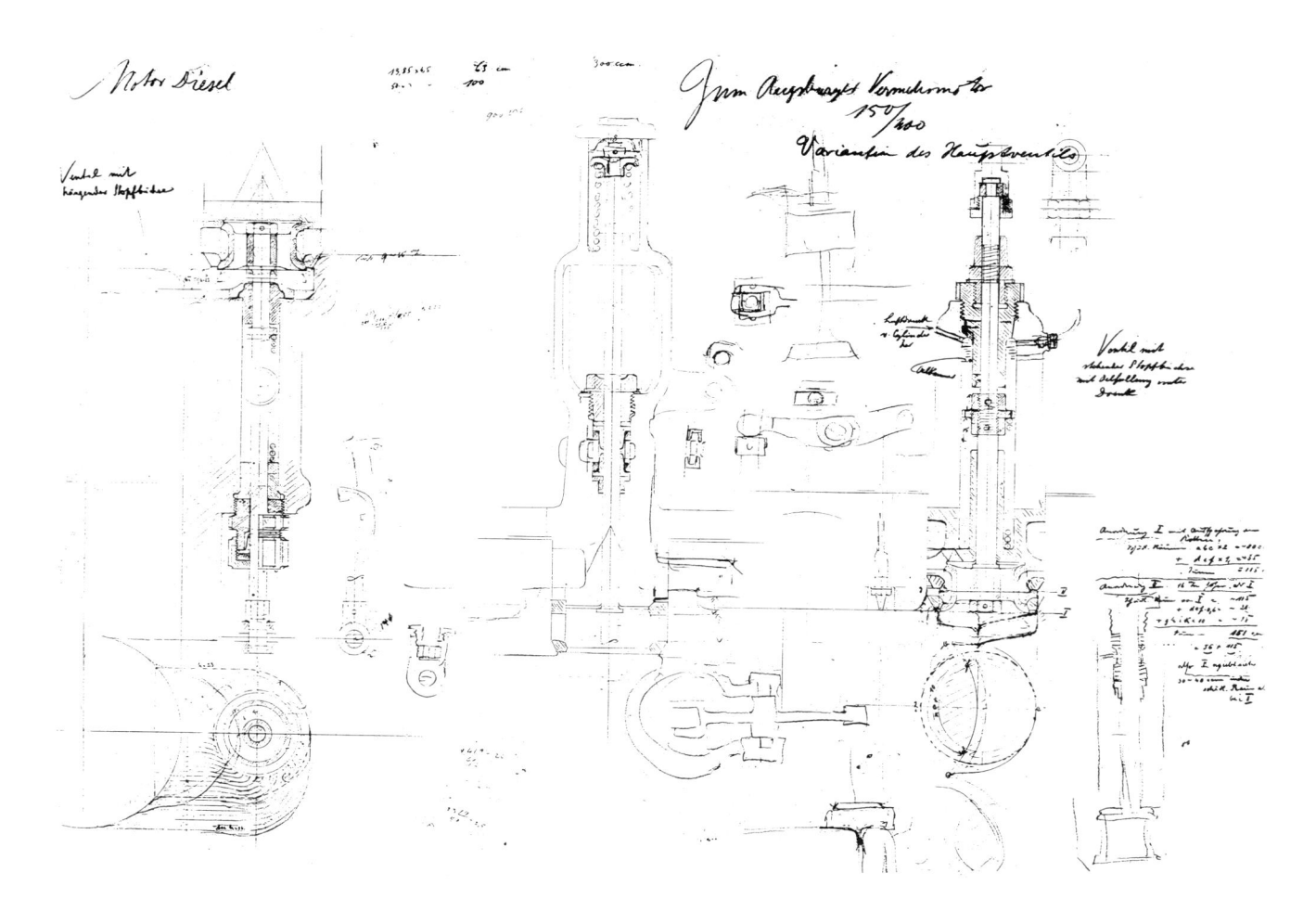

Es wird angenommen, daß Diesel auf bisher nicht aufgeklärte Weise über Bord gefallen ist...".

Erstaunlich genug: Das Meer war ungewöhnlich ruhig, Diesel, der das exzellente Abendessen im Kreise seiner Freunde sichtlich genossen hatte, bei bester Stimmung. Geradezu euphorisch hatte er sich während eines kleinen Deck-Spaziergangs über die Zukunft seines Motors geäußert, bevor er sich in sein Zimmer zurückzog.

Einen Zeugen gibt es, der ihn in dieser Nacht aus seiner Kabine zurückkommen sieht: Doktor S.S. Nehru, Vetter des indischen Ministerpräsidenten. Doch dessen Beobachtungen, auf einer Tischkarte skizziert, werden erst Jahrzehnte nach dem mysteriösen Tod des Ingenieurs bekannt.

Danach war Nehru gegen 22 Uhr allein an Deck, als er plötzlich Schritte hörte. Ein Mann, berichtet er, sei die Treppe hinaufgestiegen und zur Reling gegangen. Als er gespürt habe, daß er beobachtet wurde, habe sich "die einsame Gestalt" abgewandt und sei auf die andere Seite des Schiffes gegangen. Er habe ihn nicht zurückkehren hören...

Herzanfall? Verzweiflung? Hinter dem Datum 29. September fand sich in Rudolf Diesels Taschenkalender ein kleines Kreuz - von ihm selbst sorgsam mit Bleistift hineingemalt.

Todes-Ahnung, -Sehnsucht? Oder Hoffnung auf gute, nachhaltige Motorengeschäfte in und mit England?

Sicher ist: Diesel war bereits bankrott. Zwar schätzten Freunde, Geschäftspartner und Weltpresse sein Vermögen auf fabelhafte fünf Millionen. Bankbürgschaften und Kredite bekam er jedoch längst nicht mehr. Sohn Eugen bestätigt, was keiner wissen durfte: "Wir waren wirklich arm". Als er und sein Bruder Rudolf wenige Tage nach dem Verschwinden ihres Vaters den Kassenschrank im Wohnzimmer der Bogenhausener Villa, Maria-Theresia-Straße 32, öffneten, stellten sie entsetzt fest, "daß ein greifbares und verfügbares Vermögen nicht mehr vorhanden" war.

Versuch: Bereits fünf Monate nach Vertragsabschluß mit der Maschinenfabrik Augsburg war der Motor fertig. Wenn auch nicht betriebsberbeeit. Er lief erst zwei Jahre später.

1897. Der erste Dieselmotor der Welt. Der Versuchsmotor mußte erheblich modifiziert werden, bis die Maschine lief (Zylinderdurchmesser 250 mm, Hub 400 mm, Leistung 20 PS bei 172 U/min)

Dank an Förderer und Finanzier Heinrich von Buz: " Es ist mir voll und ganz bewußt, daß ich so weit nur durch Ihre wohlwollende, sachgemäße und generöse Unterstützung kommen konnte"

20.000 Mark, die Diesel unmittelbar vor seiner Abreise nach Gent an seine Frau übergeben hatte ("Gib auf den Koffer acht! Gib auf den Koffer acht!"), war die einzige Barschaft, die von seinen Millionen geblieben war. 90.000 Mark verschlang allein das Nobel-Haus am Isar-Hang. Jahr für Jahr. Eine gewaltige Halle über zwei Stockwerke, breite Treppe mit geschnitzten Eichengeländern, Kamin-, Billard-, Jagd- und englisches Gartenzimmer, Jugendstil-Arbeitsraum, Rokokosalon für Damen-Kränzchen, mahagoniegetäfelter Speisesaal mit Marmorkamin, fünf Badezimmer - er glaubte es sich, seiner Position und seiner Familie schuldig zu sein, ließ die Kinder von einer französischen Gouvernante erziehen. Industrielle, Künstler und Aristokraten gingen bei ihm ein und aus; der Adjutant des Regenten schickte regelmäßig von der Hofjagd eine der erlegten Sauen.

Der Glitter hatte seinen Preis - sein Hauptpatent erlosch 1907. Mißglückte Spekulationen trieben ihn in dubiose Beteiligungen, marode Aktiengesellschaften, überalterte und unproduktive Fabriken warfen längst keine Dividende mehr ab. Seine Gesellschaft für Elektromobile, Investitionen in gallizische Ölfelder und dramatisch überteuerte Grundstückskäufe in München, zu denen ihm ein "betrügerischer Agent" überredet hatte, entpuppten sich als ungeheure Verlustgeschäfte. Diesel entließ den Chauffeur, legte sein Auto still, fuhr Straßenbahn und Zug, versuchte sein Haus zu verkaufen. Dennoch beteuerte er gegenüber seinen Kindern: "Ich und Mama können zwar sehr schön leben, beabsichtigen es auch bis an unser Lebensende zu tun, aber bildet euch nicht ein, daß ihr ein wesentliches Vermögen erbt. Und wenn trotz allem einmal noch viel Geld kommen sollte, dann erbt nicht ihr das Geld, dann mache ich eine große soziale Stiftung." Der Traum erfüllte sich nicht: die 1913 von der Familie mit der Bilanzprüfung beauftragte Treuhandgesellschaft schätzte die Lage als "hoffnungslos" ein.

Frohe Botschaft für das geliebte Weib. "...ich bin in diesem ersten und vornehmsten Fache der Technik, dem Motorbau, der Erste auf unserem kleinen Erdbällchen..."

"Der Zwang, rasch Geld verdienen zu müssen, ließ ihn verhängnisvolle Fehler" machen. Eugen Diesel über seinen Vater: "Er war zu stolz und eigenwillig, mit großen Banken und ehrenhaften Geldleuten die Lage durchzusprechen und sofort die richtigen Maßnahmen zu ergreifen. Statt dessen hat er sich in spekulative Geschäfte reißen lassen". 167.678 Mark pumpte er in die Münchener Lotteriegesellschaft für "Katholischen Kirchenbau"; der Maler Fuks portraitierte ihn, Diesel konnte nicht bezahlen, schenkte ihm goldene Becher. Der unheilvolle Sog zermürbte ihn - er floh in ein Sanatorium.

Nur zwei Menschen hatten die Katastrophe kommen sehen.

Adolphus Busch, Freund, Förderer und in den Vereinigten Staaten als Bierbrauer reich gewordener Bewunderer des genialen deutschen Ingenieurs, mit dem er am 10. Oktober 1897 einen Millionen-Vertrag über die Patent-Rechte für die USA (Fertigungsbeginn 1898) abgeschlossen hatte. Der beklagte, nachdem er die Nachricht vom Tode Diesels erhalten hatte und selbst auf dem Sterbebett liegend: "Hätte mein Freund Diesel mir nur ein Wort gesagt. Ich habe gewußt, daß es ihm schlecht ging."

Und Diesel selbst: "Die Vergrößerung *(der Autor: George Carels hatte das Produktionsvolumen seiner Motoren-Werke verdoppelt)* und die neue Fabrik in Ipswich machen Carels (und mir) große Sorgen, da die entsprechenden Bestellungen nicht kommen wollen, ja infolge des Balkankrieges, der Finanzkrise, dem Konjunkturrück-

Szenen einer glücklichen Kindheit: Die Söhne Rudolf und Eugen, Tochter Hedwig und Ehefrau Martha mit Rudolf Diesel während der Ferien im Harz

Die prunkvolle Diesel-Villa in München Bogenhausen, mit deren Bau im Jahre 1900 begonnen wurde, entwickelte sich zum gesellschaftlichen Mittelpunkt für Gäste aus dem In- und Ausland

gang und einem merklichen Rückschlag im Dieselmotorbau wegen der Machinationen der Petroleumtruste stark zurückgehen."

Zweifel plagten ihn seit langem. Nicht nur wegen seines Motors: "Es ist schön, so zu gestalten und zu erfinden, wie ein Künstler gestaltet und erfindet. Aber ob die ganze Sache einen Sinn gehabt hat, ob die Menschen dadurch glücklicher geworden sind, das vermag ich heute nicht mehr zu entscheiden."

Auch an seinem Lebenswerk: "Daß ich den Dieselmotor erfunden habe, ist schön und gut, aber meine Hauptleistung ist, daß ich die soziale Frage gelöst habe."

Das sah die Wissenschaft allerdings ganz anders. Zwar billigte sie dem Hobby-Soziologen Diesel eine gewisse Konsequenz im Denken zu. Mehr als einen schrullig-überdrehten Ansatz aber vermochte weder Volks- noch Betriebswirtschaft in seiner "Umorganisation" des freien Unternehmertums in "Bienenstöcke" zu entdecken.

Fürwahr revolutionär. Diesel formulierte ein Modell, nach dem die Gesamtheit aller "Bienen" (arbeitende Menschen) einen Rechtsanspruch auf

Das erste Auto. Rudolf Diesel auf einer Landpartie mit seinem Chauffeur. Jahre später zwingen ihn finanzielle Probleme, seinen Wagen zu verkaufen und den Fahrer zu entlassen

Diesel, Heinrich von Buz und Professor Moritz Schröter verlassen die Hauptversammlung des Vereins Deutscher Ingenieure, auf der Diesel über seine Erfindung referieren durfte

Ein Bild aus sorgenfreien Tagen: Diesel mit Familie und den Besuchern Professor Souvage und F. Dyckhoff vor dem Haus in der Giselastraße, drei Jahre vor dem Bau der Villa (links)

Augsburg, im Dezember 1898.

P. P.

Wir beehren uns anzuzeigen, dass die Aktiengesellschaften

„Maschinenfabrik Augsburg" in Augsburg

und

„Maschinenbau-Actien-Gesellschaft Nürnberg" in Nürnberg

sich zu einer Aktiengesellschaft vereinigt haben, welche ihren Sitz in Augsburg hat und die Firma führt:

Vereinigte Maschinenfabrik Augsburg und Maschinenbaugesellschaft Nürnberg, A.-G.

Es verbleiben als Hauptgeschäftsstellen:

Augsburg für das Werk Augsburg,

Nürnberg für das Werk Nürnberg und die Zweiganstalt Gustavsburg.

Der Vorstand besteht aus den bisherigen Direktoren:

Herrn **Heinrich Buz**, k. Commerzienrath, welcher die Leitung des Werkes Augsburg und Herrn **Anton Rieppel**, welcher die Leitung der Werke Nürnberg und Gustavsburg unverändert beibehält,

so dass für keines der Werke eine Veränderung in der Geschäftsführung nach aussen eintritt.

Zur Zeichnung der Firma ist die Unterschrift eines der genannten Vorstandsmitglieder oder zwei Prokuristen bzw. Handlungs-Bevollmächtigten erforderlich.

Hochachtungsvoll

Vereinigte Maschinenfabrik Augsburg und Maschinenbaugesellschaft Nürnberg A.-G.

Der Aufsichtsrath:	Der Vorstand:
Albert v. Hertel, Vorsitzender.	H. Buz,
	A. Rieppel.

Die Maschinenfabrik Augsburg und die Maschinenbau-Aktiengesellschaft Nürnberg vereinigen sich im Dezember 1898 - der Diesel-Motoren-Bau wird entscheidend vorangetrieben

Heinrich von Buz (17. September 1833 - 8. Januar 1918), von 1864 bis 1913 Leiter der MAN, studierte in Augsburg und Karlsruhe, erkannte als erster die Bedeutung der Diesel-Erfindung

Garantielohn, bezahlten Urlaub und Kündigungsschutz (auch bei Überproduktion, Konjunktur- und Nachfrage-Einbrüchen) hat. Hinzu kamen Invaliden- und Seniorenschutz, eine abgestufte Witwenrente und seine Forderung nach
- Kinderhorten,
- Elementarschulen, da, wo die vorhandenen Schulen nicht ausreichen oder zu weit entfernt waren,
- Lehrlingswerkstätten in Verbindung mit Fortbildungsschulen, deren Kurse in den Tagesstunden stattfinden,
- Haushaltsschulen für Mädchen in Verbindung mit Heimen für ledige weibliche "Bienen",
- Schulen für weibliche Erwerbsarbeiten für nicht mehr schulpflichtige Mädchen,
- Vortrags-Zyklen für Erwachsene,
- einer Bibliothek "guter Bücher",
- einem Gesellschaftssaal für zwanglose Zusammenkünfte und gesellige Veranstaltungen aller Art.

Finanzieren wollte er seinen "Solidarismus" durch gewerkschaftsähnliche Minimalbeiträge Aller: "Wie die unaufhörlich fallenden Regentropfen, zu Flüssen und Strömen vereinigt, den unermeßlich grenzenlosen Ozean bilden, so bilden und erhalten die winzigen, aber unaufhörlichen und millionenfachen Tagespfennige der Brüder das Kapital der Volksklasse; fast ließe sich berechnen, in welcher Zeit das Letztere so groß sein wird, daß es die gesamte Produktion des Vaterlandes zu tragen imstande ist. Doch Geduld! Die Geschichte der Menschheit macht ebensowenig plötzliche Sprünge wie die Natur! Nicht alle Brüder können sofort Bienen sein; aber je mehr Brüder Ihr seid, je einheitlicher und entschlossener Ihr auftretet, desto größer wird das Kapital der Volkskasse, desto rascher reiht sich Bienenstock an Bienenstock und durch die enorm vermehrende Wirkung der Zeit schließt sich endlich der Kreis, in dessen Umspannung alle Brüder auch Bienen sind, das eigentliche Endziel des Volksvertrages und einer naturgemäßen Volkswirtschaft. Die vor Euren Augen entrollte Gesamtorganisation wird durch ein wunderbares Uhrwerk regiert, dessen Triebfeder die Interessengemeinschaft ist und in welchem die Volkskasse das Wirken des einzelnen für die Gesamtheit, der Bienenstöcke das Eintreten der Gesamtheit für den einzelnen darstellt."

Bescheidenheit war seine Stärke nie. Zehntausendmal gedruckt - sechshundertfach verkauft: "Solidarismus, die vollkommene Gleichsetzung des Einzelinteresses mit dem Gesamtinteresse, ist die freie Vereinbarung der Menschen zu gegenseitiger Gerechtigkeit durch Arbeit, Einigkeit und Liebe. Der Solidarismus ist die Sonne, welche gleichmäßig über alle scheinend, durch ihre milde Wärme und ihr glänzendes Licht die Menschheit aus ihrem Winterschlaf zur wirtschaftlichen Erlösung erwecken wird."

Erinnerungsfoto für Rudolf Diesel und seine Mitarbeiter (auf der zweiten Kraft- und Arbeitsmaschinen-Ausstellung in München vor dem Pavillon der Diesel-Motoren)

Bedenken gegen die "Centralisation" der Macht; Diesels Notizen zu Briefen von Peter Kropotkin vom Dezember 1903 und Geheimrat von Borries (vom 27. Dezember 1903)

Nachricht aus dem Elysée Palace Hotel an Gönner Heinrich von Buz. Dem Dieselmotor wurde auf der Pariser Weltausstellung der "Grand Prix" (Große Preis) zuerkannt

Rudolf Diesel 131

Eigenes Handexemplar.

Die Randnummern beziehen sich auf die gleichnummerirten Bemerkungen meines Manuscripts: erläuternde Ergänzungen zu meiner Druckschrift "Solidarismus".

Solidarismus.

Natürliche wirtschaftliche Erlösung des Menschen.

Von

Rudolf Diesel,

Ingenieur in München.

Der "Solidarismus". Diesels - nach eigener Auffassung - wahres Lebenswerk. Seine Betrachtungen zur "wirtschaftlichen Erlösung des Menschen" blieben jedoch weitgehend unbeachtet

München und Berlin.
Druck und Verlag von R. Oldenbourg.
1903.

Im Vordergrund der Mensch. Liebe, Brüderlichkeit, Barmherzigkeit, Friedfertigkeit, Wahrhaftigkeit und Gerechtigkeit - Diesels Weg zur besseren Gesellschaft

Erschien am 24. Nov. 1903.

Solidarismus.

Natürliche wirtschaftliche Erlösung des Menschen.

Von

Rudolf Diesel,

Ingenieur in München.

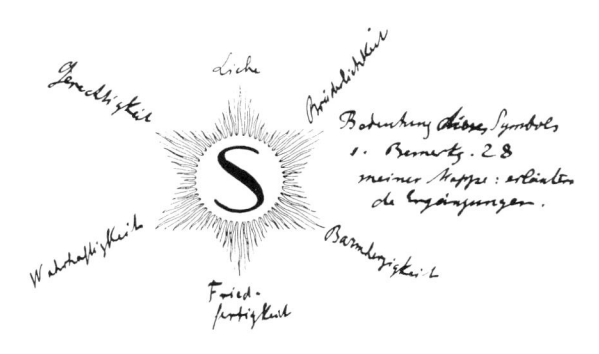

Bedeutung dieses Symbols 1. Bemerkg. 28 meiner Mappe: erläuternde Ergänzungen.

(Gerechtigkeit, Liebe, Brüderlichkeit, Wahrhaftigkeit, Barmherzigkeit, Friedfertigkeit)

München und Berlin.
Druck und Verlag von R. Oldenbourg.
1903.

Die Randnummern beziehen sich auf die gleichnummerierten Bemerkungen meines Manuscripts: "erläuternde Ergänzungen zu meiner Druckschrift Solidarismus"

Erstes Buch.
Wesen, Organisation und Wirkungen des Solidarismus.

Kapitel 1.
Die Grundlagen des Solidarismus.

Eigentum am Arbeitsprodukt. (1)

Stellst du durch deine Arbeit mit eigenen Werkzeugen und Materialien ein Produkt her, so ist dasselbe dein Eigentum.

Hast du nicht eigene Mittel zur Beschaffung der Materialien und Werkzeuge, so kannst du dieselben gegen übliche Verzinsung und raten-(2) weise Rückzahlung entlehnen, wenn ein vermögender Freund, welcher Vertrauen in deine Ehrenhaftigkeit, Arbeitskraft und Fähigkeiten setzt, dafür (3) haftet. Das Produkt deiner Arbeit oder der dafür erzielte Erlös ist auch dann dein unbestrittenes Eigentum.

Schafft ihr aber zu mehreren durch gemeinschaftliche Arbeit in einem (1) Betriebe, mit Kapital, das ihr auf Grund der Haftung eines Kapitalisten entlehnt, verzinst und ratenweise rückzahlt, ein Gut und bringt es in den Konsum, so ist das Produkt eurer gemeinsamen Arbeit oder dessen (4) Erlös Eigentum eurer Gemeinschaft, gleichgültig ob dieselbe aus wenigen oder Hunderten von Mitgliedern besteht. Der für euren Kredit haftende (5) Kapitalist kann zur Sicherung gegen Verluste sich das Eigentumsrecht an eurem Betriebe vorbehalten und sich ausbedingen, von diesem Rechte unter gewissen Umständen Gebrauch zu machen, etwa wenn der Betrieb Verluste bis zu einem bestimmten Betrage herbeiführen sollte; er wird auch berechtigterweise für seine Haftung und die damit verbundene Mühewaltung eine mäßige Entschädigung, vielleicht in Form einer jährlichen Prämie, fordern können.

Diesel, Solidarismus. 1

In Kiew wurde zwischen 1903 und 1906 von der MAN das erste große Dieselkraftwerk der Welt gebaut (sechs Vierzylinder-Viertakt-Motoren, Leistung je 400 PS bei 160 U/min, Kolbenhub 680 mm)

Der Fehlschlag schmerzt, Diesel verbrennt Akten, sorgt sich um seine Gesundheit: "Mir geht es seit einiger Zeit nicht nach Wunsch. Mein Herz macht mir viel zu schaffen. Manchmal meine ich, es bliebe ganz stehen. Dabei habe ich merkwürdige Stiche im Kopf und mein Allgemeinbefinden ist schlecht."

Motor - wozu? Solidarismus - für wen? Leben - warum? Jahre, Jahrzehnte ist er seiner Zeit voraus. Der Genius, das Sonntagskind. Es war nur eine kurze Reise, die er zu planen schien - es wurde eine Reise ohne Wiederkehr. Niemand hat ihn stürzen sehen, aufzufangen vermochte ihn keiner. Ihn, der ohnehin gefährdet war. Den am 18. März 1858 in Paris, Rue Notre Dame de Nazareth No. 38, geborenen Sohn eines sich selbst überschätzenden "Lederfabrikanten", der

UNTER DER REGIERUNG
SEINER MAJESTÄT DES KÖNIGS
OTTO
VON BAYERN

UND

UNTER DER REGENTSCHAFT
SEINER KÖNIGLICHEN HOHEIT
LUITPOLD
VON GOTTES GNADEN KÖNIGLICHEN PRINZEN VON BAYERN

VERLEIHT MIT DIESER URKUNDE

DIE KÖNIGLICHE TECHNISCHE HOCHSCHULE ZU MÜNCHEN

UNTER IHREM DERZEITIGEN REKTOR

PROFESSOR DR. FRIEDRICH RITTER VON THIERSCH

AUF EINSTIMMIGEN ANTRAG DER MASCHINENINGENIEUR-ABTEILUNG

UNTER IHREM DERZEITIGEN VORSTAND PROFESSOR DR. AUGUST FÖPPL

DURCH EINSTIMMIGEN BESCHLUSS DES SENATES

KRAFT DES ALLERHÖCHST VERLIEHENEN RECHTES

HERRN
RUDOLF DIESEL
INGENIEUR

DEM ERFINDER DES NACH IHM BENANNTEN WÄRMEMOTORS / DEM ERFOLGREICHEN VORKÄMPFER FÜR DIE VERBESSERUNG DES ARBEITSVORGANGES DER WÄRMEKRAFTMASCHINEN / DURCH DESSEN SCHÖPFUNG DIE TECHNISCHEN WISSENSCHAFTEN GEFÖRDERT UND NEUE BAHNEN FÜR DIE AUSNÜTZUNG EINES ALLGEMEIN VERBREITETEN BRENNSTOFFES ERÖFFNET WURDEN

DIE WÜRDE EINES DOKTORS DER TECHNISCHEN WISSENSCHAFTEN

(DOKTOR-INGENIEURS)

EHRENHALBER

MÜNCHEN DEN 6. DEZEMBER 1907.

REKTOR UND SENAT
DER KÖNIGLICHEN TECHNISCHEN HOCHSCHULE.

(L.S.) gez. DR. F. v. THIERSCH.

Geistige Verwandtschaft: Rudolf Diesel und Thomas Alva Edison bei einem Meinungsaustausch am 6. Mai 1912 in Orange

als unterdurchschnittlicher Kleinkrämer sein Geld verdient, als Medium einer "außerirdischen Macht" seinen Lebensunterhalt auf dubiosen Märkten zusammenschnorrt, dessen Familie nach der Schlacht von Sedan (1870) aus Frankreich ausgewiesen wird und sich nach London absetzt.

Zwar hat es der herrisch protestantische Vater Theodor gut mit ihm gemeint. Geborgenheit und Wärme aber hat der kleine Rudolf (Geburtsname Rodolphe Crétien Charles) weder bei ihm, noch bei seiner pedantischen Mutter Elise (geborene Strobel) gefunden. Seine Erziehung gab ohnehin ein anderer vor: der Philosoph Jean-Jacques Rousseaus (1712-1778). Der hatte in "Emile" beschrieben, was Theodor für Weisheit hielt. Freudlosigkeit statt wohliger Wärme. Rudolf und seine Geschwister Louise und Emma durchlitten Bosheit, Heimtücke, Hinterhalt, wenn ihnen der Vater beim Sonntagsspaziergang in Vincennes unvermittelt ein Bein stellte, sie über seinen Stock stolpern ließ oder sie in einen Graben schubste, um sie auf die Wechselfälle des Lebens vorzubereiten.

Diesem Ziel folgten die Eltern wohl auch, als sie Rudolf für eine kindliche Schwindelei ein Schild mit den Worten "Ich bin ein Lügner" um den Hals hängten und ihn zur Schule schickten. Oder ihn 24 Stunden in ihrem Wochenendhaus an einen Stuhl fesselten, weil er beim "Basteln" eine Uhr zerlegte und beim Zusammenbauen einige Zahnräder nicht mehr zuzuordnen wußte. Hilflos, verzweifelt, stolz bis zur Selbstaufgabe, die Seele zerschlagen - ein gequälter Junge, der die Welt entdeckt. Vor allem die der Maschinen. Und die findet er in den schummerigen Gängen eines alten Klosters, unweit des Boulevard Sébastopole. Im "Conservatoire des Arts et Métiers". Er zeichnet sie mit Hingabe. Schiffsmodelle, Dampfmaschinen, Winden, Akkumulatoren. Sein Entschluß steht fest: Er wird Ingenieur, macht alles besser, baut den vollkommenen Motor mit dem höchsten Wirkungsgrad (bei großen Dampfmaschinen etwa zehn bis zwölf Prozent). Der verwirrte, nun auch in London von immer drückenderen Geldsorgen geplagte Vater willigt ein, Rudolf nach Deutschland ziehen zu lassen. Professor Christoph Barnickel und seine Frau Betty (Waise und Pflegekind des Buchbinders Johann Christoph Diesel) sind bereit, ihn aufzunehmen.

Erfinder-Geist: Seite aus den von Rudolf Diesel selbst geführten Versuchsprotokollen mit Aufzeichnungen über den 17tägigen Dauerbetrieb des Diesel-Versuchsmotors von Mitte März bis zum 2. April 1896

"Er wird", avisiert ihn der jähzornige Theodor in Augsburg, "einen schwarzen haarigen Paletot und eine blau-tuchene Mütze mit goldenen Bändchen anhaben und ich denke, daran wird er leicht zu erkennen sein... Übergeben wir Euch denn nun in Gottes Namen unseren Rudolf mit der Bitte, ihn zum Menschen und Manne weiter zu erziehen, wozu wir so weit unser Möglichstes getan haben..."

Mahnend merkt Mutter Elise - inzwischen gleichfalls von religiösen Phantastereien aufgewühlt und, wie der Vater, dem Spiritismus verfallen - an: "Ich bitte Dich auch, den Jungen nicht zu verwöhnen und ihn, wo möglich, nicht auf einem Federbette schlafen zu lassen. Er ist gewöhnt, selbst seine Schuhe zu wichsen. Je härter ihr ihn gewöhnt, desto besser wird es für ihn sein."

Rudolf geht mit guten Worten: "Wir müssen uns heute trennen, es geschieht mit schwerem Herzen, es geschieht aber gerne in der Hoffnung, dir dadurch eine bessere, glücklichere Zukunft zu bereiten. Du bist wohl erst 13 Jahre alt *(der Autor: er war zwölfeinhalb)*, dein Verstand ist aber reif genug, um zu verstehen, daß obgleich du bis jetzt schon vielerlei Nützliches gelernt hast, jetzt die Zeit da ist, wo du mit doppelter Kraft lernen und beobachten mußt, um einmal ein tüchtiger Mann zu werden." Der Junge schifft sich, von Zahn- und Halsschmerzen gepeinigt, in Harwich ein - jener glitzernden, unwirtlich-bizarren Schiffbaumetropole, deren spröden Charme sein Selbstzünder so nachhaltig prägte und deren Gestade er auf seiner letzten Reise nicht mehr erreichen sollte...

In memoriam. "Unsterblich lebt Dein Geist weit in den Landen Japans". Magokichi Yamaoka, Präsident der Yanmar Diesel Engine (Osaka), ließ 1957 in Augsburg den Diesel-Hain errichten

Rudolf Diesel

Diesel 1876

Rudolf Diesel. 1893

Dr.-ing. h. c. Rudolf Diesel. 1912

40 PS, 900 U/min. Bei MAN beginnt 1924 mit dem Einbau eines Diesel-Aggregats in einen Lastkraftwagen (direkte Kraftstoffeinspritzung) die Ära der schnellaufenden Diesel-Motoren

Am Ende ein gebrochener Mann. Ohne Hoffnung und doch trotzig bis zur Selbstaufgabe. Mit zunehmendem Alter wurden Rudolf Diesels Schriftzüge Motor-Diagrammen immer ähnlicher

Merdedes-Benz 260 D. Der erste serienmäßige Diesel-Personenwagen der Welt war die Sensation der Berliner Automobil-Ausstellung 1936 (45 PS, 3000 U/min, Hubraum 2,6 Liter, 95 km/h

136 Rudolf Diesel

Charles Stewart Rolls
Frederick Henry Royce

ADEL VERZICHTET

Luxus - sonst nichts

Für die Anfänge der Auto-Industrie war die Rolls-Royce-Philosophie ungewöhnlich: "Luxus ist Zuverlässigkeit um jeden Preis" (Royce). Edles, strapazierfähiges Material, höchstmögliche Verarbeitungsqualität - RR hat in vielen Autorennen bewiesen, daß Elektrik, Schaltung und Vergaser-Technik der Deutschen, Italiener und Franzosen verbessert werden mußten, um wirklich gute Autos bauen zu können.

C.S. Rolls auf dem 20 H.P. (TT-Modell mit Drahtspeichen-Rädern). Technische Daten: Vierzylinder (Reihe), 20 PS bei 1000 U/min, Hubraum 4118 ccm, Kardan-Antrieb, Royce-Vergaser, 84 km/h

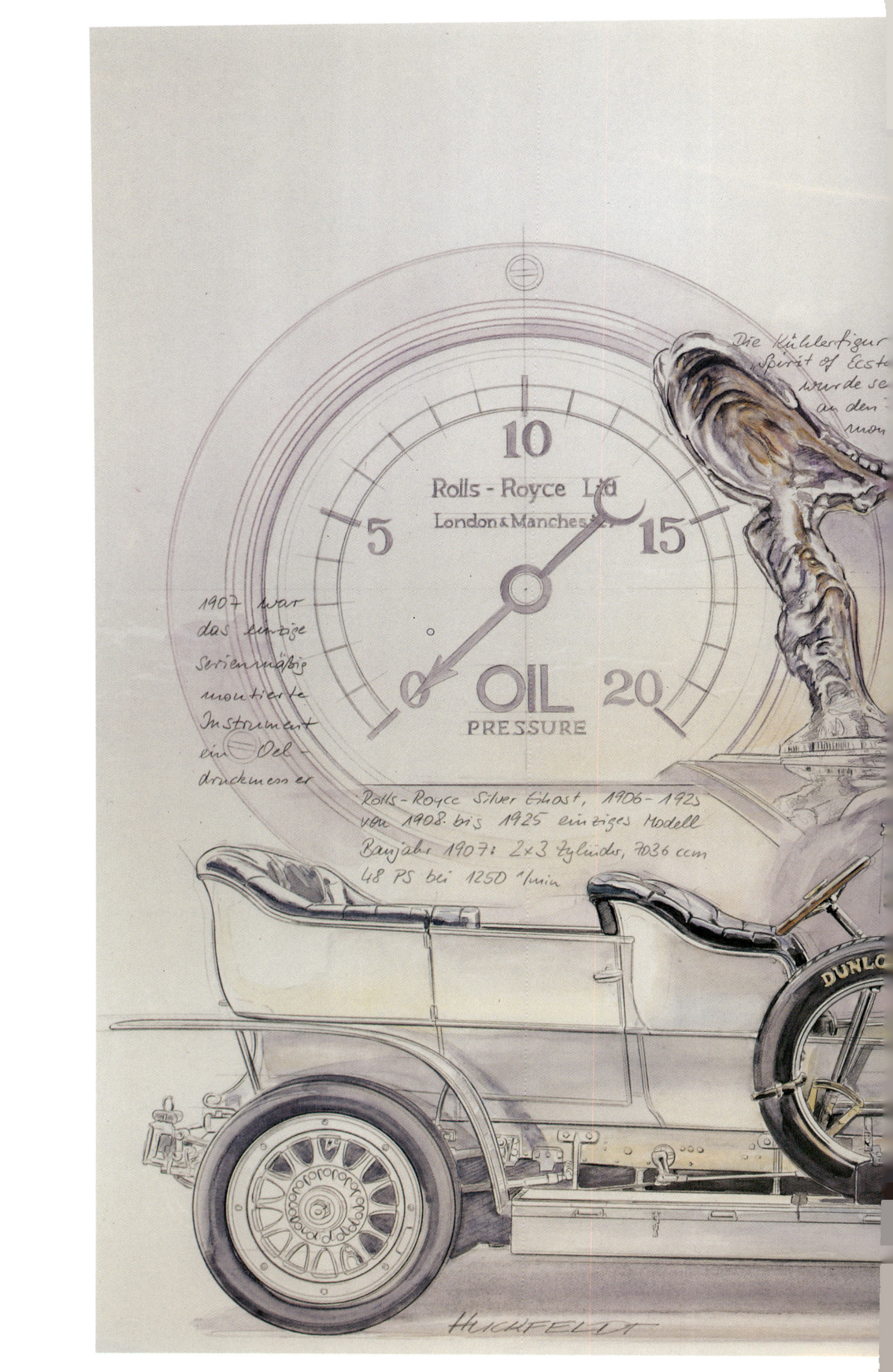

10
Rolls - Royce Ltd
London & Manchester
5   15
0   OIL   20
    PRESSURE

1907 war das einzige serienmäßig montierte Instrument ein Oel-druckmesser

Die Kühlerfigur "Spirit of Ecst... wurde se... an den...

Rolls-Royce Silver Ghost, 1906-1925
von 1908 bis 1925 einziges Modell
Baujahr 1907: 2×3 Zylinder, 7036 ccm
48 PS bei 1250 /min

HUCKFELDT

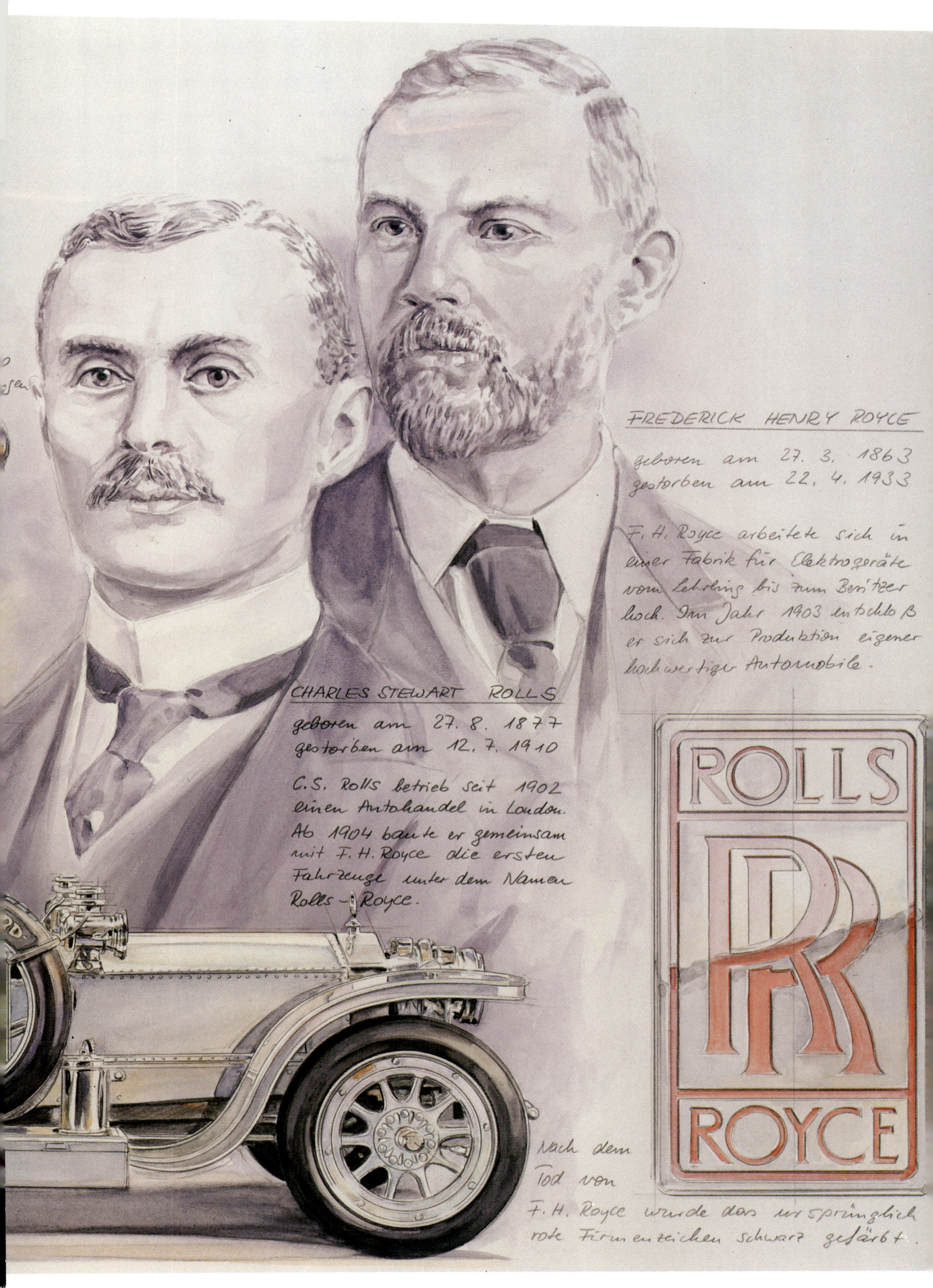

FREDERICK HENRY ROYCE
geboren am 27. 3. 1863
gestorben am 22. 4. 1933

F. H. Royce arbeitete sich in einer Fabrik für Elektrogeräte vom Lehrling bis zum Besitzer hoch. Im Jahr 1903 entschloß er sich zur Produktion eigener hochwertiger Automobile.

CHARLES STEWART ROLLS
geboren am 27. 8. 1877
gestorben am 12. 7. 1910

C.S. Rolls betrieb seit 1902 einen Autohandel in London. Ab 1904 baute er gemeinsam mit F. H. Royce die ersten Fahrzeuge unter dem Namen Rolls-Royce.

Nach dem Tod von F. H. Royce wurde das ursprünglich rote Firmenzeichen schwarz gefärbt.

Charles Stewart Rolls, Verkäufer, Lebemann, Abenteurer, Flugzeugnarr und (später) Autobauer. Dritter Sohn von Lord und Lady Llangattock of The Hendre, studierte in Eton und Cambridge

Der in den Jahren 1904 und 1905 nur dreizehn Mal gebaute RR 10 H.P. (hier Chassis und Motor) sollte neue Maßstäbe in Funktionalität und Zuverlässigkeit setzen (Zweizylinder, 12 PS, 63 km/h)

Griff schon mal zum Vorschlaghammer, wenn Fertigungs-Teile nicht seinen extremen Ansprüchen genügten: Frederick Henry Royce, der erst als 39jähriger zum Automobil-Pionier wurde

Prüde, oberflächlich, selbstsüchtig: das ausgehende Viktorianische Zeitalter wirft lange Schatten auf die geschlossene Gesellschaft des britischen Hochadels. Wer will, darf nicht; wer darf, hat längst die Lust verloren. Auf- und Quereinsteiger unerwünscht. Man ist wer, weiß, was blaues Blut in Wallung bringt: die Schnepfenjagd im schottischen Hochland, die Yacht vor Antibes, die Villa in Mayfair - und natürlich der Rolls-Royce...

Davon hat der kleine Henry nicht einmal zu träumen gewagt. Seine Voraussetzungen sind denkbar schlecht: Vater James Royce hat die unrentable Mühle von der anglikanischen Kirche gepachtet, hält die Familie mehr schlecht als recht über Wasser. Bis zu jenem lausig kalten 27. März 1863, an dem das fünfte Kind geboren wird.

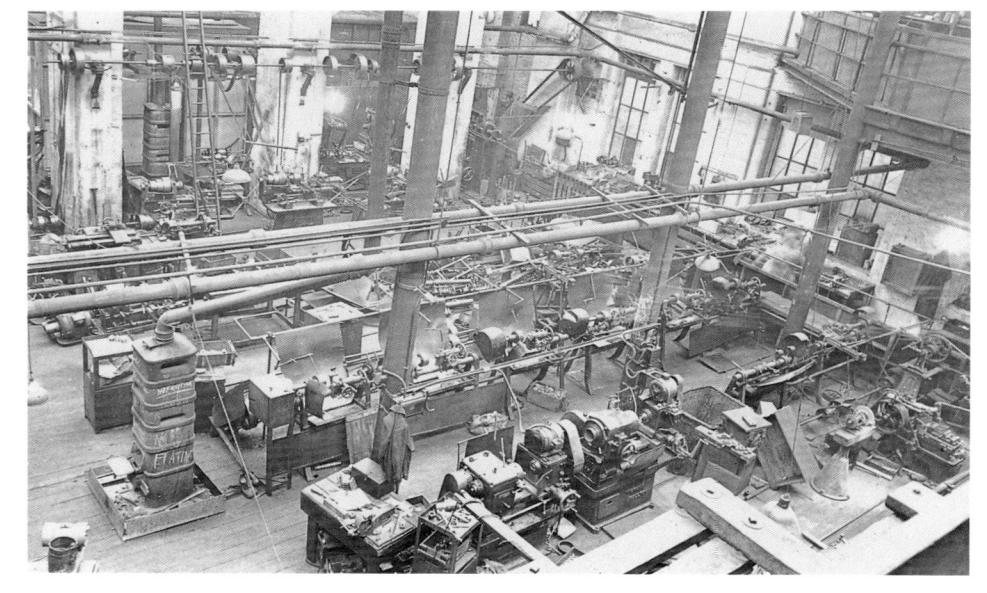

Anfänge und Aufschwung in der Cooke Street in Manchester. Frederick Henry Royce produzierte zunächst Glühbirnen-Fassungen und Türklingeln, später Elektromotoren und Dynamos

Der ehrenwerte Charles Stewart Rolls und sein Fuhrpark an pferdelosen Kutschen im Jahre 1898 (oben). Stolz hatte er sich als 16jähriger mit seinem Fahrrad fotografieren lassen

Der Neuanfang ist schwer genug. Zwei Söhne wandern nach Kanada aus, die beiden jüngsten begleiten ihn nach London. Erfolglos. Der verzweifelte Senior verarmt, die Kinder springen ein, verdingen sich als Hilfsarbeiter.

Schule? Nichts zu machen. Wer kein Geld hat, ist nichts wert. Wie Junior Henry, der mit neun lernt, was Elend ist. Zeitungsverkäufer, der Vater stirbt, mit elf der erste Schulbesuch, weil Mutter Mary (geborene King) im voraus zahlt. Für ein Jahr. Endlich Arbeit als Telegraphenbote.

Die Tante springt ein, bringt 20 Pfund für den - inzwischen 15jährigen - Jungen auf, der in Kost und Logis eine Lehrstelle bei den Lokomotiv-Werken der Great Northern Railway findet. Keine freie Minute, in der er nicht liest, sich nicht mit der französischen Sprache beschäftigt.

Mit der Produktion von Elektro-Kränen schloß Royce (ab 1894) eine Marktlücke. Bisher waren für Hubarbeiten Dampfkräne oder manuelle Kettenzüge eingesetzt worden

Wohlstand nach Jahren voller Entbehrungen. Royce-Villa in Knutsford, von der er als Jugendlicher (oben) ebenso geträumt hat, wie vom ersten eigenen Auto

144 Charles Stewart Rolls / Frederick Henry Royce

Charles Stewart Rolls, Draufgänger und einer der ersten Ballon-Fahrer Großbritanniens, beim Aufstieg. Wenig später fotografierte er das elterliche Anwesen "The Hendre" (Monmouth) aus der Vogelperspektive

Panhard und Mors, zwei Marken aus dem Verkaufsprogramm, mit dem sich Charles Stewart Rolls 1902 als Autohändler (Brooke Street in Mayfair) vor allem an Aristokraten und Reiche wandte

Das Glück währt nicht lange. Seine Zeugnisse sind glänzend, doch die Familienkasse ist wieder einmal leer. In einer Werkzeugmaschinenfirma findet er einen Job, arbeitet wie entfesselt: 54 Wochenstunden, von sechs Uhr früh bis zehn Uhr abends, besucht Vorlesungen bei Professor Ayrton, studiert am Polytechnikum.

Der Einsatz lohnt sich. Zwar geht sein nächster Arbeitgeber, die Western Electric Company in Liverpool, nach eineinhalb Jahren in Konkurs, aber er hat genug verdient, um etwas zu sparen. 20 Pfund reichen ihm für den Beschluß: Nie wieder abhängig. Es gelingt ihm, seinen Freund Ernest Alexander Claremont zur Selbständigkeit zu überreden. Der hatte immerhin 50 Pfund. Die Royce & Company mietet sich in der Cooke Street in Manchester ein, beliefert die Umgebung mit "Elektrobedarf, Birnenfassungen und Schalteinheiten".

Es geht aufwärts. 1891 läuft die Produktion von Elektromotoren an. Henry bastelt so lange daran herum, bis Funkenflug unmöglich wird - Unternehmen, bei denen brennbarer Staub anfällt, können endlich Motoren kaufen.

Rolls hat die Vertriebs-Erfahrungen, Royce weiß, wie man Autos baut. Am 4. Mai 1904 vereinbaren sie im Speisesaal (rechts) des Midland Hotels in Manchester den Zusammenschluß ihrer Firmen

Rolls-Mitarbeiter Claude Goodman Johnson - ein routinierter Geschäftsmann. Erst als auch er nach einer Probefahrt mit dem Royce 10 H.P. überzeugt war, wurde der Vertrag aufgesetzt

Nachdem C.S. Rolls im Jahre 1900 beim 1000 Meilen Rennen bereits auf Panhard die Gold herausgefahren hatte, siegte er 1906 auch bei der Tourist Trophy auf einem RR 20 H.P.

Olympia Motor Show 1906, der Rolls-Royce Silver Ghost (rechts das Fahrgestell) wird vorgestellt. Auf dem Stand die 30 H.P.-Limousine (links) und ein 30 H.P. Pullmann

C.S. Rolls (am Steuer) und H.J. Mulliner 1908 in einem Balloon Car. Mulliner schneiderte die Karosserie unter der Vorgabe, ausreichend Staufläche für einen Ballon zu schaffen

Gespann: Charles Stewart und sein Bruder John im Park des Elternhauses auf einem RR 30 H.P. (Sechs-Zylinder, 30 PS bei 1000 U/min, Hubraum 6177 ccm, 4. Gang Overdrive, 88 km/h)

Letzte Fahrt: Rolls mit den inzwischen weltberühmten Flugzeug-Bauern Wilbur und Orville Wright in einem Silver Ghost auf dem Weg zur Flugschau. Rolls stürzte ab und erlag seinen Verletzungen am 11. Juli 1910

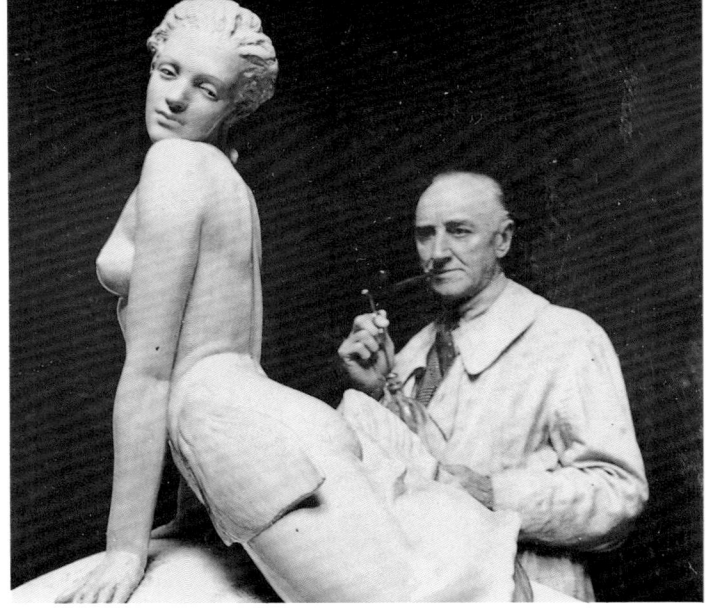

150 Charles Stewart Rolls / Frederick Henry Royce

Kühler Charme: Der Geist der Ekstase

Aufrecht meistens. Gebückt manchmal. Emily, "der Geist der Ekstase" (the Spirit of Ecstasy) hat Geschichte(n) gemacht. Dabei war sie eigentlich eine schlichte Sekretärin mit dem durchaus bürgerlichen Namen Eleonor Thornton (links). In Diensten des ehrenwerten John Scott-Montagu (oben), Lord von Beaulieu. Und ihre Lordschaft hatte Wünsche. Auch einen, den ihm 1911 nur der Bildhauer Charles Sykes (links) erfüllen konnte: eine attraktive, Geist wie Phantasie beflügelnde Kühlerfigur für seinen Rolls-Royce. Anregend sollte sie sein. Vielleicht ein wenig anstößig. Eleonor stand Modell, das RR-Direktorium machte mit - die "flying lady" wurde unsterblich.

1893: Frederick Henry Royce und E. A. Claremont heiraten die Schwestern Minnie und Alice Punt aus London. Der Vater, ein Druckereibesitzer, schießt kräftig zu. Doch Henry geht die Arbeit über alles. Die knappe Freizeit verbringt er nur selten mit seiner Frau. Trotzdem bleibt die Ehe nicht kinderlos. Minnie - Angst vor Schwangerschaft und engen Räumen - willigt ein, die 14jährige Verwandte Violet zu adoptieren.

Royce hat es geschafft. "Die Qualität bleibt bestehen, wenn der Preis längst vergessen ist." 1899 weist seine Firma ein haftendes Eigenkapital von 30.000 Pfund aus und wirbt damit, "staatliche Stellen" zu beliefern.

Das erste Auto: Ebenso wie sein Partner Claremont bestellt Royce einen De Dion Quadricycle. Eher Fahrmaschine, vierrädriges Motorrad als Auto. Sattel für den Fahrer, der Passagier zwängt sich in einen Korbsessel. Mit zwei Lehrlingen schraubt er gleichzeitig an drei Automobilen, erträgt es nicht, wenn Achsen schlagen, Motoren rütteln, Lager quietschen.

Hochadel fürs Gefecht. Der leichte Panzerwagen von 1916 - aufgerüstet für die Schlacht. Unter dem Stahlkorsett verbirgt sich ein Silver Ghost-Chassis mit sieben Litern Hubraum

Rolls-Royce in Derby wurde zum Zentrum der feinen englischen Auto-Art. Die Arbeitsatmosphäre war angenehm, die meisten Teile wurden handgefertigt, Qualität war wichtiger als Zeitdruck

Villa Mimosa. Frederick Henry Royce' Winter- und Ruhesitz an der französischen Riviera in Le Canadel. Von hier aus leitete er, bereits schwer krank, die Firma per Telegramm oder Brief

Charles Stewart Rolls indes ist ein Glückskind. Ambitioniert, ehrgeizig, neugierig. Seine Eltern: Lord und Lady Llangattock, Erben des Stammsitzes der Familie "Schloß The Hendre" in der Nähe von Monmouth (Wales). Ungewöhnlich: Nach dem Besuch der Eliteschule Eton geht er als Student nach Cambridge, schließt mit Auszeichnung ab. Als 19jähriger kauft er einen Peugeot mit 3,5 PS und erschüttert die beschauliche Ruhe des Universitätsstädtchens mit seinem "pferdelosen Wagen". Ein verwegener Draufgänger: zweimal überschlägt er sich am Steuer, zweimal katapultieren ihn abgescherte Räder von der Straße, versagen die Bremsen. Und zweimal geht sein Auto in Flammen auf.

Den spektakulärsten Unfall überleben er und sein Mechaniker wie durch ein Wunder. Während des Rennens Paris-Wien platzen ihm bei 113 km/h die Reifen auf der rechten Seite, der

Camacha. Residenz in West Wittering, Sussex (rechts). Royce befolgte den Rat seiner Ärzte und lebte dort nur im Sommer. Die hohe Luftfeuchtigkeit hätte sein Krankheitsbild dramatisch verschlechtern können

Charles Stewart Rolls / Frederick Henry Royce

Wagen schleudert unkontrollierbar gegen einen Baum. Auto Schrott, Baum gefällt. Zwangspause.

Nicht die einzige: Beim Anlassen schlägt die Drehkurbel zurück, spaltet ihm die Schädeldecke. Grund genug, sich das angeblich perfekte Gefährt des Bürgerlichen in Manchester einmal anzusehen...

Die ungleichen Partner, der unverwüstliche Autodidakt und der aristokratische Haudegen, der eher aus Langeweile französische Motorkutschen für seine noblen Freunde importiert, treffen sich einen Tag vor Heiligabend 1904 im Midland Hotel. Sie mögen sich auf Anhieb, wollen zusammen Autos bauen. Mit von der Partie: Claude Johnson, Sekretär des königlichen Automobilclubs von England. Er wird bald als "ewig unterschätzter Bindestrich" im Firmennamen Rolls-Royce bezeichnet.

Denn er hat eine glückliche Hand: Während sich andere Automobilfirmen auf immer neue Modelle stürzen, veranlaßt Johnson das RR-Duo, sich zunächst ausschließlich auf den Silver Ghost (1907-1925) zu konzentrieren.

Der Ruhm wird zur Legende, das Statussymbol zum Muß. In Springfield (Massachusetts) entsteht die erste Auslandsniederlassung. Die allerdings entwickelt sich zum Flop. Amerikaner wollen keinen Rolls made in USA; trotz enormer Importzölle bestehen sie auf RR made in Great Britain. Doch dort kann nicht so schnell gebaut werden, wie die Kunden wünschen. Der Adel übt sich im Verzicht, muß Warten lernen. Auf ein Auto. Unvorstellbar. Aber was für ein Auto. Wer's hat, ist oben. Zum Derby ohne Rolls?

Sir Royce, von Krankenschwester Aubin (links) umsorgt und vom britischen Königshaus in den Adelsstand erhoben, bestand auch in Frankreich auf persönlicher Qualitätskontrolle (Phantom I)

Rapport: Mußten konstruktive Detail-Fragen gelöst werden, verlangte der Chef von seinen Direktoren, ihn in Le Canadel aufzusuchen (hier mit Arthur Wormald und Lord Hives im Garten)

Dann lieber gar nicht erst hinfahren. Oder etwa doch - wie gewöhnlich - monatelang betteln? Wohl besser als keinen bekommen. Man ist sich schließlich selbst am meisten schuldig.

Während der herrisch intolerante Royce seine Mitarbeiter zu immer neuen Höchstleistungen preßt, treibt es den wagemutigen Rolls von Radrennen zu Radrennen, von Flugschau zu Flugschau, von Autorennen zu Autorennen. Sein Rekord ist unvergessen. Trotz zahlloser Bruchlandungen gelingt es ihm als erstem, den Kanal in beiden Richtungen nonstop zu überfliegen.

Er stirbt in der Mittagszeit des 11. Juli 1910: Sein von den Brüdern Wright geliefertes Flugzeug ist den Belastungen nicht gewachsen, stürzt über Bournemouth ab. Wieder ein Rekord. Er ist das erste britische Opfer der Luftfahrt.

Royce, der 1910 an Krebs erkrankt und mit einem künstlichen Darmausgang an der französischen Riviera lebt, wird an seinem Geburtstag 1930 vom Königshaus geadelt. Er überlebt den unverheirateten Rolls, der seinen Lord-Titel nie geführt hat, um 23 Jahre.

Zur Prüfung von Alec Harvey-Bailey (rechts) an die Riviera überführt: der Silver Ghost 40/50 (Sechs-Zylinder-Reihenmotor, Zylinderkopf und Zylinderblock eine Einheit, 48 PS, später ca. 80 PS)

Der Silver Ghost, der bis Ende 1924 in Großbritannien gebaut und mit großem Erfolg exportiert wurde, gilt heute als kostbarstes Auto der Welt (Radstand 3441,7 oder 3644,9 mm, 135 km/h bis 163,3 km/h)

News & Stories

Der Motor lief auf Hochtouren, als Ingenieure 1910 eine Penny-Münze auf den Verschluß eines RR-Kühlergrills stellten - die Maschine lief so weich, daß das Geldstück über zwei Minuten stehen blieb.

Jeder Silver Spirit ist (ab Werk) mit 27 Elektromotoren bestückt.

Kein RR-Kühlergrill ist identisch mit den anderen. Sie werden in Handarbeit und ohne Meßwerkzeuge (nach Augenmaß) geformt.

Der nüchterne Sir Royce hatte eine große Schwäche: er war abergläubisch. In keiner der RR-Fahrgestellnummern durfte die Zahl 13 vorkommen.

Maßeinheit Rolls Royce. Die öffentlichen Parkbuchten Großbritanniens mußten mindestens so groß sein, daß ein RR Phantom V hineinpaßte.

Weil Frederick Henry Royce einmal 12 Motoren mit einem Vorschlaghammer zertrümmerte, besteht RR auf Qualitätskontrollen. Um zu entscheiden, ob die Laufruhe der Maschinen den Ansprüchen genügt, untersuchen Ingenieure alle Motoren vor der Auslieferung mit einem Stethoskop.

Vor der Krise der amerikanischen Automobil-Industrie hat General Motors in drei Tagen etwa 100.000 Autos gebaut.

Bei Rolls-Royce rollten seit der Firmengründung nur etwa 85.000 aus den Werkstoren. Sechs von zehn jemals gebauten Rolls-Royce sind heute noch zugelassen.

Falsch ist, daß das Firmenzeichen RR wegen des frühen Todes von C.S. Rolls nur noch schwarz dargestellt wird. Richtig ist: Royce hielt schwarz für ästhetischer.

Ein Jahr nachdem Henry Ford seinen Rolls-Royce gekauft hatte, besuchten ihn zwei Ingenieure aus Derby, um den Wagen zu kontrollieren und eventuelle Mängel zu beheben. Ford war so beeindruckt, daß er Royce ein Telegramm schickte:

"Wenn ich eines meiner Autos verkauft habe, will ich es nie wieder sehen..."

Ab 1919 trugen Autos seinen Namen, 1931 wurde seine Firma von Rolls-Royce übernommen. Konstrukteur und Tuner W.O. Bentley (1888-1971), der sich als 24jähriger selbständig gemacht hatte

Walter Owen Bentley (links als 31jähriger) mit seinen beiden Fahrern J. Duff und F.C. Clement (unten) nach dem Sieg im 24-Stunden-Rennen von Le Mans auf einem Drei-Liter-Bentley

Henry Ford

VISIONEN AM LAUFENDEN BAND

Wahre Erfindungen

Henry Ford. Oder: ein Wintermärchen. Aber: 1. Das Fließband hat er **nicht** erfunden. Das taten die Herren Dodge und Olds für die Fleischfabriken in Chicago. 2. Das erste US-Auto hat er **nicht** gebaut, sondern die Brüder Charles und Frank Dureya (1892). 3. Seine Tin Lizzy war technisch **nicht** ausgereift. Tausende brachen sich die Arme, weil die Anlasser-Kurbel zurückschlug.

Revolutionierte die industrielle Automobil-Produktion und ermöglichte hohe Stückzahlen: Fords Fließband-System (Magnet-Montage in Highland Park Plant im Jahre 1911)

HENRY FORD

geboren am 30. Juli 1863
gestorben am 7. April 1947

Henry Ford hatte von frühester
Jugend an Interesse für alles
Technische. Nach einer Fabrik-
lehre stieg er auf bis zum Chefingenieur bei Edison. 1902 gründete er die Firma, die kurze Zeit
später zur Ford Motor Company
wurde. 1907 wurde das erste
Fahrzeug vom Modell "T" ausgeliefert, dem bis 1972 erfolg-
reichsten Auto der Welt.

ab 1927
Ford-Plakette

Chassis und Karosserie werden auf parallelen Produktionsbändern gefertigt

Während das Chassis Achsen und Motor erhält, wird die Karosserie ausgestattet

Die „Hochzeit" ist das Zusammenfügen von Chassis und Karosserie

dell "T"
linder
4 ccm
0 kg
km/h
25 bei
0 1/min
3 - 1928
07.033
 gebaut

erstes mit Fließbandeinsatz gebautes Automobil

des ersten Fließbandes: Ford Automobilfabrik in Highland Park 1911

Henry Ford als 42jähriger in/auf seinem ersten Auto-Mobil (Quadricycle). "Anfangs galten die pferdelosen Wagen nur als Ausgeburten einer tollen Laune..."

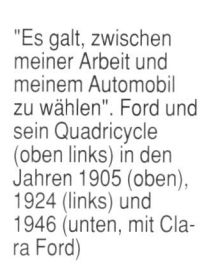

"Es galt, zwischen meiner Arbeit und meinem Automobil zu wählen". Ford und sein Quadricycle (oben links) in den Jahren 1905 (oben), 1924 (links) und 1946 (unten, mit Clara Ford)

Henry Ford 161

Die elterliche Farm (oben), William Ford, Henrys Vater (oben rechts), seine Mutter (unten), Henry als kleiner Junge (ganz unten) und das Wohnhaus der Familie (rechts)

Er kam wieder einmal im unpassendsten Moment: Clara Jane hatte alle Hände voll damit zu tun, den kleinen Edsel trockenzulegen und den Weihnachts-Truthahn im Auge zu behalten, als Henry einen schweren, ölverschmierten Metallblock in die Küche schleppte und ihn keuchend ins Spülbecken wuchtete.

"Darling, wir haben es geschafft. Das ist er, unser erster Motor," prustete er atemlos, während er sich den Schweiß von der Stirn wischte. "Komm, hilf mir, ihn anzuwerfen."

Er war eben kein Romantiker - es gab Wichtigeres im Leben. Seine Maschine zum Beispiel. Die hatte Vorrang. Auch am Heiligabend. Christi Geburt, Himmelfahrt oder Silvester - was kümmert's den, der anders denkt.

Bescheidene Anfänge in der Bagley Avenue, Detroit (USA). Ford (oben) arbeitete in der gemieteten Werkstatt monatelang Abend für Abend an seinem neuen Motor

Henry Ford

Clara Jane ließ den Braten Braten sein, legte den plärrenden Edsel (geboren am 6. November 1893) in die Wiege und griff beherzt zum Schraubenschlüssel. Der bockige Einzylinder fauchte und spuckte - aber er sprang an. Stotternd zwar, doch Henry hatte es geschafft. Sein erster Motor lief.

Drei Jahre später war es soweit. Die Mauern der Werkstatt in der Bagley Avenue 58 konnten eingerissen werden: das sperrig unförmige "Auto", ein "Quadricycle", paßte nicht durchs Tor. Detroit hatte seine Sensation, der verschwebt-versponnene Ford die Genugtuung, sich vom "Mister Verrückt" zum "Mister Motor" gemausert zu haben.

Er gewöhnte sich an, sein Gefährt bei Einkaufstouren mit einer Kette und einem Vorhängeschloß an Straßenlaternen oder Telegraphenmasten zu schmieden: "Sicher ist sicher".

Der Weg dahin war weit... Als erstes von sechs Kindern des Einwanderersohnes und Farmers William und seiner Frau Mary in Dearborn (Michigan) geboren, verweigerte sich Henry der Landwirtschaft. Sein Herz schlug für die Elektrizität, den Fortschritt. Träume, die ihn nicht mehr losließen.

Partner: der Kohlenhändler Alex Y. Malcomson. Ford hatte bei ihm das Brennmaterial für die Kessel der Edison Illuminating Company gekauft. Unten: Die Piquette Avenue in Detroit 1904

Bei Autorennen nahezu unschlagbar: Henry Fords Arrow-Rennwagen von 1904 (Ford am Steuer) und der "999" im Jahre 1902 (links, mit Fahrer Barney Oldfield)

Ein Leben für das Auto-Mobil. Henry Ford, links bei Rennwagen-Testfahrten 1904 auf dem Ste. Claire See, rechts mit seinem Sohn Edsel auf dem Modell F in der Detroiter City

Ein anderer war bereits ausgeträumt. Der schönste: Uhrmacher zu werden.

Ford: "Ich absolvierte meine Lehrjahre leicht und mühelos - das heißt, ich hatte mir alle für einen Maschinenbauer erforderlichen Kenntnisse bereits lange vor Ablauf meiner dreijährigen Lehrzeit angeeignet - und da ich außerdem noch eine Vorliebe für Feinmechanik und eine besondere Neigung zu Uhren besaß, arbeitete ich des nachts in der Reparaturwerkstätte eines Juweliers.

Einmal besaß ich in jenen Jugendjahren, wenn ich nicht irre, über dreihundert Uhren. Ich glaubte, für rund dreißig Cents bereits eine brauchbare Uhr herstellen zu können und wollte ein derartiges Geschäft anfangen. Ich unterließ es jedoch, weil ich mir ausrechnete, daß Uhren im allgemeinen nicht zu den unbedingten Notwendigkeiten des Lebens gehörten und daß

Aufschwung: Von der Hinterhofwerkstatt zur Fabrik - Wachstum in fünf Jahren (1905 bis 1910). Piquette, Dearborn (Detroit, gezeichnet im Jahre 1905) und Highland Park (unten, 1908)

23 Tage, 4000 Meilen Staub und Dreck. Das transkontinentale Straßenrennen New York-Seattle von 1909 stellte an Menschen und Material kaum vorstellbare Anforderungen. B.W. Scott (am Steuer) und C.J. Smith (links) bewältigten die Schlammpisten am besten und siegten auf Ford. Rechts (mit Melone) der Erfinder des T-Modells, Firmenchef Henry Ford, ganz links Mäzen Robert Guggenheim

Bevor die Massenproduktion anlief, hat Ford (unten mit Ehefrau Clara) die ""Automobil-Pflüge" (hier von 1908 mit B-Typ-Maschine) auf seinen Farmen in Dearborn (Michigan) selbst getestet

daher nicht alle Leute sie kaufen würden. Wie ich zu diesem erstaunlichen Schluß gelangte, weiß ich nicht mehr genau. Schon damals wollte ich irgendeinen Massenartikel herstellen."

Es sollte allerdings noch ein paar Jahre dauern. Nachdem er seine Lehrzeit 1882 beendet hatte, montierte und reparierte er Dampfmaschinen für Westinghouse, bevor er im Jahre 1891 als Ingenieur bei der Edison Illuminating Company anheuerte und 1893 zum Chefingenieur befördert wurde.

Edison war es auch, der Ford, der ihm während einer Tagung in New York 1896 die Konturen eines Autos auf eine Speisekarte kritzelte, Rückendeckung ab: "Junger Mann, das ist es! Du hast es raus, bleib' dran".

Henry kehrte glücklich nach Hause zurück und bereitete seine Clara Jane auf das vor, was sie von ihm zu erwarten hatte: "Du wirst mich im nächsten Jahr nicht oft sehen."

Die "Detroit-Automobilgesellschaft" hatte keinen Bestand. Schon drei Jahre später schied Chefingenieur Ford wieder aus und gründete ein neues Unternehmen. Finanziers streckten ihm 28.000 Dollar vor - Henry baute 1903 die Ford Motor Company auf.

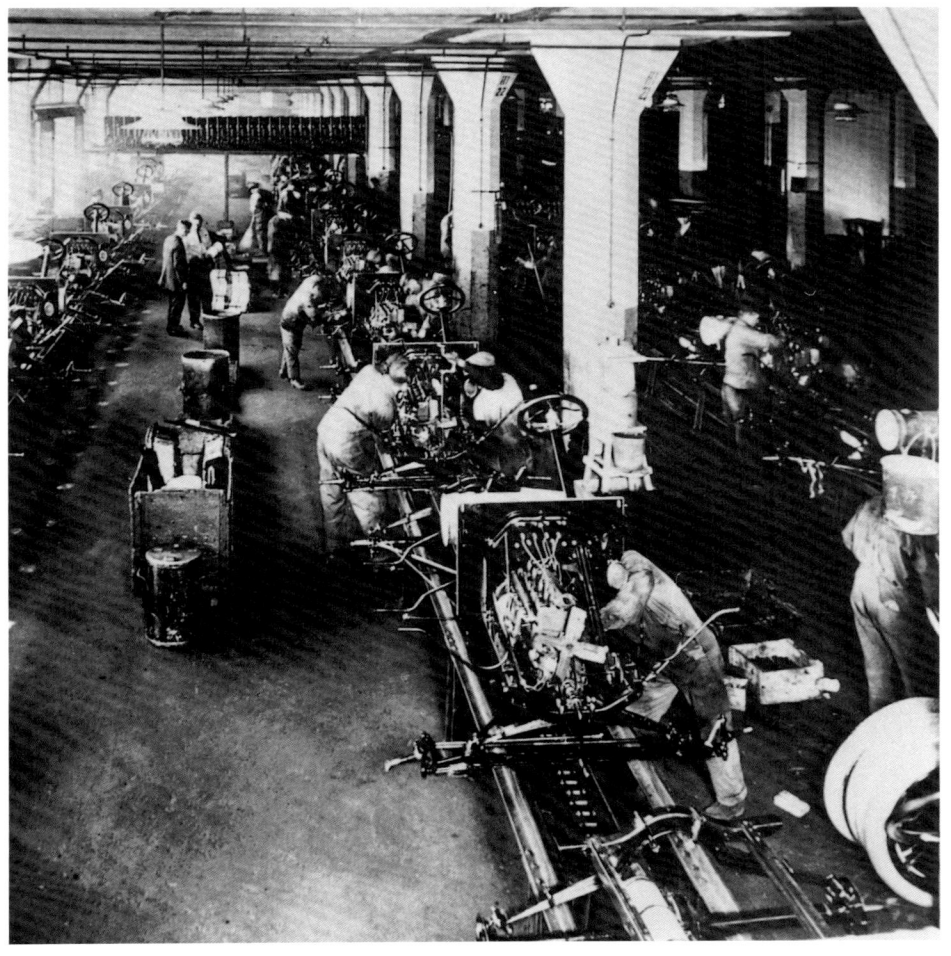

Fließband-Fertigung in Highland Park Plant. Nicht alle waren begeistert. Eine Arbeiter-Frau schrieb: "Die fünf Dollar am Tag sind ein Segen, aber, oh, die Männer verdienen ihr Geld hart"

Seine Vehikel kosteten 600 bis 750 Dollar, er verkaufte 1.600 bis 1.700 pro Jahr.

Die Entscheidung war gefallen: ein erschwingliches Auto für Chefs, Angestellte und Arbeiter.

Die Gewinne erreichten astronomische Höhen. Die Tin Lizzy, die Blechliese, wurde Ehren- und Spottname, die Nation stürzte sich auf dieses Auto. Wurden 1909 genau 18.864 Autos für 950 Dollar verkauft, waren es 1910 bereits 34.500 (780 Dollar), 1912 168.000 (600 Dollar) und 1916 785.432 (360 Dollar). 1925 kostete die Blechliese nur noch soviel, wie ein Arbeiter an 40 Tagen erwirtschaftete.

Sein Erfolgsgeheimnis? Mit Stoppuhr und wissenschaftlicher Genauigkeit durchforstete Henry seinen Betrieb, prüfte die Arbeitsvorgänge bis ins Detail.

Henry Ford 169

Für 550 Dollar ein Muß: das T-Modell (links: Endmontage, oben im Stadtbild Detroits). 1913 versammelte sich die Belegschaft (unten eine Tagesproduktion) zum "teuersten Foto der Welt" (siehe auch Seite 176)

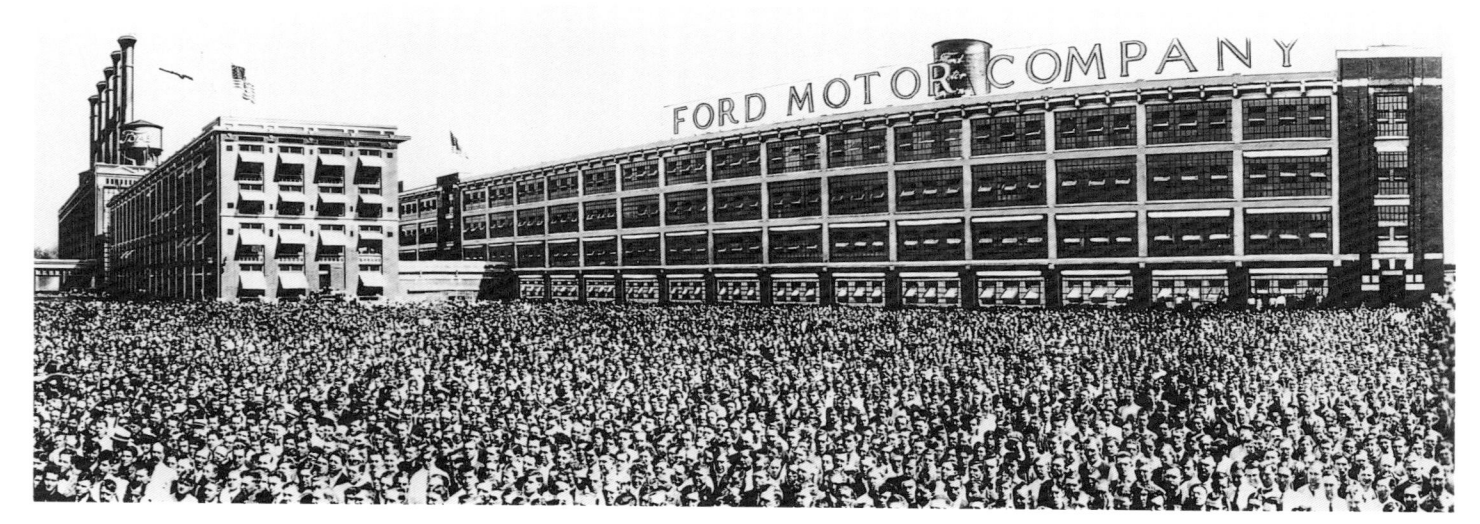

170 Henry Ford

Er verkürzte die Wege, die seine Arbeiter zurücklegen mußten: "Wenn man bei jedem meiner 12.000 Mitarbeiter täglich zehn Schritte einspart, spart man 75 Kilometer an unnützer Bewegung und schlecht angewandter Energie. Wir können keine Spitzenlöhne an Spaziergänger zahlen."

Dem war wirklich so: Seine Fließband-Handlanger verdienten enorme Summen. Fünf bis sechs Dollar pro Achtstundentag - bei einem allgemeinen Lohn-Niveau von zwei bis drei Dollar für einen Neunstundentag. Amerikas Industriekapitäne hielten ihn für wahnsinnig, vor Fords Werkstoren bettelten Zehntausende um einen Job.

Seine Visionen gingen als "Fordismus" in die Sozialgeschichte ein. Statt "Gewinn um jeden Preis" hieß es bei ihm: rationalisierte Massenproduktion, bestmögliche Qualität, Gewinnbeteiligung für die Arbeiter und Investition des Profits in den Betrieb.

Erster Weltkrieg, das Friedensschiff läuft aus: "Meiner Auffassung nach sollte das Wort "Mörder" in roten Buchstaben auf der Uniform eines jeden Soldaten eingestickt sein" (Henry Ford)

Rekord-Marken: Am 26. Mai 1927 lief bei Ford das 15millionste Modell T vom Band. Junior Edsel, inzwischen Präsident der Ford Motor Company, fuhr den Wagen von der Endmontage-Linie (links neben ihm Vater Henry). Kurz darauf wurde die Produktion der Tin Lizzy eingestellt. Sechs Monate standen die Bänder still (Kosten 200 Millionen Dollar) - dann rollten die ersten Modelle "A" aus den Hallen

Märchenhafte Erträge - eineinhalb Milliarden Mark - waren dennoch garantiert. 1919 kaufte sein Sohn Edsel die noch immer bei verschiedenen Anteilseignern verbliebenen 42 Prozent des Firmenkapitals zurück: zum sagenhaften Preis von 12.500 Dollar für eine Aktie im Nennwert von 100 Dollar.

Ford, der Träumer, wurde zum sozialen Revolutionär: "Ein Unternehmen, das zuviel Gewinn erzielt, geht ebenso rasch zugrunde wie eines, das mit Verlust arbeitet." Und: "Es gibt zwei Dinge, derer die Menschen müde werden - sinnlose Armut und sinnloser Wohlstand. Es muß etwas Neues kommen. Tatsache ist, daß sowohl Armut als auch Plutokratie *(Macht des Geldes)* unerträglich langweilig sind."

Fairlane, die Familienvilla. Henry, der sein Arbeitszimmer im Turm eingerichtet hatte, liebte es, mit seinen Enkelkindern (hier mit Henry II und Benson, links Ehefrau Clara) zu spielen

Von Arbeiterparadies dennoch keine Rede. Im Gegenteil. Henry, der Fortschrittsgläubige, regierte mit eiserner Hand. Seine Werkspolizei kannte keine Skrupel: Die Gewerkschaftsbewegung wurde mit firmeneigenen Spionen bespitzelt und drangsaliert.

Eine gespaltene, zuweilen kauzig-starrsinnige Persönlichkeit: "Unsere Kunden können jede Farbe haben - solange sie schwarz ist." Weiter verfügte er: Bibelstunden am Arbeitsplatz sind Pflicht, Rabatte auf Jahreswagen möglich und bessere Straßen unser aller Anliegen.

Historiker führen die amerikanische Bankenkrise im Februar 1933 darauf zurück, daß Ford sich mit allen Mitteln für die Wiederwahl Herbert Clark Hoovers eingesetzt hatte und erbitterter Gegner Franklin D. Roosevelts war. Er wollte, so die Experten, durch die Blockade seines inzwischen kaum noch zu schätzenden Vermögens deutlich machen, auf wessen Gunst die Regierenden angewiesen waren.

Seine Ideale hat er nie verleugnet: soziale Gerechtigkeit (Wohlstand für alle), verantwortungsbewußte Unternehmer. 1915 schickte er ein "Friedensschiff" um die halbe Welt, mochte 29 Millionen Dollar "Kriegsgewinn" nicht behalten, schenkte sie dem Staat, machte aber auch aus seinem tiefverwurzelten Antisemitismus keinen Hehl. Sein in viele Sprachen übersetztes Buch "Der internationale Jude", mit dem er einen Einwanderungsstopp in die USA durchsetzen wollte, wurde erst 1927 vom Markt genommen...

Henry Ford

Bonnie und Clyde. Der berüchtigste Gangster seiner Zeit beglückwünschte Henry Ford zu dem "prima Auto" (V 8) und versicherte dem Firmenchef, auch bei seinen Überfällen "ausschließlich Fords gefahren zu haben"

Tulsa Okla
10th April
Mr. Henry Ford
Detroit Mich.

Dear Sir: —
While I still have got breath in my lungs I will tell you what a dandy car you make. I have drove Fords exclusivly when I could get away with one. For sustained speed and freedom from trouble the Ford has got every other car skinned and even if my business hasent been strickly legal it don't hurt enything to tell you what a fine car you got in the V8 —
Yours truly
Clyde Champion Barrow

Der Senior und Sohn Edsel 1931 mit dem neuen V8-Motor (oben) - auch er ein großer Erfolg. Mit dem zweimillionsten V8 (rechts) hat Ford sein 23millionstes Auto verkauft

174 Henry Ford

Lernten sich am 1. Januar 1885 im "Martindale House" in Greenfield kennen: Clara Jane Bryant und Henry Ford. "Schon nach einer halben Stunde wußte ich, daß sie die Richtige war"

1925 baute Ford das erste dreimotorige Ganzmetallflugzeug und entwickelte den Richtstrahler. Genau 100 Jahre nach Henrys Geburt wurde in seinen Werken das 6000. Flugzeug hergestellt

Henry Ford

Der Gigant: Ford, Dearborn im Jahre 1980. Heute beschäftigt der Konzern weltweit 322.700 Mitarbeiter, setzt knapp 88,3 Milliarden Dollar um und baut fast 5,4 Millionen Autos im Jahr

Henry Ford

Ford-Schritt

Ford vertraute dem Einfluß der Werbung: "Für jeden Dollar, den du investierst, brauchst du einen Dollar, um es bekanntzumachen".

Für die aufwendigste und teuerste Gruppen-Fotografie aller Zeiten (siehe Seite 170, Mitte) wurden 1913 über 12.000 Arbeiter und Angestellte des Werks Highland Park freigestellt - die Aufnahme entstand während der Arbeitszeit und kostete Millionen.

"Alles läßt sich noch besser machen, als es bisher gemacht worden ist." (Henry Ford)

Weil er von der Polizei immer wieder Strafmandate wegen ruhestörenden Lärms bekam, ließ Henry Ford sich 1897 vom Detroiter Bürgermeister eine "Genehmigung zum Fahren eines Automobils" ausstellen - und erhielt damit als erster Amerikaner einen Führerschein.

Arme Reiche: 1923 zahlte Henry Ford 2.467.946, Sohn Edsel 1.984.254 Dollar Einkommenssteuer.

Die längste Verkaufsfahrt machte ein Ford-Verkäufer 1912. Er durchquerte die Wüste Gobi (etwa 800 Meilen), um dem Hohepriester der Mongolei ein Ford-T-Modell zu verkaufen.

"Die Ideen fliegen uns von allen Seiten zu. Von den ausländischen Arbeitern scheinen die polnischen am erfindungsreichsten zu sein." (Henry Ford)

Auch als Milliardär lebte Ford nach strengen Grundsätzen. Seine Geboten lauteten unter anderem:

"Du sollst die Zukunft nicht fürchten und die Vergangenheit nicht ehren. Mißerfolge bieten nur Gelegenheit, um von neuem und klüger anzufangen. Du sollst die Konkurrenz nicht beachten. Wer eine Sache am besten macht, der soll sie verrichten. Der Versuch, jemandem Geschäfte abzujagen, ist kriminell. Du sollst die Dienstleistung über den Gewinn stellen. Ohne Gewinn kein ausbaufähiges Geschäft. Der Gewinn muß jedoch nicht die Basis, sondern das Resultat der Dienstleistung sein..."

Eheglück mit Clara Jane. "Big Daddy" stirbt am 7. April 1947. Mit 48 Fabriken in 23 Ländern und 680 Millionen Dollar in bar (und in Aktien) hinterläßt er seinen Erben ein Milliarden-Vermögen

Vincenzo Lancia

TRAGENDE VERBINDUNG

Das Stahlkorsett

Weltsensation Lancia Lambda. Mit ihm wurde 1922 das erste Auto mit selbsttragender Stahl-Karosserie (Einzelradaufhängung an der Vorderachse) vorgestellt. Zwischen 1923 und 1931 wurden weltweit über 12.000 Lambda verkauft. Der schmale 14 Grad-V-Vierzylindermotor hatte zunächst 2,1 Liter Hubraum bei 49 PS, erreichte 115 km/h und war mit einem Dreiganggetriebe ausgestattet.

Vierganggetriebe, 2.570 ccm und 69 PS - der bald nach seinem Erscheinen aufgerüstete Lancia Lambda. 1930 kam die stärkste Version, der Di-Lambda mit V-8-Motor und 100 PS auf den Markt

VINCENZO LANCIA

geboren am 24. August 1881
gestorben am 15. Februar 1937

Lancia wurde gegen den Willen seines
Vaters Automechaniker und Rennfahrer.
1906 gründete er mit einem Freund
die Lancia & C. Fabbrica Automobili. Sein
erstes Auto, der "Alpha" erschien 1908.
Auf der Pariser Motorshow 1922 stellte er
den "Lambda", das erste Auto mit
selbsttragender Karosserie vor.

Lancia erster Firmenschriftzug

Graf Carlo Biscaretti di Ruffia lieferte im Jahr 1911 den Entwurf des heutigen Lancia-Markenzeichens.

Lancia Lambda, 7. Serie 1927, Kar. Garavini 4 Zylinder - V - Motor, Zylinderwinkel 14° 2370 ccm, 59 PS, Höchstgeschw. 115 km/h

Lambda von 1922 erstes Fahrzeug ohne Karosserie, das heißt d Achsen waren nicht extra Fahrgestell befestigt.

HUCKFELDT

LA STAMPA SPORTIVA

**Automobilismo - Ciclismo
Alpinismo - Areostatica
Nuoto - Canottaggio - Yachting**

Esce ogni Domenica in 16 pagine illustrate.

DIRETTORI: NINO G. CAIMI E AVV. CESARE GORIA-GATTI — REDATTORE-CAPO GUSTAVO VERONA

ABBONAMENTI	DIREZIONE E AMMINISTRAZIONE	INSERZIONI
Anno L. 5 - Estero L. 10	TORINO - Piazza Solferino, 20 - TORINO	Per trattative rivolgersi presso
Un Numero Italia Cent. 10 Arretrato Cent. 20 Estero 15	TELEFONO 11-26	l'Amministrazione del Giornale

I Rappresentanti italiani alla Gordon-Bennett

In Alessandro Cagno   Vincenzo Lancia   e Felice Nazzari

180 Vincenzo Lancia

Gewohntes Bild: Der "rote Teufel", Vincenzo Lancia, in Sieger-Pose (unten). Bei Fiat wurde er zum bestbezahlten Rennfahrer der Welt (links 1902, Mitte: Targa Florio 1907)

Keine Zeile war ihm sein Leben wert. Mit Historikern, Biographen und Journalisten pflegte er sich schulterklopfend zu einigen: gutes Essen, nette Gesellschaft. "Aber schreiben? Schreiben sollten sie über andere..."

Werbung hat Vincenzo Lancia nie gemocht. Höchstens einmal in dem Intellektuellen-High-Society-Magazin "Lettura", in dem er sich dann und wann eine Anzeigenseite reservieren ließ.

Angemessene Lektüre in seiner Clique. Man bewunderte Richard Wagner, verehrte Arturo Toscanini, traf sich in literarischen Cirkeln und interpretierte seine Lieblingsautoren: Erich Maria Remarque ("Im Westen nichts

Vincenzo Lancia 181

Als Kind hatte Vincenzo Lancia bei dem Fahrradhändler Giovanni Ceirano am "Corso Vittorio Emanuele" mithelfen dürfen, später sammelte er dort erste Erfahrungen im Automobilbau

Vater kommt heim: Vincenzo Lancia fährt (auf Fiat) vor der "Albergo della posta" in Fobello vor. Seit dem Jahre 1904 verbrachte der Lancia-Clan jeden Sommer in den Bergen

Das erste Werk: Zunächst hatte er nur einen Teil der Räume gemietet, 1909 pachtete Vincenzo Lancia den gesamten Komplex an der Kreuzung Via Ormea/Via Donizetti in Turin

Knapp ein Jahr nach Gründung der Firma fertig: der 18/24 HP, Lancias erstes Auto. Bis 1909 (oben als Double Phaeton) wurden 108 gebaut. Rechts: Vincenzo in Modena auf Lancia (1910)

Vincenzo Lancia 183

In Reihe angeordnet: der 150mal verkaufte Torpedo Lancia Beta (oder 20 HP) mit Vier-Zylinder-Motor. Hubraum 3120 ccm, 34 PS bei 1500 U/min, Chassis 780 kg, Länge 3996 mm, 90 km/h

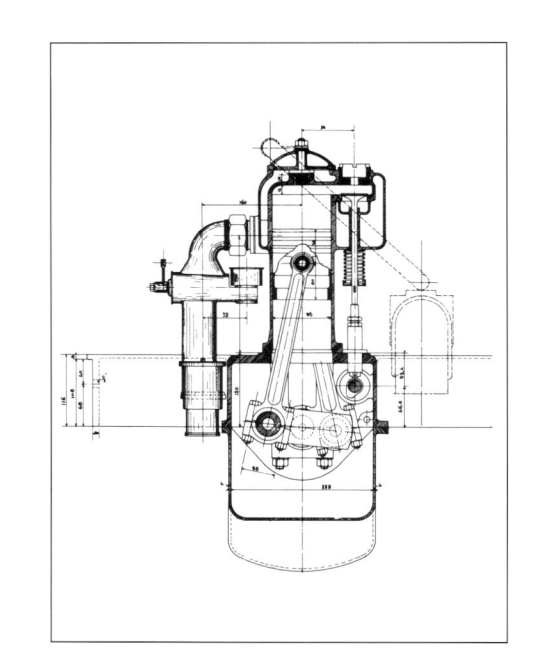

Seine Mitarbeiter fürchteten Vincenzo als einen zu Wutausbrüchen neigenden Pedanten, seine Familie (hier Tochter Maria) liebte ihn als großzügigen, lebenslustigen Vater

Neues", 1929) und Ernest Hemingway ("In einem anderen Land", 1930). Anstand und Sitte waren ihm in die Wiege gelegt; ob Mann, ob Frau, wer ihm sympathisch war, wurde mit einem Blumen-Bouquet begrüßt.

Mit "Duce" Mussolini verband Signore Lancia eine tiefe Zuneigung. Nicht erst seit ihrer ersten Begegnung. Die Faschisten standen auch in Italien hoch im Kurs. Vor allem ihr "soziales Anliegen". In Vincenzo fanden sie einen Verbündeten: "Reformen müssen sein" - der totalitäre Anspruch weniger.

Daß Geld allein nicht glücklich macht, hatte er am eigenen Leibe erfahren. Zwar hatte sein Vater Giuseppe in Argentinien mit Gefrierfleisch und Konserven ein Vermögen verdient, für kindliche Visionen aber fehlte ihm die Zeit. Zum Kochen nicht. Er soll, behaupten jedenfalls die Italiener, den Bouillonwürfel erfunden

Umzug in das Werk in der Via Monginevro. 1911 werden dort der Delta (Foto) und der Didelta gebaut. Beide haben ein Vier-Zylinder-Triebwerk mit 4080 ccm Hubraum und 60 PS bei 1800 U/min

Serienmäßige E-Anlage, Lichtmaschine von Kettering, Räder aus Stahlblech (oder Speichenräder): der 35 HP (Theta). 1913 ein Luxus-Auto mit 70 PS (rechts Torpedo, unten Landaulet)

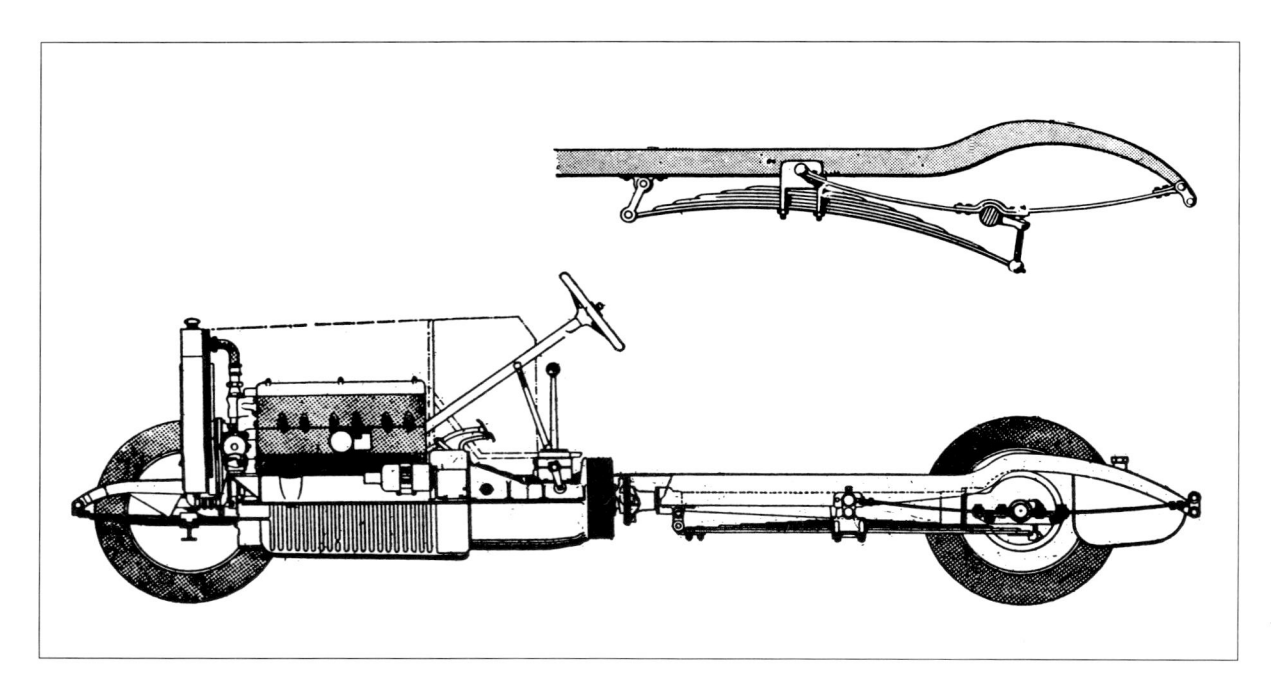

Lancia experimentiert mit V-Motoren (Mitte: das Patent von 1915). Sein 12-Zylinder (30 Grad-Stellung, 7837 ccm, 150 PS) wird 1919 in Paris und London vorgestellt (links das Fahrgestell)

haben. Den Nachweis ist er allerdings schuldig geblieben.

Vorbilder hatte der kleine Vincenzo trotzdem genug: seine strebsame Schwester Maria zum Beispiel, die ihn mit ihren Gedichten langweilte. Oder seine Brüder Arturo und Giovanni, die sich für alte Sprachen interessierten.

Als schwarzes Schaf hat er sich immer wohl gefühlt, teilte das Schicksal so vieler Nachgeborener. Seine Hosen, Jacken und Jackets waren stets zu eng. Von Zeit zu Zeit brachte ihn die Polizei nach Hause. Die hatte ihn mal wieder aus dem Po gefischt, Vincenzo konnte das Lachen über die Standpauke der Eltern nur mühsam unterdrücken. Wenn er auf seinen Vater gehört hätte, wäre er Rechtsanwalt geworden: "Wie stumpfsinnig".

Ihn faszinierte die Straße. Der Modder, Matsch, der Dreck, das Leben. Daran hat sich nie etwas geändert. Als

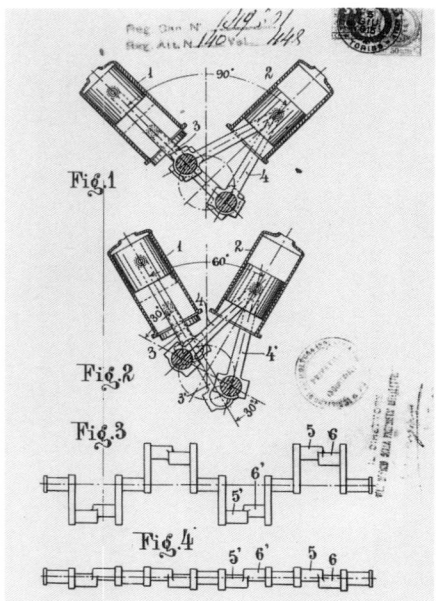

Vater Lancia hatte zur Geburt des kleinen Vincenzo Salut-Salven aus einer selbstgebastelten Kanone abgefeuert - Vincenzo beschränkte sich darauf, seinem Sohn Gianni (Foto) ein guter Vater zu sein

186 Vincenzo Lancia

Die Autos aus der Via Monginevro erobern die Welt. Lancia hatte das Werk 1911 mit 26.550 Quadratmetern Gelände von der französisch-italienischen Firma Fides-Brasier übernommen

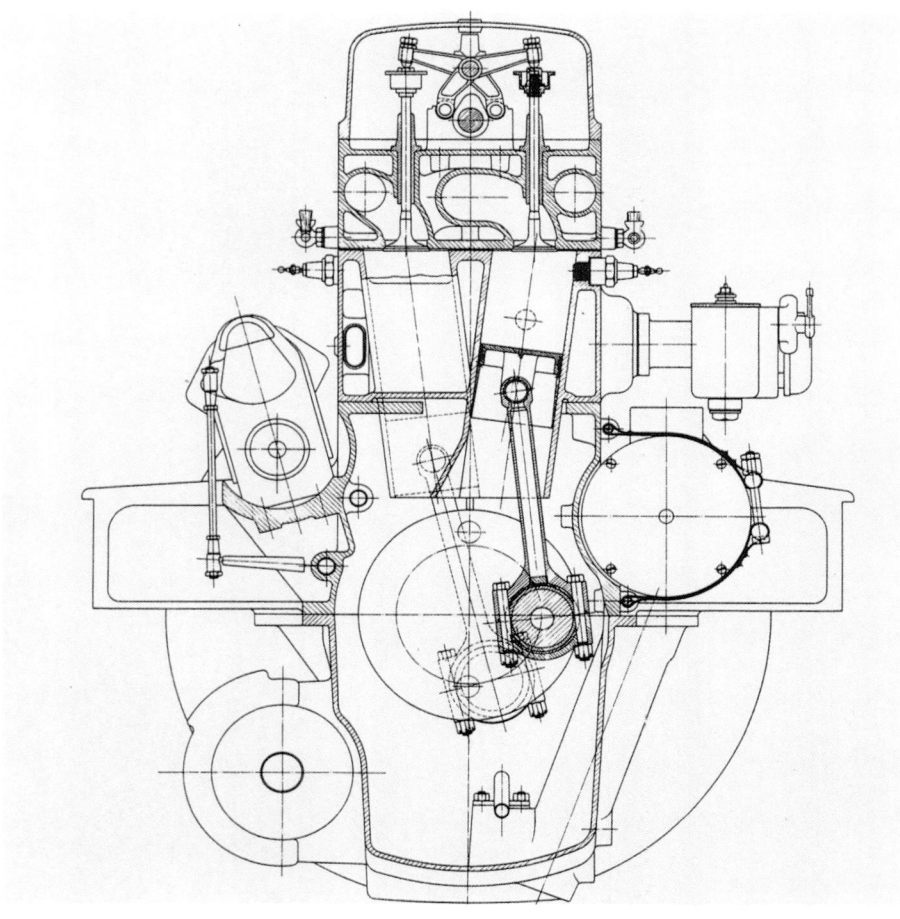

1922 entsteht der erste Lancia mit 8-Zylinder-Motor (mit enger 22-Grad-V-Stellung): der Trikappa (Tipo 68). Links der Motor im Querschnitt, daneben die Originalzeichnung

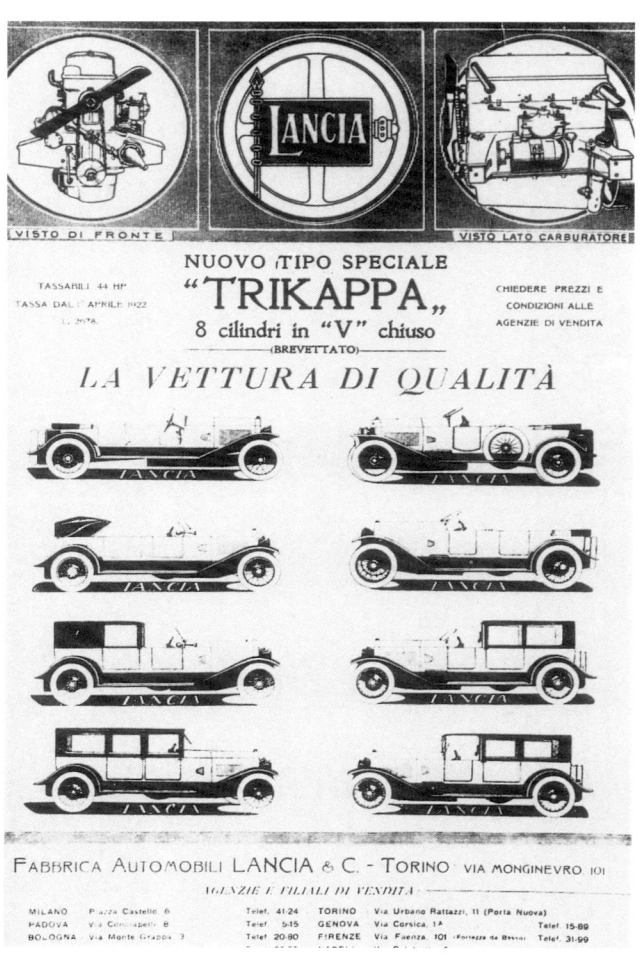

Der Trikappa, "das Qualitätsauto", hat als Luxuslimousine mit sportlichen Eigenschaften (Höchstgeschwindigkeit 130 km/h) beachtlichen Erfolg. Er wird 847 Mal verkauft

Steppke reparierte er die Fahrräder seiner Freunde, als Multimillionär legte er sich unter ihre Autos. Für seine Mitarbeiter baute er Sportplätze, Begegnungsstätten, Ferienzentren am Strand von Finalpina und in den Bergen bei S. Marco di Ulzio, zahlte Heirats-Prämien und Kindergeld. Der katholischen Kirche spendete er Unsummen - nichts haßte er mehr als "unchristliche Arroganz".

Rechnen, Buchführung, Stillsitzen: Die Handelsschule war nichts für ihn. Er mußte unter Menschen, mit ihnen lachen, weinen. Seine Welt war die Gasse.

Vor allem jene in der Nähe des "Corso Vittorio Emanuele" Nummer 9. Das war zwar ohnehin die Winteradresse der Familie Lancia. Aber das war es nicht, was ihn dort hielt. Vielmehr die Hinterhofwerkstatt des Fahrradimporteurs Giovanni Ceirano. Denn der erlaubte ihm zu arbeiten...

Schon bald gab es kein Halten mehr. Ceirano setzte auf den neuen Trend, den Automobilbau. Vater Lancia willigte zähneknirschend ein, Vincenzo unterschrieb seinen ersten Arbeitsvertrag.

1899 rollte bei Ceirano endlich ein Auto vom Hof. Maßgeblich an der

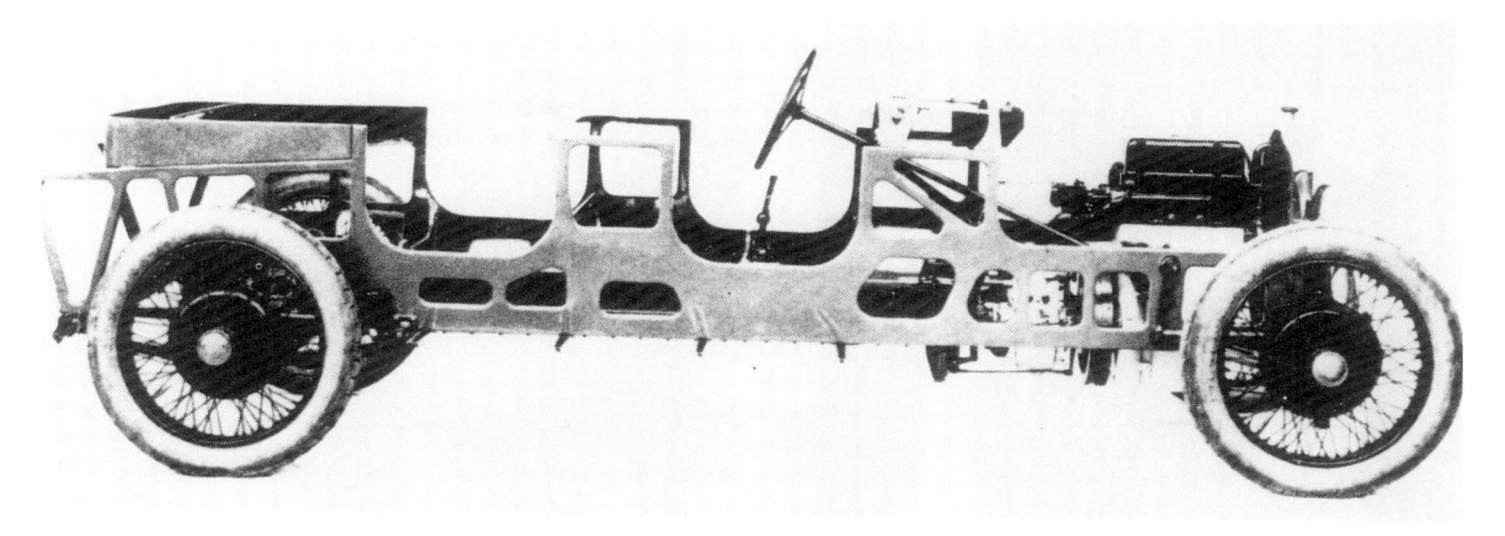

Der Lambda - ein gewaltiger Schritt in der Automobil-Geschichte. Der klassische Rahmen mit Längsholmen wurde von Lancia 1922 erstmals durch eine selbsttragende Konstruktion aus geschweißtem Stahlblech ersetzt (oben). Links ein Prototyp aus dem Herbst 1921 mit hufeisenförmigem Bugatti-Kühler

Entwicklung des zweizylindrigen, kettengetriebenen Zweisitzers der Marke Welleyes beteiligt: der lebenslustige "Buchhalter" und Mechaniker Lancia. Beim Rennen Turin-Pinerolo-Piosacco-Avigliana-Turin belegte das Gefährt den zweiten Platz.

Für reiche Fans Anlaß genug, sich die Firma genauer anzusehen. Unter ihnen: der Automobil-König und Industrie-Pionier Giovanni Agnelli. Und der machte das beste Angebot. 30.000 Lire für Werkstatt und Patente. Vincenzo Lancia und sein Kollege Felice Nazzaro durften bleiben.

Der Grundstein einer Traumkarriere war gelegt. Noch im selben Jahr entstand der erste Fiat, Vincenzo sattelte um, wurde Rennfahrer.

Seine Erfolge waren beeindruckend. Als "roter Teufel" hastete er von Sieg zu Sieg. Ob Berg, Lang- oder Rundstrecke - Lancia schrieb Geschichte, wurde zum bestbezahlten Fahrer seiner Zeit.

Obwohl er sich am 29. November 1906 mit seinem Freund Claudio Fogolin selbständig machte, fuhr er weiter für Fiat, nötigte Agnelli zu immer höheren Siegprämien.

Das Geld brauchte er dringend. Seine Fabrik in der Via Petrarca brannte 1907 bis auf die Grundmauern nieder. Schwester Maria tröstete ihn in der bittersten Stunde seines Lebens: "Vincenzo war außer sich, dicke Tränen kullerten über seine Wangen, und er schluchzte wie ein verzweifeltes Kind..."

Vincenzo Lancia 189

Während die Kapazitäten im Stammwerk in der Via Monginevro weiter erhöht wurden, engagierte sich Lancia zunehmend für soziale Belange, baute Sport- und Begegnungsstätten für seine Arbeiter

1929. In den luxuriösen Di-Lambda wird noch einmal der Acht-Zylinder-Motor (links) mit enger V-Stellung (24 Grad) eingebaut (rechts: selbsttragender Rahmen, unten: das Stadtcoupé)

Vincenzo Lancia 191

Enge Freunde: der italienische Diktator Benito Mussolini (unten in Uniform) und der geniale Auto-Erfinder Vincenzo Lancia (rechts vor einer Propaganda-Veranstaltung im Gespräch mit Mussolini)

Dennoch gelang es ihm, den ersten Lancia (12 HP, vorgestellt im Januar 1908 in Turin) auf den Markt zu bringen. Nicht ausschließlich aus eigener Kraft. 30 Mitarbeiter schraubten inzwischen in der nicht weit vom Po entfernten Werkstatt an Lancias Fahrgestellen, die dann von Karosseriebauern, die das antike Handwerk der Herstellung von Pferdekutschen erlernt hatten, "eingekleidet" wurden.

Der 1932 vorgestellte Augusta - Lancias erster Kompaktwagen (rechts). Der 1194 ccm-Motor hat vier Zylinder in 18,15 Grad V-Stellung, leistet 35 PS bei 4000 U/min und erreicht 102 km/h

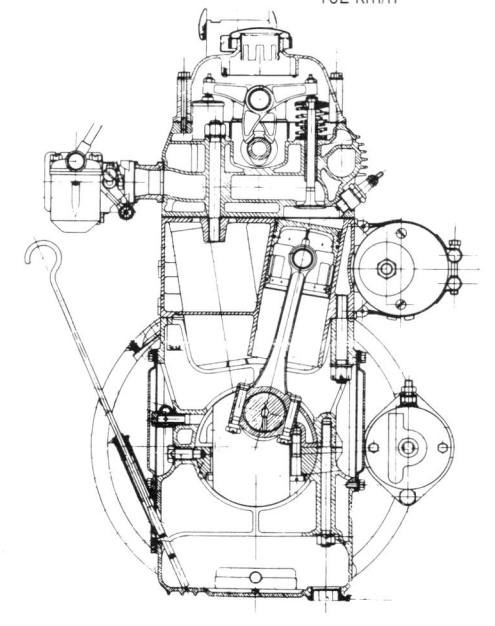

Das Werk zweier Meister. Der Aprilia. Das Coupé (Foto oben) entwarf Pininfarina. Lancia starb nur wenige Monate, bevor das Auto 1937 der Öffentlichkeit vorgestellt wurde

120 Stundenkilometer, in den Baureihen 1934 bis 1937 mit dann 2972 ccm Hubraum sogar 130 km/h - der Astura. Das Kabriolet (oben) trägt deutlich die Handschrift Pininfarinas (unten)

Die Kunden waren skeptisch. Dennoch wurde der Aprilia (von 1937) mit seiner aerodynamischen Form bald zum temperamentvollen (im 3. Gang bis 85 km/h) König der Landstraße (Stückzahl 27.636)

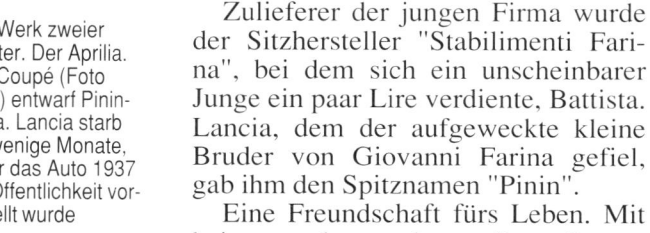

Zulieferer der jungen Firma wurde der Sitzhersteller "Stabilimenti Farina", bei dem sich ein unscheinbarer Junge ein paar Lire verdiente, Battista. Lancia, dem der aufgeweckte kleine Bruder von Giovanni Farina gefiel, gab ihm den Spitznamen "Pinin".

Eine Freundschaft fürs Leben. Mit keinem anderen sah man ihn später so häufig in seinem Stammlokal "Gobatto" in der Turiner Via Superga die Köpfe zusammenstecken. Daran änderte sich auch nichts, als Vincenzo 1922 seine Sekretärin Adele Miglietti heiratete. Obschon aus tiefster Seele ein Familienmensch, der seine Sonntage nach dem Kirchgang am liebsten daheim verbrachte, war ihm nichts so wichtig, wie der Kontakt zu seinen Freunden. Was konnte schlecht daran sein, mit ihnen eine Partie Boccia zu spielen, eine Flasche Piemonter Wein zu trinken und zu fortgeschrittener Stunde ein paar harmlose aber deswegen nicht minder derbe Zoten zu reißen?

Der Vater starb mit 97, Vincenzo erlebte nicht einmal seinen 56. Geburtstag. Ehefrau, Sohn Gianni und die beiden Töchter Maria ("Mima") und Eleonora ("Nori") mußten sich allein durchschlagen. Viel Zeit blieb für die Kinder nicht: Adele übernahm die Firmenleitung - seit 1970 gehört Lancia zum Fiat-Konzern.

Vincenzo Lancia 193

Glimmer, Glanz und Prominente. Die sportlichen Lancia wurden zum Prestige-Auto für Schauspiel und Theater (Greta Garbo in ihrem Lambda, Brigitte Bardot auf ihrem Flaminia Coupé, Mitte)

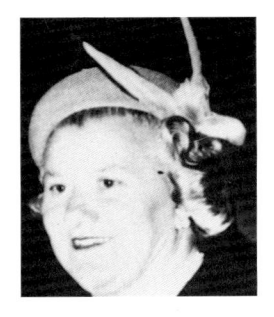

Resolut und geschäftstüchtig: Vincenzos Witwe Adele (oben) übernahm die Firmenleitung. Erst 1970 wurde Lancia an Fiat verkauft. Links: Vincenzos Sohn Gianni Lancia

Vincenzo Lancia hat nicht nur als Rennfahrer Geschichte gemacht - auch seine Autos waren auf allen Rennstrecken gefürchtete Konkurrenten (rechts unten: Manuel Fangio 1953 während der Carrera Panamericana auf dem "D 24")

Adam Opel

DYNASTIE DYNAMIQUE

Patente Übernahme

Nähmaschinen, die ein ganzes Schneider-Leben halten? Gut für den Ruf - schlecht fürs Geschäft. "Der Alte" hätte die Stirn gerunzelt: die Opel-Brüder steigen in die Automobil-Produktion ein. Und übernehmen die "Anhaltische Motorwagen-Fabrik" des Dessauer Hofschlossermeisters Friedrich Lutzmann. Im Frühjahr 1899 ist es soweit. Das erste, in Rüsselsheim gebaute Auto, der Opel Patent-Motorwagen System Lutzmann, ist fertig.

Der technisch aufgerüstete Opel-Lutzmann: Heinrich Opel am Steuer des Rennwagens (von 1899), der am 31. März 1901 überlegen das Bergrennen auf den Königstuhl (bei Heidelberg) gewann

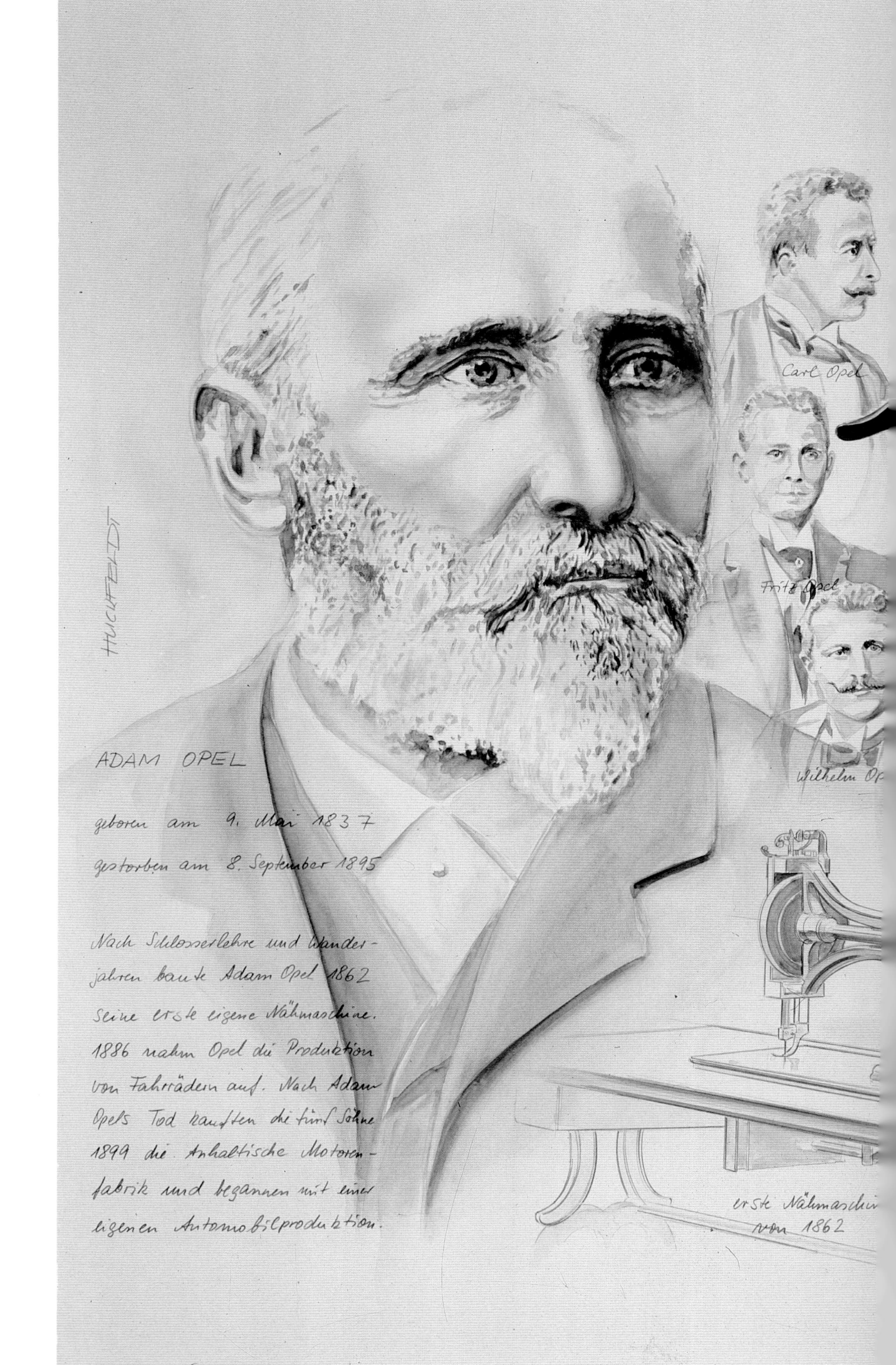

ADAM OPEL

geboren am 9. Mai 1837
gestorben am 8. September 1895

Nach Schlosserlehre und Wanderjahren baute Adam Opel 1862 seine erste eigene Nähmaschine. 1886 nahm Opel die Produktion von Fahrrädern auf. Nach Adam Opels Tod kauften die fünf Söhne 1899 die Anhaltische Motorenfabrik und begannen mit einer eigenen Automobilproduktion.

Carl Opel

Fritz Opel

Wilhelm Opel

erste Nähmaschine von 1862

Opel Schriftzug 1903

Opel 4/12 PS „Laubfrosch" 1924, 951 ccm 4 Zylinder, 60 km/h erstes deutsches Fließbandauto

Heinrich Opel

Ludwig Opel

OPEL Markenzeichen 1908-1930

Opel Schriftzug 1920-1930

1868: Einzug in einen Fabrikneubau in der Nähe des Rüsselsheimer Bahnhofs. Die Produktion von Nähmaschinen wurde nach einem Großbrand in der Fabrik 1911 eingestellt.

Opels erste Werkstatt. Ein Kuhstall, den ihm der Bruder seiner bereits am 4. Mai 1849 verstorbenen Mutter kostenlos zur Verfügung stellt, damit sich der ehrgeizige Adam selbständig machen kann

Handarbeit: Adam Opels erste Nähmaschine aus dem Jahre 1862. In zahllosen Arbeitsstunden hatte der Jungunternehmer nachts die Einzelteile aus Gußeisenblöcken gefeilt und geschmirgelt

Adam gibt nicht auf, versucht immer wieder, seinen Vater Philipp Wilhelm zu überzeugen und erhält endlich als Zwanzigjähriger ein befristetes Wanderbuch (oben). Links: Opel im Jahre 1865

198 Adam Opel

Teufelswerk, Spielzeug für Millionäre. Nein, von Auto-Mobilen hat der Alte nichts gehalten. Nicht nur, weil damit kein Geld zu verdienen war. Eher grundsätzlich. Aber das war auch nicht anders gewesen, als Adam seinen Jungs zu Weihnachten die sündhaft teuren Fahrräder unter den Tannenbaum gestellt hatte. Wohlwissend, daß sie sich "da dermit de Hals breche" konnten.

Wie gefährlich die aus Britannien nach Rüsselsheim gefrachteten Hochräder tatsächlich waren, hatte er in den frühen Morgenstunden des ersten Weihnachtstages am eigenen Leibe erfahren. Obwohl er, wie in der Gebrauchsanweisung ausdrücklich betont, die "linke Fußspitze auf den der linken Seite oberhalb des Hinterrades befestigten Auftritt" gesetzt und durch "sanftes, nicht sprunghaftes Hineingleiten in den Sattel" das schmerzhafte Überkippen nach vorn vermieden hatte, konnte er das Gleichgewicht nur wenige Meter halten und war vor den Augen zweier langjähriger Mitarbeiter kopfüber - aber wortlos - in den Straßengraben gekippt.

Ablehnung vom Vater, Unterstützung vom Onkel: Landwirt Diehl ist von Adams Nähmaschinen-Ideen überzeugt, besorgt Eisenstäbe, Gußeisenbarren, Bohrmaschine und Amboß für die Werkstatt

Liebe. Opel heiratet am 17. November 1868 die ambitionierte Fabrikantentochter Sophie Marie Scheller (geboren am 13. Februar 1840 in Dornholzhausen). Ziel der Hochzeitsreise: Brüssel und Paris

Zweigeschossige Fabrik, großes Wohnhaus. Für 144 Gulden kauft Opel einen Acker in der Nähe des Bahnhofs (Rüsselsheim), im Spätsommer 1868 beschäftigt er bereits 40 Mitarbeiter

Adam Opel

Die Konsequenzen waren ärgerlich. Zumindest für seine Kinder. Vadder ließ die Knochenrüttler umgehend von dienstbaren Geistern entfernen, die Buben machten lange Gesichter. Ebenso wie der Kreuznacher Vertreter Opelscher Nähmaschinen, der am zweiten Feiertag zum Rapport bestellt war und vom Senior dazu verdonnert wurde, "die Dinger" einzupacken und in der Provinz, weitab von den enttäuschten Buben, wieder unter die Leute zu bringen.

Keine 72 Stunden später verfällt der neu-reiche Aufsteiger, dessen Familie sich aus Kostengründen mit Ziegenstatt Kuhmilch begnügen muß, in tiefes Grübeln. 400 Mark hatten die Velociped-Reitmaschinen gebracht. Pro Stück. Erheblich mehr, als er selbst bezahlt hatte. Da könnte man doch...

1876 ist die Belegschaft (oben), die vor allem Nähmaschinen für Uniform-Schneider baut, auf über 100 Mitarbeiter angewachsen. Opel (links 1880) fertigt jetzt auch Kapsel- und Korkmaschinen

Räder für 250 bis 450 Mark - die Opel-Qualität ist kaum zu übertreffen. Doch wer ein solches Rad kaufen möchte, muß dafür über sechs Monate arbeiten (links Adam im Jahre 1891)

200 Adam Opel

Passionierter Jäger: Adam Opel im Jahre 1894 (oben). Unten seine fünf sportbegeisterten und unternehmerisch hochbegabten Söhne Carl, Wilhelm, Heinrich, Fritz und Ludwig Opel

Adam Opel

Meister des Radsports: "Die fünf Rüsselsheimer" Ludwig, Fritz, Heinrich, Wilhelm und Carl hinter ihrem Fünfsitzer. Links: Wilhelm Opel 1889 im Renn-Dreß mit Hochrad

Während das Quintett (hier die Reihenfolge Carl, Wilhelm, Heinrich, Fritz, Ludwig) von Rennen zu Rennen reist, expandiert die Fabrik weiter: 1898 werden 16.000 Räder hergestellt

Der Patent-Motorwagen System Lutzmann von 1899 (Heinrich Opel am Steuer) - die Rüsselsheimer hatten Menschen, Maschinen und Patente der Anhaltischen Motorwagenfabrik kurzerhand aufgekauft

Adam Opel

Depression, Krise zur Jahrhundertwende. Der Absatz geht massiv von 16.000 auf 11.500 Fahrräder zurück. Inzwischen leben in Rüsselsheim 1.500 Familien vom Fahrrad- und Nähmaschinenbau

Vielseitiger Fritz: Radrenn-Sieger der Fernfahrt Basel-Kleve (o.), beim Automobil-Rennen in Frankfurt, beim Gordon-Bennet-Rennen (links darunter) und auf dem Targa Florio-Wagen (rechts)

Opel-Motorrad von 1903: Ein Zylinder, 3 3/4 PS. Bereits vier Jahre später wird die Produktion eingestellt, wenngleich sie nach dem Ersten Weltkrieg noch einmal vorübergehend aufgenommen wurde

Man konnte. Besser: er konnte. Adam, der Schlosser mit dem untrüglichen Instinkt für einträgliche Geschäfte, orderte Fahrrad-Teile in England, verbannte seine besten Mechaniker in eine vor neugierigen Blicken geschützte Ecke des Nähmaschinen-Werks. Sie sollen umgehend Konstruktions-Verbesserungen erarbeiten.

Das gelingt ihnen schneller als erwartet. 1886 holpern die ersten, mit Vollgummireifen ausgestatteten Hochräder made by Opel über die heimischen Schotterpisten. Die Söhne hetzen von Radrennen zu Radrennen. Carl, der große, gewinnt seinen ersten Wettbewerb und bringt nicht nur Manschetten-Knöpfe mit nach Hause, sondern auch fünf Hochrad-Bestellungen. Zur Freude des Vaters, der seine Jungs und ihren Fahrrad-Spleen nun nach

Adam Opel 203

Kräften unterstützt und Junior Carl nach Sheffield schickt, um im - neben Frankreich - Mutterland des neumodischen Sport-Spektakels 25 komplette Radsätze zu kaufen. Nur Mudder Sophie mag noch immer nicht hinsehen. Vom hohen Roß sind Stürze schmerzhaft.

Das ändert sich bereits ein Jahr später. Opel baut kommodere Niederräder, eine neue Fabrikhalle und einen Fahrsaal, in dem Kunden üben können. Und die lernen in Rüsselsheim nicht nur das Radeln, sondern auch einiges über Adams neue, weil erfolgversprechende Philosophie: "Das Vergnügen des Radfahrens ist keinem Alter und Stand verschlossen, selbst Damen und Herren bietet das Dreirad Gelegenheit zu gesunder Erholung. Es übt eine für Körper und Geist gleich erfrischende und kräftigende Wirkung aus."

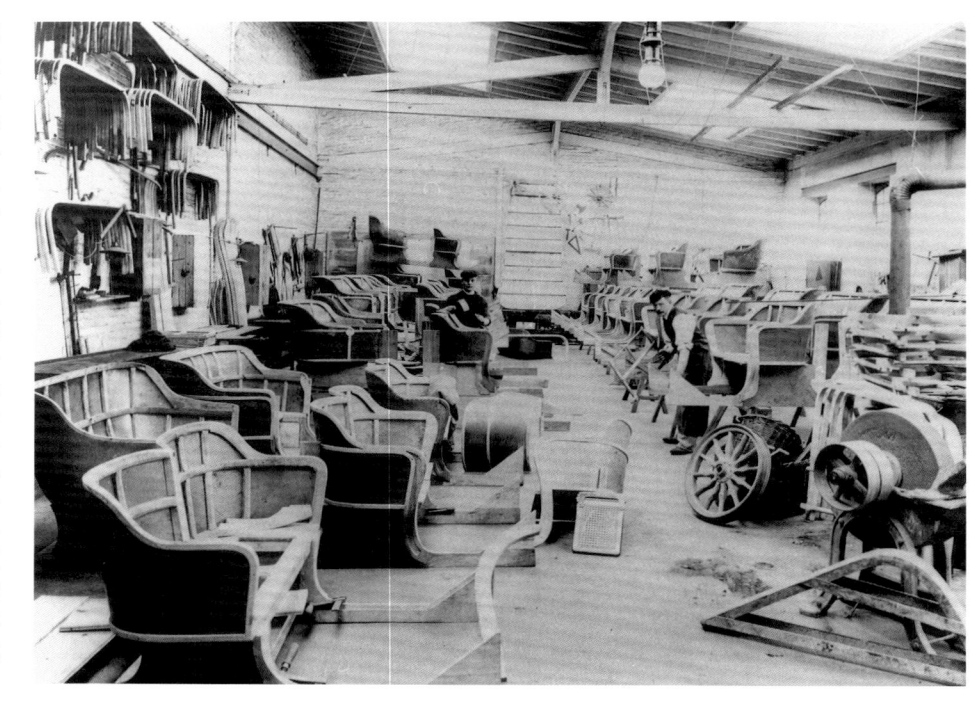

1906: Das Fließband ist noch nicht eingeführt, in den Holzhallen arbeiten über 1.000 Handwerker für Opel (Fotos: Wagnerei und Polsterei)

Glanz-Leistung

Die Karossen müssen manuell mit Leinöl Kutschenlack beschichtet werden. Bleiweißfarbe, Ölspachtelung, Bimsteinschleifen, Schleiflack, Feinschliff, Decklackierung - der gesamte Vorgang beansprucht acht bis neun Wochen. Für ein Auto braucht Opel etwa vier Monate.

Herren-Kränzchen an zwei Tischen. Dieppe, vor dem Großen Preis von Frankreich, 1908. Kommerzienrat Carl Opel, Geheimrat Wilhelm Opel, Heinrich Opel, Fritz Opel, Chr. Michel und Rennfahrer Carl Jörns

Barock: Sophie Opels "Dienstwagen" (13. Februar 1840- 30. Oktober 1913) und Emmys (geb. Weber, 30. Januar 1878 - 7. September 1928) legendärer Sieg über die Männer bei der Westdeutschen Tourenfahrt im Jahre 1906

Wilhelm Opel gewinnt die Prinz-Heinrich-Fahrt 1909. Ein Sieg von vielen (Internationale Tourenfahrt nach Thüringen, französische Bergmeisterschaft, Petersburg-Riga-Petersburg)

Der schnellste aller Wagen

in der **Prinz Heinrich-Fahrt 1910** war

OPEL

In der **Ostdeutschen Tourenfahrt 1910**
bewährte er sich zum zweiten Male als

der zuverlässigste aller Wagen.

In allen Rennen **Frankreichs** und **Belgiens**, an denen sich

OPELwagen

in den Jahren 1909 und 1910 beteiligten, waren sie immer

siegreich!

3000 Arbeiter · Adam Opel, Rüsselsheim a. M. · 2000 Hilfsmaschinen

Adam Opel 205

Die sportliche Erfolgsserie hält an: Diesmal ist es Ludwig Opel, der die russische Kaiserpreisfahrt (1911) für sich entscheidet und von Zar Nicolaus und dessen Gefolge empfangen wird

20. August 1911. Ein Großbrand vernichtet über die Hälfte des Rüsselsheimer Opel-Werks. 2.000 Fahrräder, 3.000 Nähmaschinen werden zerstört. Der Schaden wird auf vier bis fünf Millionen geschätzt

206 Adam Opel

Die Automobil-Abteilung blieb von dem Großbrand zwar weitgehend verschont - die Putzkolonnen brauchten jedoch Tage, den zentimeterdicken Ruß von den 600 versandfertigen Wagen zu entfernen

Straf-Arbeit

1910/1911 arbeiten etwa 3.000 Menschen bei Opel. Sie müssen sich strengen Regeln unterwerfen. Ein Auszug aus der Arbeitsverordnung: "Vorgefundene geistige Getränke werden vernichtet... Das Anstekken von Zigarren und Tabakspfeifen ist verboten... Arbeiterinnen über 16 Jahren werden nicht angenommen". Die Wochenarbeitszeit beträgt 57 Stunden, wer zu spät kommt, muß ebenfalls zahlen. Wer sich mit Kollegen streitet oder prügelt, muß Strafe zahlen. Aber: Opels Arbeiter können "gegen mäßige Preise warme Suppen und auch warme Fleischspeisen verzehren".

Adam Opel 207

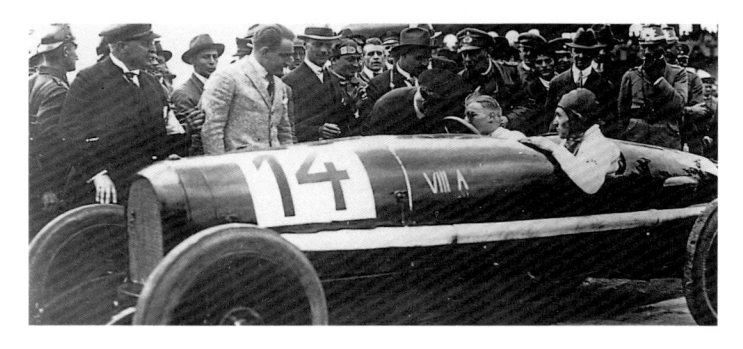

Ob 1921 auf der Avus oder auf der 1919 fertiggestellten Opel-Renn- und Versuchsbahn: die Rüsselsheimer sind kaum zu schlagen (oben: Fritz in Berlin, unten: vor Carl Jörns)

Wer kannte ihn nicht? Den kleinen, giftgrünen "Laubfrosch". Wer ihn mochte, pilgerte 1924 zur Opel-Bahn, auf der gleich eine ganze Tagesproduktion (100 Stück) gezeigt wurde

Erlebte den größten Erfolg der Firmengeschichte (Laubfrosch) nicht mehr: Dr. Ludwig Opel fiel im Ersten Weltkrieg am 16. April 1916 (das Foto zeigt ihn auf einer Aufnahme aus dem Jahre 1910)

Natürlich. "Gesunde Erholung" ist nicht billig. Zwischen 250 und 450 Mark kosten die Maschinen. Mehr als ein Arbeiter in einem halben Jahr verdient - aber klappern gehört eben zum Handwerk.

Das war schon immer so. Nicht erst, seit seine Söhne mit ihren sportlichen Ambitionen ins Geschäft eingestiegen waren und den Umsatz damit auf ungeahnte Höhen getrieben hatten.

Der Chef der Dynastie dynamique wußte, worauf es ankam, hatte Erfahrungen gesammelt über An- und Verkauf, Aus- und Weiterbildung, Frust und Freude. Vor allem in Paris, dem Zentrum des Fortschritts, dem Mittelpunkt Europas, in dem man gelebt haben mußte, um den Zeitgeist der Aufklärung zu verstehen.

Damals war er es gewesen, der unter der Dickhäutigkeit seines Vaters gelitten hatte, verzweifelt nach Selbstbestätigung gesucht und sie schließlich in einer vagen Vision gefunden hatte: dem Nähmaschinen-Bau. Die Idee hatten zwar andere vor ihm. Er aber war, seit er sich zweieinhalb Jahre bei F. Jornaux & Leblond in der rue d'Ascole Nr. 11 in die Materie eingearbeitet und seine Erkenntnisse bei deren schärfsten Konkurrenten Huguenin & Reimann vertieft hatte, von der

208 Adam Opel

Kontroll-System

Die Werksleitung ist vom Fließband begeistert: "Der ganze Betrieb wird in eine ewig schwingende, gleichmäßige, rhythmische Bewegung versetzt... die tätige Lust bei den Arbeitenden auslöst." Tatsache ist: Auf sieben Arbeiter kommt ein Kontrolleur (bei Henry Ford ist es einer auf 15). 100 sind es bei Opel insgesamt. Bei der Umstellung hatte es zahllose Pannen gegeben. War das Material zu fest, schnitten oder frästen die Maschinen nicht gleichmäßig, sondern ratschten, rissen oder mahlten den Werkstoff. In den automatischen Zieh- und Stanz-Pressen traten immer Schrumpfungen oder Blasen auf.

Doch die Tagesproduktion stieg im Jahre 1924 von zunächst 25 auf über 100 Autos.

Das Fließband ist da, auch in Deutschland wird die Auto-Produktion auf Massen-Serie umgestellt. Vorder- und Hinterachsen werden "genormt" - passen auf unterschiedliche Fahrzeugmodelle

Trauer: Adam Opels ältester Sohn, Carl (von) Opel, geboren am 31. August 1869, stirbt am 16. Februar 1927. Sein jüngerer Bruder Wilhelm (geb. am 15. Mai 1871) überlebt ihn um 21 Jahre

Heinrich (unten) stirbt am 25. Mai 1928 (geboren am 22. September 1873). Der zweitjüngste Bruder Fritz, geboren am 30. April 1875 (rechts), wird zehn Jahre älter (30. August 1938)

210   Adam Opel

Mit Spannung erwartet: die in Styling und Konstruktion unkonventionelle 500er Motoclub (1928) - Umsetzung der Ideen des Malers, Grafikers und Konstrukteurs Ernst Neumann-Neander

Zweieinhalb Minuten früher am Ziel: Fritz trat am 28. Juli 1928 mit seinem Schnellboot "Opel II" gegen einen am Ufer zwischen Köln-Porz und der Hohenzollernbrücke dahinrasenden Schnellzug an

Verkaufsschlager: der kleine Opel. Bis Juni 1931 werden von den Modellen 4/12, 4/14, 4/16 und 4/20 fast 120.000 gebaut und verkauft. Kein anderes Auto war damals in Deutschland so erfolgreich

unerschütterlichen Überzeugung beseelt, die tapfer um Aufträge ringende Schneider-Welt mit Eigenkonstruktionen erobern zu können.

Die Voraussetzungen waren nicht einmal schlecht - seine ersten Nähmaschinen waren für die Ewigkeit gebaut. Aus Gußeisen hergestellt, mit Eisenteilen angreichert - eine Mixtur aus Patent-Diebstahl, verfremdetem Nachbau, Improvisation und Pioniergeist.

Schneidermeister Hummel war das gleichgültig. Die Opel I des Jahres 1862 erwies sich als glänzende Kapitalanlage. 40 Jahre hat er damit gearbeitet. Das sprach sich herum. Bestellungen gingen ein, Adam, dessen Vater kopfschüttelnd verlangt hatte, er solle sich endlich dem Ernst des Lebens stellen, stürzte sich ins Geschäft und erlitt einen herben Rückschlag, als er seine Opel II, eine in knapp sechs-

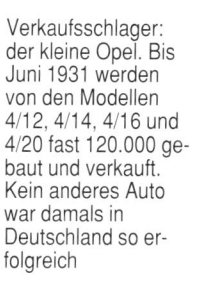

Adam Opel 211

OPEL
30/80 PS
PERSONENWAGEN

Qualitäts-Arbeit ist der Grundsatz der Firma Opel. Erstklassige Konstruktion nicht minder ihr Leitmotiv. Alle brauchbaren Erfindungen und Neuerungen auf dem Gebiete des Automobilbaues hat die Firma Opel in ihrer stets aufwärts strebenden Entwicklung geprüft und sich zu Nutze gemacht. Weder Kosten noch Mühe hat sie gescheut, die Brauchbarkeit der Konstruktionen praktisch zu erproben. * Der 30/80 PS Opel-Wagen, der in jeder Beziehung, was Haltbarkeit, Schnelligkeit und Schönheit anbelangt, seinesgleichen sucht, ist unzweifelhaft das Vollendetste, was die Autotechnik hervorbringen kann. * Zur Wahrung der Geschäftsinteressen, zur Reise wie zum Sport geeignet, wird dieser Wagen durch seinen sparsamen Betrieb und durch seine Leistungen die alten Freunde der Marke Opel stets aufs Neue erfreuen, selbst den verwöhntesten Autofachmann zufrieden stellen, und so den Kreis der Anhänger und Freunde vom Hause Opel dauernd erweitern.

Siebensitzer ⎫ sechsfach bereift, 17 000 Mk. ⎫
Limousine ⎭ komplett   20 000 „ ⎬ ab Werk Rüsselsheim
Chassis . . . .   13 500 „ ⎭

Der 30/80 PS Sechszylinder Opel-Personen-Kraftwagen

wird geliefert mit:

Bosch-Anlasser - Bosch-Lichtanlage - Ia Rindleder- oder Cord-Polsterung - Spitzkühler - Fußdrosselung - 1 Reserverad ohne Gummi

sowie folgender Ausstattung:

Das **Fahrgestell** mit: Vorderen Schmutzfängern - 4 abnehmbaren Opelstahlrädern - Werkzeugen und Ersatzteilen

Der **offene Wagen** mit: Karosserie modernster Form - 2 versenkbaren Notsitzen in der Fahrtrichtung - Gerader Schutzscheibe vor dem Führersitz - 2 Nummernschilder - Gepäckreff - Reifenhalter mit Doppelmulde - Huppe mit Schlauch - Werkzeugkasten auf dem Trittbrett - Wagenheber - Fußbodenbelag - Türentaschen

Der **geschlossene Wagen** mit: Karosserie modernster Form - Verstellbarer, vorderer Schutzscheibe - 2 Nummernschildern - Gepäckreff - Reifenhalter mit Doppelmulde - Werkzeugkasten - Wagenheber

Im Innern mit: 2 versenkbaren Notsitzen in der Fahrtrichtung - 1 Elektr. Deckenlampe - Vorhängen an allen Fenstern - Spiegel mit Behälter - Aschenkästchen - Besuchskarten-Behälter - Hutnetz - Fußbodenbelag - Türentaschen - Sprachrohr - Huppe mit Schlauch

---

Hauptabmessungen und ziffernmäßige Angaben:

Bohrung	105 mm
Hub	150 mm
Tourenzahl	1600
Zylinderzahl	6
Zylinderinhalt	7,8 l
Bremsleistung	80 PS
Anzahl der Geschwindigkeiten	4
Art der Zündung	Bosch
Radstand	3750 mm
Spurweite	1400 mm
Aufbaulänge	2800 mm
Entfernung Stirnbrett-Hinterachse	2437 mm
Aufbaubreite	850 mm
Größte Länge des Wagens	5080 mm
Größte Breite des Wagens	1750 mm
Größte Höhe mit Verdeck	2250 mm
Reifengröße V. & H.	935 × 135 mm
Sitzplätze	6
Benzinverbrauch für 100 km	ca. 21 l
Oelverbrauch für 100 km	ca. ³/₄ kg
Höchstgeschwindigkeit	110 km

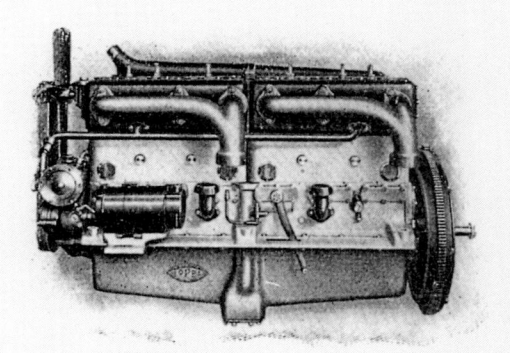

Motor 30/80 PS
Auspuffseite

Motor 30/80 PS
Vergaserseite

Fritz (von) Opel am Steuer des Hatry-Flugzeuges RAK I, mit dem er am 30. September 1929 bei Frankfurt den ersten reinen Raketenflug unternahm - und eine Bruchlandung machte

wöchiger Nacht- und Handarbeit in der elterlichen Schlosserwerkstatt fertiggestellte Näh-Hilfe auf der anderen Mainseite in Flörsheim verkaufen wollte. Aufgebrachte Schneidergesellen fürchteten um Lohn und Brot, empfingen die Fähre des agilen Jung-Unternehmers mit einem Steinhagel und zwangen ihn zur Umkehr.

Entmutigen konnten sie ihn damit nicht. Im Gegenteil. Wenn seine Maschine mit dem von seinem Bruder Georg und ihm entwickelten Schiffchen die Branche derart in Aufregung versetzte, daß der Landfrieden ernsthaft bedroht war, bewies das nur, daß er den richtigen Kurs eingeschlagen hatte. Und von dem ließen sich Adam, Georg und ihr erster Mitarbeiter Peter Schäfer nun nicht mehr abbringen. Fünfzehn, sechzehn Stunden plagen sie sich täglich, verlegen die Werkstatt in den ausgedienten Stall des Onkels und annoncieren im Groß-Gerauer Kreisblatt: "Adam Opel, Mechaniker in Rüsselsheim, empfiehlt selbstgefertigte Nähmaschinen aller Art, nach der neuesten Konstruktion, zu festen und billigen Preisen."

Drei Jahre später. Der Krieg Preußen/Österreich bringt den erhofften

Rekordsüchtig: Am 23. Mai 1928 wird die RAK II auf der Berliner Avus an den Startplatz gerollt. 24 Pulverraketen beschleunigen das Feuermonster auf etwa 230 Kilometer pro Stunde

Der erste Versuch war erfolgreich: RAK III stellte am 23. Juni 1928 mit 254 Kilometern pro Stunde einen neuen Schienen-Weltrekord; nach dem zweiten Start explodierte das Geschoß mit 375 kg Dynamit

214 Adam Opel

Am 3. Dezember 1928 wird Opel zur Aktiengesellschaft, im März 1929 kauft General Motors 80 Prozent der Aktien für knapp 26 Millionen Dollar (GM-Chef Sloan sechster, W.v. Opel fünfter von links)

Der Opel Olympia von 1935 - die erste selbsttragende Ganzstahl-Karosserie aus Rüsselsheim. Der "gläserne Olympia" wurde als Beispiel für fortschrittliche Automobile zum Ausstellungs-Star

Aufschwung. Opels Kuhstall platzt aus den Nähten, die Uniform-Schneider haben Hochkonjunktur, kaufen alles, was er liefern kann. Leider zu wenig. Adam importiert riesige Nähmaschinen-Kontingente aus Frankreich, steckt den Gewinn ins Unternehmen, baut eine Fabrik und legt damit den Grundstein für ein weltweit verzweigtes Imperium. Er stirbt am 8. September 1895 an den Folgen einer Typhus-Infektion. Witwe Sophie, Carl und Wilhelm Opel übernehmen die Geschäftsleitung. Die Fahrrad-Industrie gerät in eine schwere Krise. Massen-Entlassungen stehen bevor. Die Erben sind zunächst ratlos, steigen dann jedoch kurzentschlossen ins Automobil-Geschäft ein und kaufen die Wagenbau-Fabrik des Kunst- und Hofschlossermeisters Friedrich Lutzmann.

Adam Opel 215

Luftschiff-Export (links): Brasilien im Olympia-Fieber. Mit begeisterten "Eviva"-Rufen wurde die ungewöhnliche Fracht in Rio de Janeiro empfangen und durch die Stadt eskortiert (unten)

Internationale Automobil Ausstellung 1937 in Berlin. Adolf Hitler und seine Vertrauten lassen sich am Opel-Stand Sicherheitsfahrwerk und Funktion des Olympia erläutern

Der Wahnsinn hat ein Ende, die Welt liegt in Trümmern. Amerikanische Zeitungen veröffentlichen Luftbildaufnahmen des Rüsselsheimer Werks. Sie meinen: "Hier wird niemand mehr Autos bauen..."

Adam Opel 217

1898 rollt der erste Opel (System Lutzmann) aus der Fabrik.
Eine Fehlinvestition. Zur Jahrhundertwende legt Mudder ihren Jungs schweigend die Bilanz der Abteilung "Motorenwagenbau" vor. Das Ergebnis ist niederschmetternd. Das Plus der Nähmaschinen- und Fahrradproduktion reicht nicht aus, den Auto-Bau zu finanzieren: Lutzmann muß gehen, Renault soll kommen. Der Lizenzvertrag wird unterzeichnet, Opel übernimmt die Generalvertretung, doch der eigensinnige Franzose liefert nur schleppend.

Der Clan bindet sich an einen anderen klangvollen Namen: Alexandre Darracq. Der sichert ihm die Alleinvertretung nicht nur für Deutschland, sondern auch für Österreich/Ungarn zu. Ein anderer Aspekt ist den Brüdern weit wichtiger. Darracq gestattet ihnen, seine Fahrgestelle mit Aufbauten aus Rüsselsheimer Produktion zu versehen.

Den Technikern Fritz und Wilhelm ist das jedoch zu wenig. Sie wollen selbst Autos bauen. Ein Opel-Produkt. Von der ersten bis zur letzten Schraube. Anschauungsmaterial haben sie genug, zerlegen einen 9-PS-Darracq-Motor, modifizieren Details und setzen ihn wieder zusammen. Er läuft. Runder und sauberer als das Original. Im Herbst 1902 haben sie es geschafft und präsentieren auf der Hamburger Automobilausstellung den 10/12 PS. Eine Eigenkonstruktion mit stehenden Ventilen und 12 PS Leistung (1200 U/min). Preisstabil bis 1905 zu haben. Für 6.000 Mark.

Und so begann es wieder: als schlichte Reparatur-Werkstatt (links) für amerikanische Militärfahrzeuge ("army repair"). Doch schon 1947 folgte der erste Nachkriegs-Opel: ein modifizierter Olympia (oben)

218 Adam Opel

Louis Renault

KRIEG
IM FRIEDEN

Zähne fürs Getriebe

Um Renaults "Schaltgetriebe mit Direktantrieb" wurden zahllose Prozesse geführt - alle bestätigten ihn als Urheber. Er selbst beschreibt seine Idee so: "Meine Erfindung betrifft ein Schaltgetriebe..., das die Bewegung vom Motor direkt durch Zahnradgetriebe auf die Räder überträgt und dies ohne Verwendung von Ketten oder Riemen..., obwohl Motor und Getriebe federnd gelagert sind und sich unabhängig von den Rädern bewegen können."

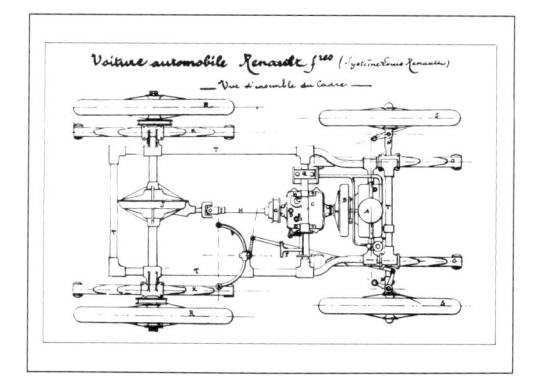

Schematische Zeichnung des Typ A: Gangschaltung mit Schalthebel neben der Lenksäule. Das mit dem Kupplungspedal zusammen wirkende Bremspedal reagierte nur, wenn der Motor ausgekuppelt war

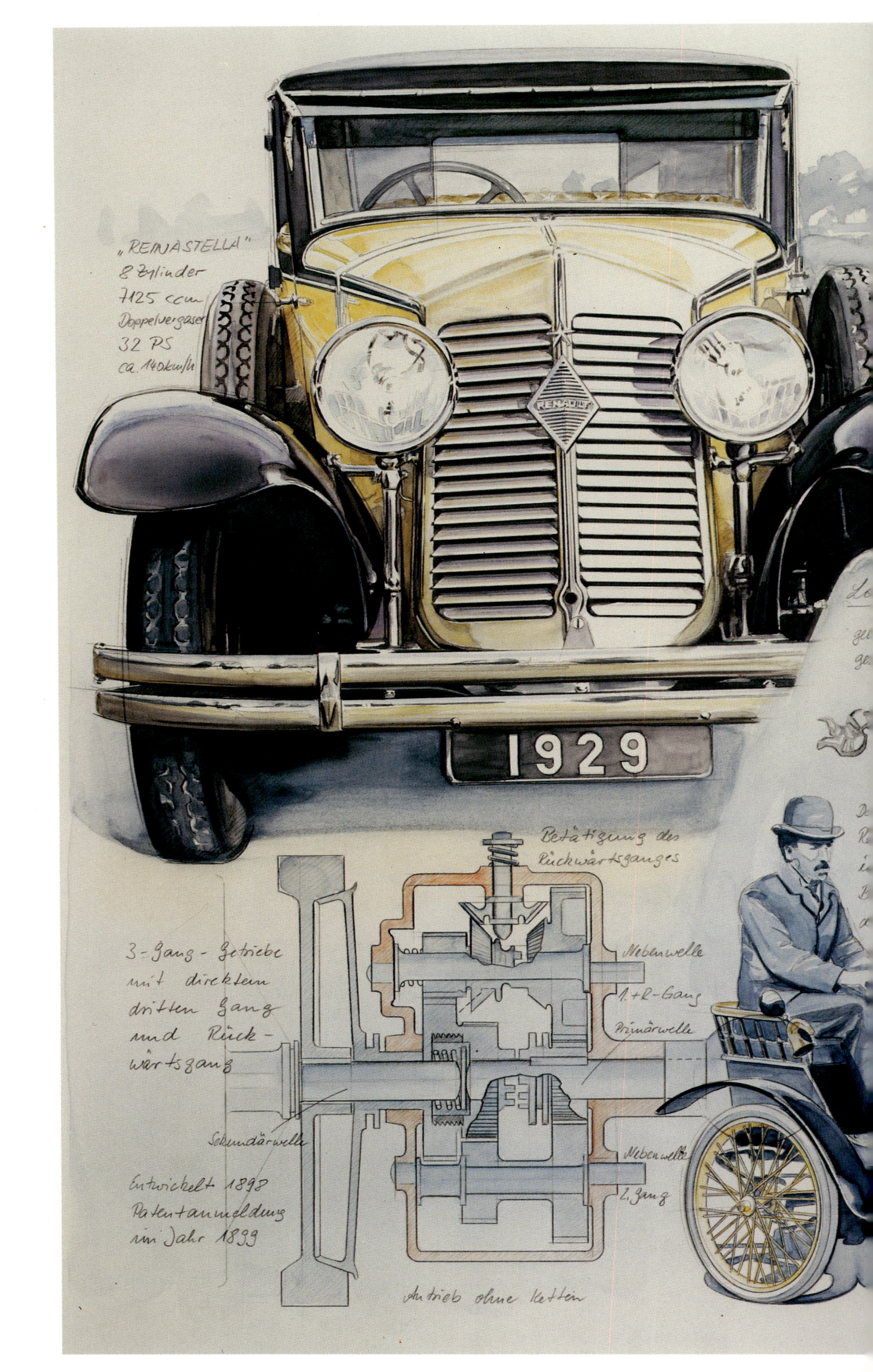

"REINASTELLA"
8 Zylinder
7125 ccm
Doppelvergaser
32 PS
ca. 140 km/h

1929

Betätigung des Rückwärtsganges

3-Gang-Getriebe mit direktem dritten Gang und Rückwärtsgang

Nebenwelle
1.+R-Gang
Primärwelle
Sekundärwelle
Nebenwelle
2. Gang

Entwickelt 1898
Patentanmeldung im Jahr 1899

Antrieb ohne Ketten

Renault
am 12. Februar 1877
am 24. Oktober 1944

Fahrzeug von Louis
war 1898 ein um-
gebauter De Dion.
Im Jahr 1899 grün-
*mit seinen Brüdern
*été Renault Frères".
Ab 1909 war die
Firma sein per-
sönlicher Besitz.

Marken-
Zeichen
von 1906
bis 1919

"Marne-Taxi"
Typ AG 8/9 PS, 1909

Mit 1200 solcher Taxi's
wurden am 6.9.1914
Soldaten an die
Front gebracht,
um Paris vor
der Einnahme
durch die
deutschen
Armeen zu
retten.

HUCKFELDT

RENAULT REGIE NATIONALE
1945

Sie haben ihn gejagt, geschunden, gequält. Zum Ruhme Frankreichs. Für die gerechte Sache. Klammheimliche Freude im ganzen Land. Folterknechte scharen sich um ihn, freiwillig, wollen endlich Rache nehmen, sich an Grauen, Schmerz, der Verzweiflung dessen laben, der ihnen - jedweder Rechte beraubt - ausgeliefert ist.

Die Anschuldigungen gegen Louis Renault, den unumschränkten 'Patron' eines gigantischen, auf 2,5 Milliarden Mark geschätzten, Wirtschaftsimperiums wiegen schwer: Kollaboration mit den deutschen Besatzern und Kriegstreibern. Die haben, glauben sie, die Welt, vor allem aber das geliebte Vaterland nur mit seiner Unterstützung verwüsten können.

Für die kommunistische "L'Humanité" (Menschlichkeit) gibt es keine Entschuldigung. Noch bevor überhaupt über eine Anklageschrift gegen den "Sklavenhalter" befunden wird, ruft sie zur Menschenjagd und Ermordung des Industriellen auf: "Wir fordern Gerechtigkeit gegen die Verräter und diejenigen, die von diesem Verrat profitiert haben." Er soll, verlangt "Volkes Stimme", "für all' die unschuldigen Opfer der Luftangriffe, die

Despot: Louis Renault. Herrschsüchtig und intolerant kämpfte er um den Erhalt seines Wirtschaftsimperiums. Ohne Erfolg. Seine Fabriken wurden zum Ende des Zweiten Weltkriegs verstaatlicht

Über 4.000 Maschinen zerstört, zwei Milliarden Schaden. Trotz der verheerenden Bombenangriffe der Kriegsjahre 1942 und 1943 konnten die Renault-Werke ein Drittel ihrer Kapazität halten

Louis Renault 223

durch seinen Verrat stattfinden konnten, jetzt büßen..."

Der "Empereur" (Kaiser) kann es nicht fassen. Krieg im Frieden? Undenkbar im deutschenfreien Paris. Glaubt er. Schwingt sich am 23. August 1944 (dem Tag der Vertreibung der Nationalsozialisten) wie gewohnt auf sein Fahrrad, radelt durch das Haupttor seiner Fabrik in Billancourt. Seine, trotz des Blutrausches der französischen Revolution 1789 traditionell eher opportunistischen Mitarbeiter wollen es zunächst nicht wahrhaben: der Chef ist gekommen. Dummheit oder Ignoranz, Starrsinn oder Selbstgefälligkeit? Längst wähnten sie ihn auf der Flucht ins Ausland.

Louis hatte den Rat der Freunde brüsk zurückgewiesen. Sich nicht in die Schweiz abgesetzt. "Ich bin doch auch nicht geflohen und nicht davon-

Erbitterter Kampf um die Rehabilitierung ihres der Kollaboration verdächtigten Mannes: Renault-Witwe Christine erwirkte mit Rechtsanwalt Jacques Isorni die Exhumierung des Toten

224 Louis Renault

"Wenn Renault hustet, erkältet sich Frankreich". Waren die Renault-Werke während des Ersten Weltkriegs wichtigster Waffenproduzent, rüstete Louis die Nation 1919 bereits wieder mit Autos auf

Triumph-Bogen: Der Erste Weltkrieg (unten Sieges-Parade auf der Champs Elyseé) schien vergessen, die ehemalige Panzer-Schmiede entwickelte sich zum Inbegriff für automobile Lebensfreude

226 Louis Renault

Die erste Werkstatt. In diesem kleinen, unscheinbaren Schuppen in unmittelbarer Seine-Nähe (Billancourt) hat Louis Renault seine ersten Versuche mit De Dion Motoren gemacht

gelaufen, als die Deutschen einrückten. Warum sollte ich es ausgerechnet jetzt tun, wo sie fortgehen?", tritt er den Gerüchten entgegen, diktiert Briefe, überwacht die Produktion, als wären die Okkupanten nie dagewesen, seine Beziehungen zu Ferdinand Porsche eine Erfindung der im Siegestaumel schwelgenden, schulterklopfend in Ehrfurcht vor der eigenen Schlag-Kraft erstarrenden Résistance.

Er hatte an diesem Tag weder die "L'Humanité" noch irgend eine andere Zeitung gelesen, als er in seinem Büro eintraf. Zwar versuchte sein Sekretär, ihn über die Stimmung im Lande aufzuklären. Der Patron aber schlägt alle Warnungen in den Wind: "Kümmern wir uns doch um etwas Vernünftigeres."

1898. Fleiß, Zielstrebigkeit und der unbändige Wille, Erfolg zu haben, ließen ihn über sich hinauswachsen. Der junge Louis (hier mit 21) vertraute nur einem wirklich: sich selbst

Louis Renault 227

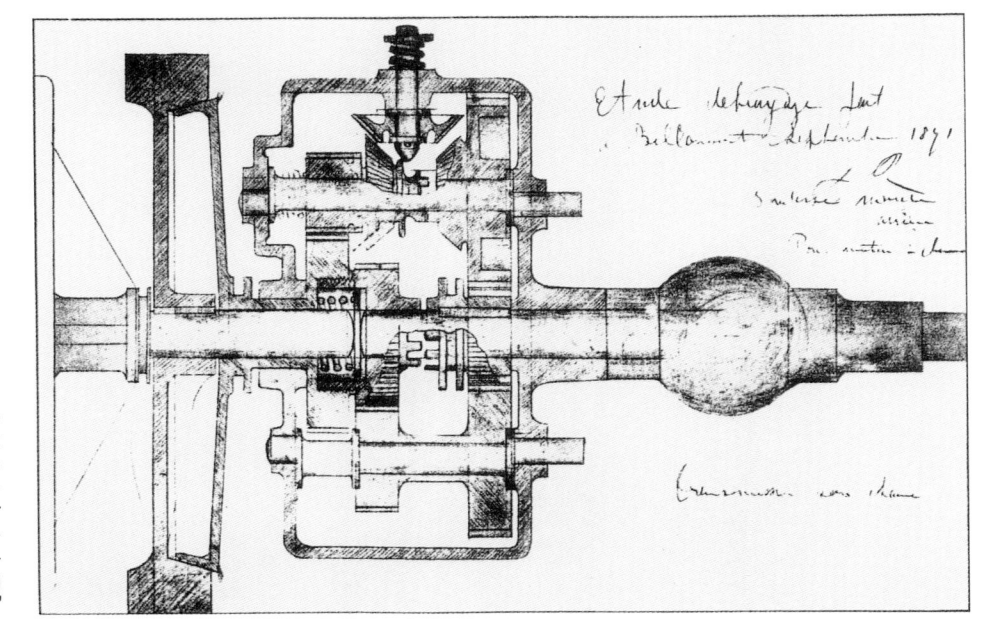

Tüftler-Seele. Handschriftlich vermerkt sind: "Entwicklung einer Kupplung, Billancourt September 1898: 3 Gänge, Rückwärtsgang, für 2-PS-Motor" sowie unten "Antrieb ohne Ketten"

"Kleinwagen"-Fahrgestell mit De-Dion-Bouton-Motor und 1 3/4 PS von 1899. Der Prototyp, der bereits ein Jahr vorher entstanden war, hatte noch keine Motorhaube und leistete 3/4 PS

198 ccm Hubraum. Leistung 3/4 PS. Das erste, von Louis Renault konstruierte Auto. Es war wiederum mit einem De Dion-Bouton-Motor ausgestattet (Typ A hier als Tilbury karossiert)

228 Louis Renault

Anfänge. Bruder Marcel auf dem vorderen Sitz eines De Dion, Louis am Lenkrad des Prototyps seines 3/4-PS-Kleinwagens, rechts das erste kommerzielle Modell, der 1 3/4 PS mit 273 ccm Einzylinder

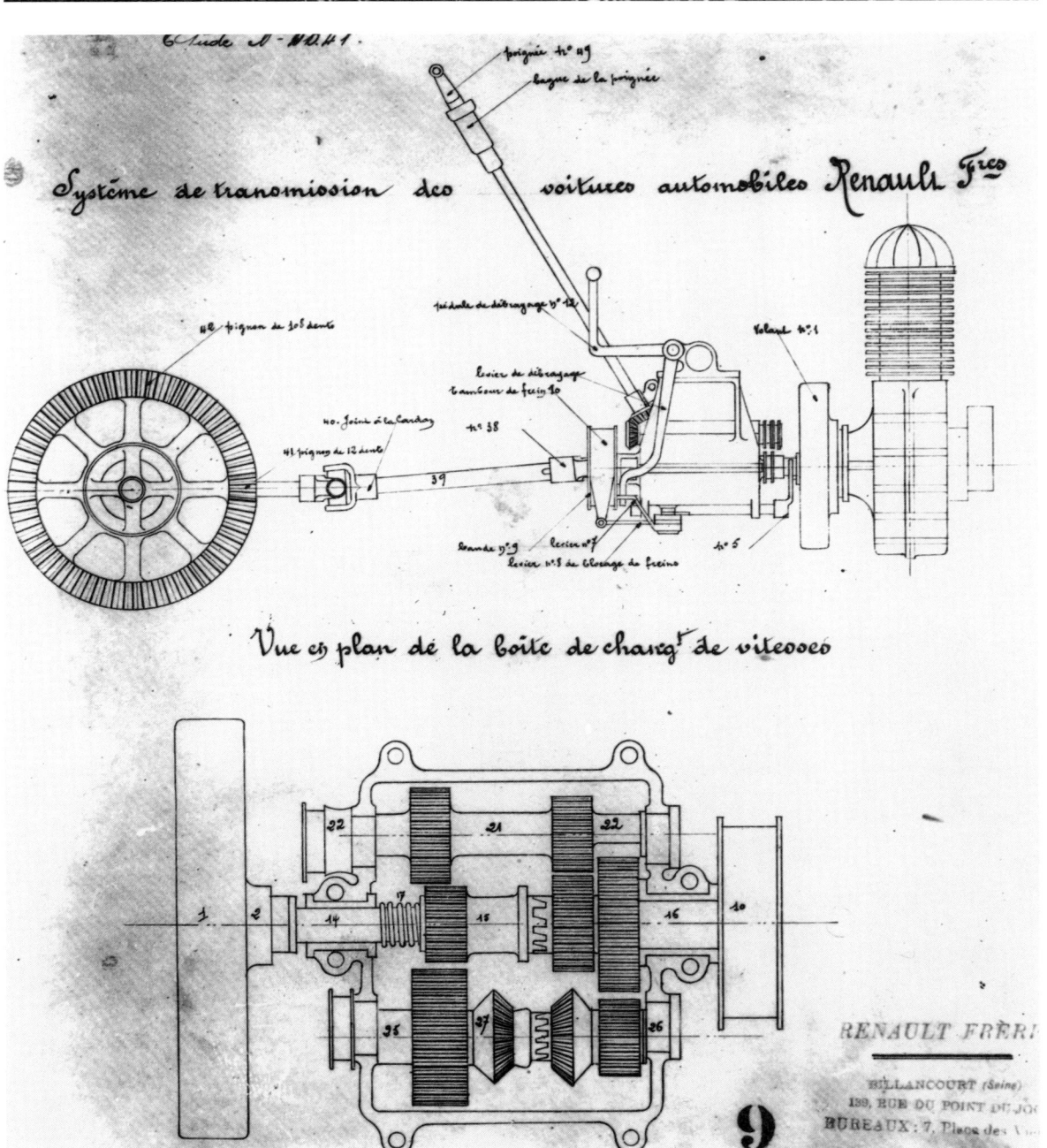

Der direkte Antrieb - Etude Nr. 0041. So stellte sich Louis Renault im Jahre 1899 ein modernes Getriebe mit Gangschaltung vor, "das für alle Arten von Kraftfahrzeugen verwendet werden kann"

Louis Renault 229

Louis Renault, resérviste de 2ème classe, im September 1900 am Steuer eines Typ C-Modells im Manöver in Beauce. Major Berthelot (oben) testet den ersten Renault Scheinwerfer

Bruder Marcel Renault am Steuer eines Typ E (das Foto entstand im Jahre 1901 auf dem Fabrikgelände in Billancourt), der sich äußerlich kaum vom Typ D unterschied (Kühlwasserbehälter oben)

Genau das taten Funk und Presse. Wenn auch mit umgekehrten Vorzeichen. Die Zeiten waren hart für Meinungsmacher: das Volk war müde, wollte vom Krieg nichts wissen. Wohl aber von denen, die ihn verloren. Einen - und daran zweifeln die wenigsten - wie ihn: Louis Renault, den Feindes-Freund. Der sich an ihrem Leid bereichert, sie, der Wehrmacht ergeben, heimtückisch hintergangen hatte.

Vier Jahre lang hatte er mit den Deutschen zusammengearbeitet, Panzer repariert, Autos, vor allem Lastwagen, für die Ostfront gebaut. 32.000 Stück. Statt der geforderten 42.000 - ein Rest von Anstand für die Seele. "Jetzt ist alles zu Ende, ich habe umsonst gelebt," hatte er zwar noch beim Einmarsch der Übermacht gestöhnt.

Start-Nummer: Louis Renault vor der Wettfahrt Paris-Bordeaux (1901). Das Foto wurde später (retuschiert) der Fernfahrt Paris-Berlin (rechts) zugeschrieben, doch dort hatte Louis die Nummer 104

230 Louis Renault

Marcel Renault im Juni 1902 während der Ehrenrunde im Wiener Prater (unten) nach dem Rennen Paris-Wien (links). Der Motor des Typ K war erstmals ein reines Renault-Produkt mit 20 (-30) PS

Hatte trotzdem mit ihnen paktiert, fraternisiert, sich der Heerschar derer angeschlossen, denen Macht und Einfluß wichtiger waren als die Solidarität der Unterjochten. Ganz im Sinne Pétains und seiner Vichy-Vasallen, denen nun kurzer Prozeß drohte.

Und daß der Mann, der als 21jähriger mit seinen selbstgebastelten Voiturettes und Getriebeschaltungen die Konkurrenz binnen eines Dezenniums überflügelt, der Sonntage haßt, weil er nichts mit seiner Zeit anzufangen weiß und - wie er behauptet - bar jeder politischer Leidenschaft ist, glaubt man ihm längst nicht mehr. Am allerwenigsten das Befreier-Konglomerat verschiedenster politischer Richtungen, das sich um Charles de Gaulle sammelt, um in der Stunde Null dabei zu sein.

Louis Renault

Konstruktionszeichnung des Typ G aus dem Jahre 1902. Das Auto, mit 4,30 Metern extrem lang, bot neben dem Fahrer drei Passagieren ungewöhnlich komfortable Sitzplätze

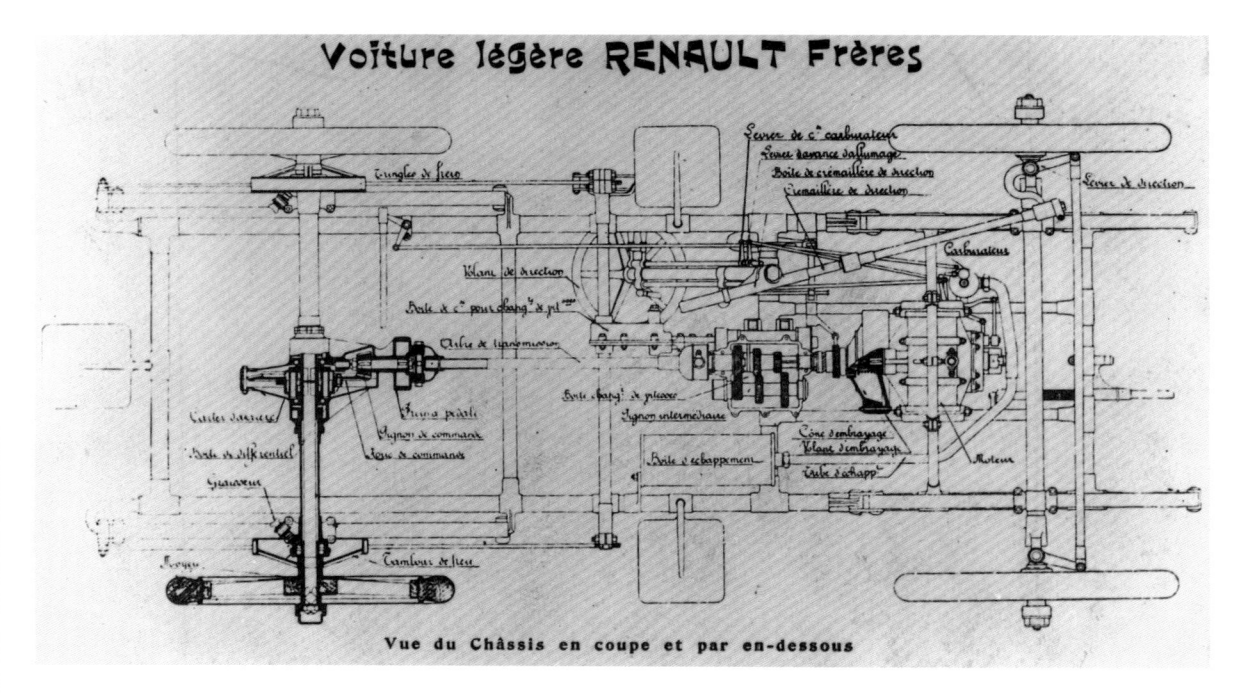

Marcel Renault stirbt am 26. Mai 1903 um 23.45 Uhr auf einem Bauernhof in der Nähe von Bourg-de-Vay an den Folgen seines schweren Unfalls, den er auf der Wettfahrt Paris-Madrid erlitten hatte

Ein in der Literatur lange als "Jemand" bezeichneter Denunziant mußte her, um ihm, dem inzwischen nicht nur Automobil-, sondern auch Flugzeugfabriken, Gummiwerke, Gießereien, Stahlwerke und Ölfirmen gehören, die Rechnung aufzumachen.

Der war schnell gefunden. Kein Kommunist, keiner seiner 45.000 Mitarbeiter. Einer mit dem wohlklingenden und doch bezeichnenden Namen Renault de la Templerie (Tempel-Ritter). Hatte die de Gaullsche Übergangsregierung zunächst gezögert, den "Empereur", dem der Staat insbesondere im Ersten Weltkrieg so viel verdankte, der die Rüstungsindustrie aus dem Boden stampfte, zu verhaften, wollte (oder konnte?) das Justizministerium (unter de Menthon) nach dieser tumben Tirade nicht mehr zurück: "Herr Minister, ich weiß, daß Sie be-

Von 1906 bis 1910 entwickelte sich Renault mit über 3.200 Beschäftigten zu einem der größten Arbeitgeber Frankreichs. Die Produktion stieg von 2.200 auf 6.800 Autos (50 Millionen Umsatz)

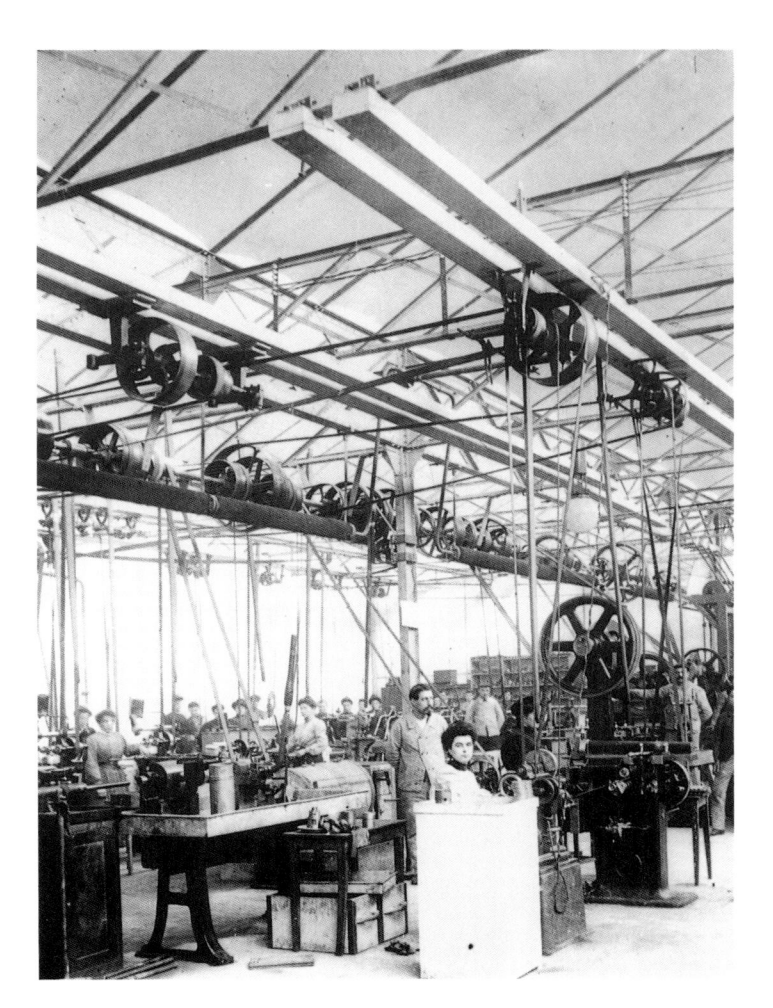

reit sind, all die schlechten Franzosen zu bestrafen, die sich den Deutschen zur Verfügung gestellt und damit gegen die Interessen unseres armen Vaterlandes gehandelt haben. Unter diesen ist Louis Renault einer der schuldigsten. Dieser unwürdige Franzose hat seine Fabrik der Besatzungsmacht zur Verfügung gestellt und Flugzeuge für sie hergestellt. Wir fordern seine Festnahme, die Entziehung der französischen Staatsbürgerschaft und aller Orden und Ehrenzeichen; Renault besitzt das Großkreuz der Ehrenlegion. Er hat die Lage ausgenutzt, um sich die Taschen zu füllen. Beschlagnahmen Sie sein Besitztum, damit ein Exempel statuiert wird für alle jene, die den Deutschen gegen Frankreich geholfen haben."

Der bucklige Richter Martin nimmt sich des Falles an. Hass bestimmt den Alltag, täglich treffen im Justizpalast hunderte von Petitionen ein. Jeder verdächtigt jeden. Ein Wort verbreitet Angst und Schrecken: "Collaborateur". Renault will sich stellen, taucht jedoch auf Anraten seines Anwalts Maître Ribet unter, wechselt mehrmals täglich mit seinem Fahrrad den Unterschlupf. Ribet ist klar, daß es ihm nicht gelingen würde, den Magnaten dazu zu bewegen, das Land zu verlassen, erwirkt statt dessen die höchstrichterliche Zusage, sein Mandant erhalte freies Geleit, wenn er sich stelle.

Eine anwaltliche, juristische Finte - eine grobe Fehleinschätzung. Renault, inzwischen 67 Jahre alt und an einer

Rechtslenker mit vorne eingebautem Motor, selbsttragender Stahlkarosserie und außenliegenden Bedienungselementen: der Renault Typ AM (links das Chassis von oben, rechts von unten)

234 Louis Renault

Der 22. Januar 1910. Ein schwarzer Tag für Renault. Der Wasserstand der Seine steigt um über 2,20 Meter, der Schaden ist kaum absehbar, mindestens 600 Chassis werden zerstört (unten der Haupteingang, rechts die Reparaturwerkstatt)

Louis Renault

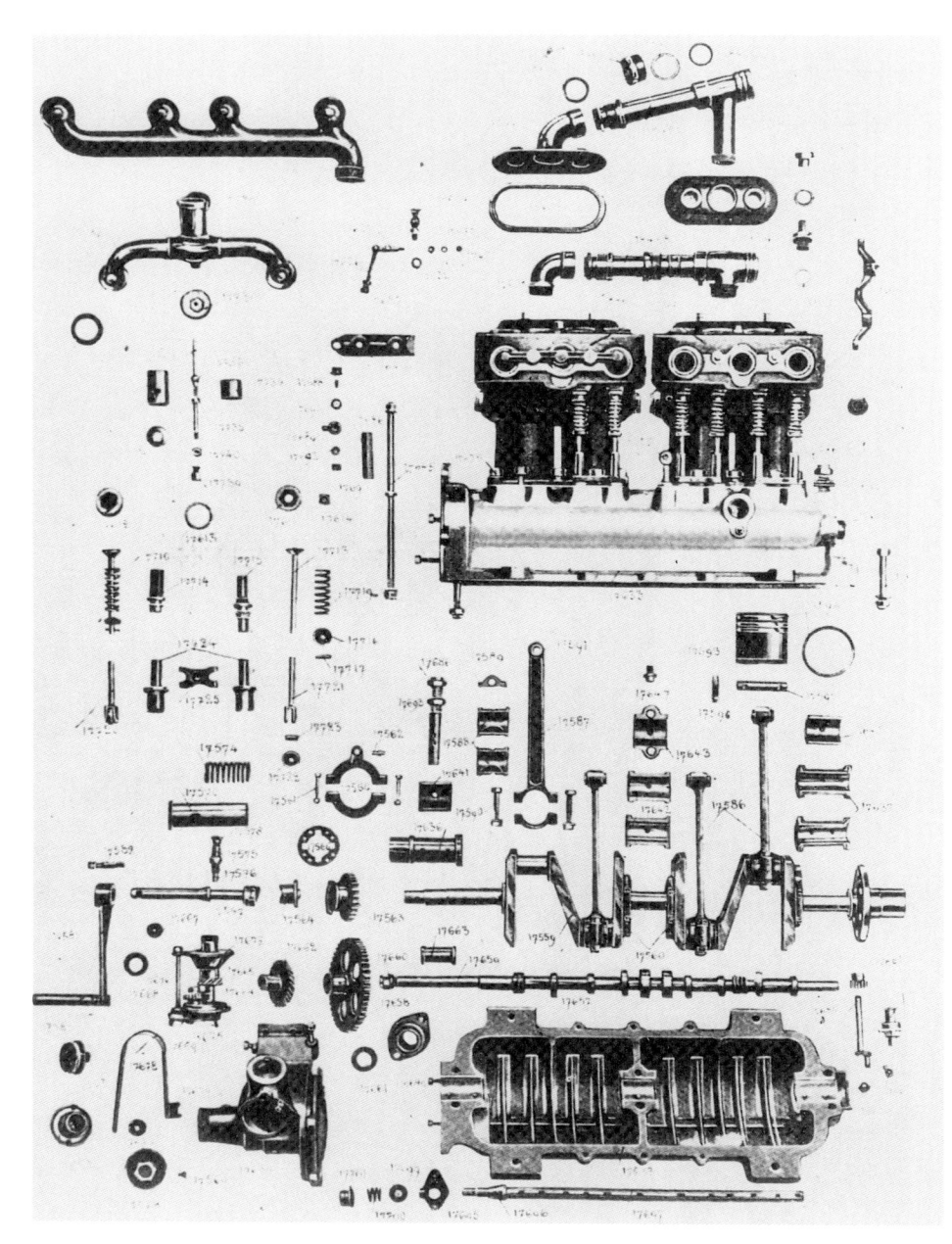

Sprachlähmung leidend, vertraut dem Handel. Und wird nach seiner ersten Kontaktaufnahme zu den Behörden am 23. September 1944 festgenommen. Man verschleppt ihn in das finsterste Verlies Frankreichs. Nach Fresnes.

Besuchsverbot, Einzelzelle, Folter - Martyrium. Renault lebt nocht einen Monat. Er stirbt am 24. Oktober 1944. Unter dem Banner Freiheit, Gleichheit, Brüderlichkeit wird der Fall zur Affäre. Die fünf, von ehemaligen Résistance-Kämpfern zu seiner Bewachtung abgestellten Wärter, große, breitschultrige, im Kampf Mann gegen Mann wohl ausgebildete Männer, haben ihn, mutmaßt Renault-Witwe Christine, zu Tode gequält. Mit Schlägen, Tritten, Gewehrkolben-Hieben.

Ihr war es nach zahllosen vergeblichen Versuchen schließlich doch gelungen, eine Besuchserlaubnis zu erwirken. Für den 3. Oktober. In Gegenwart zweier, mit Maschinenpistolen bewaffneter Wärter habe sie ihrem Mann im Kerker-Keller aufmunternd und unter Tränen zugeflüstert: "Nur Mut, Louis, die Anwälte hoffen, dich in sieben bis acht Tagen freizuhaben." Ihr Gatte, in der Haft zum gebrochenen Greis mit erloschenen Augen de-

Zerlegt: Der Vierzylinder-Motor (links) des Typs CH von 1911. Er leistete knapp 22 PS bei 1200 U/min (oben und unten: die etwa 1.800 kg schweren CH-Versuchskarosse auf dem Fabrikhof)

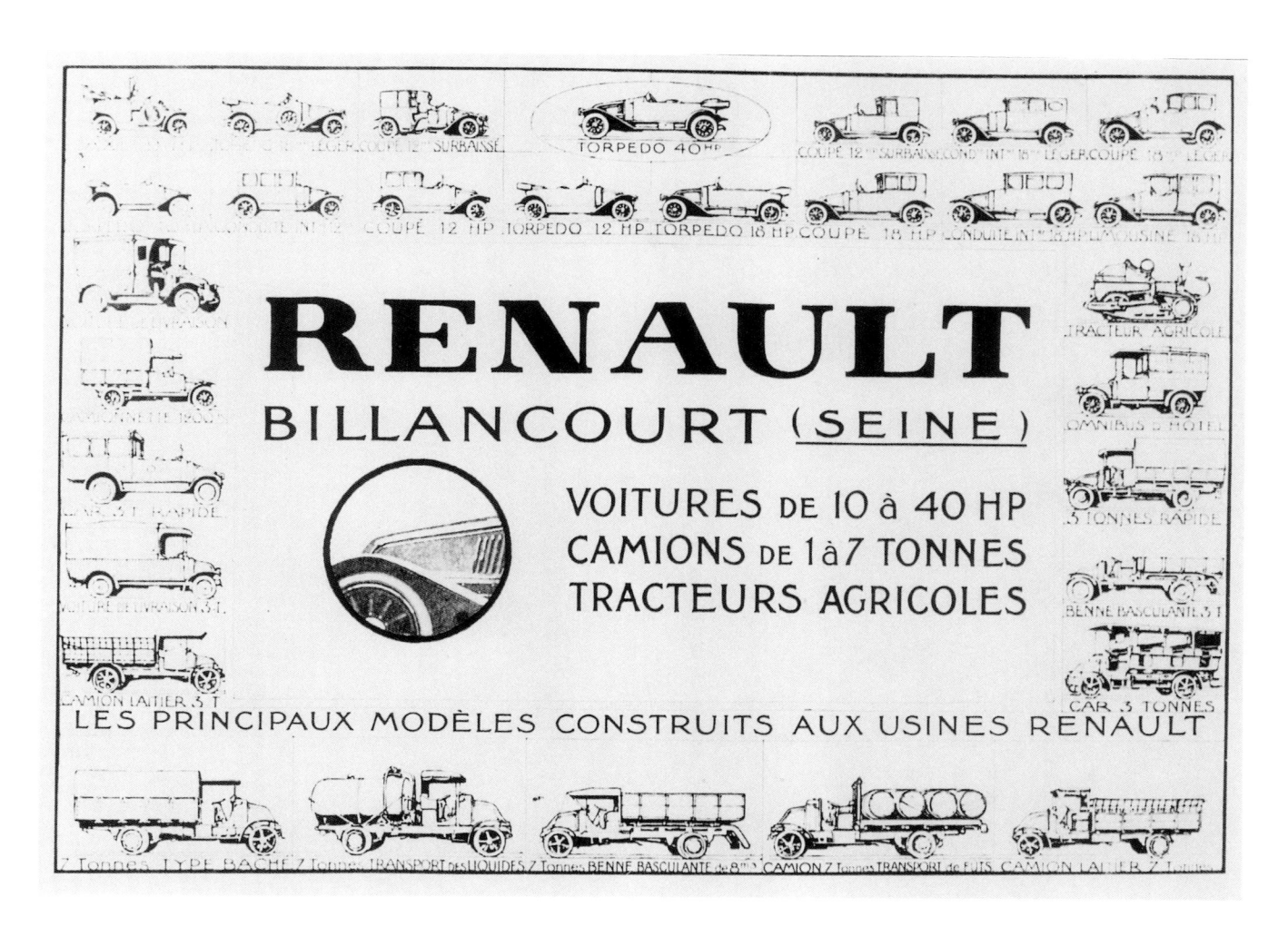

Besuch in USA, Gegenbesuch in Frankreich: Henry Ford und Louis Renault achteten sich - und ihre Methoden. Die in den Vereinigten Staaten von Amerika wie in Frankreich immer stärker werdende Gewerkschaftsbewegung bekämpften sie mit allen Mitteln

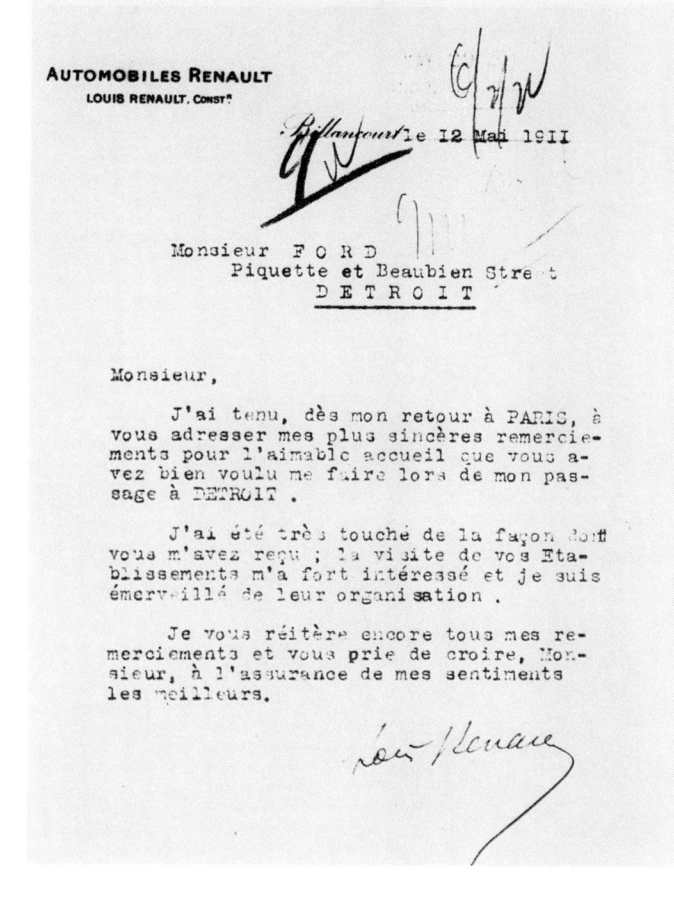

generiert, habe, apathisch zusammengekauert geantwortet: "Das wird zu spät sein, sie werden mich vorher getötet haben. Sie kommen immer nachts...". Louis habe noch um ein wenig Reis gebeten bevor die Wachen sie mit den Worten "halten Sie den Mund, sonst wird man auch ihren Sohn hochnehmen..." hinausgeworfen hätten. Dabei habe man ihr unmißverständlich klar gemacht, daß Gefangenen-Visiten zwei Minuten nicht überschreiten dürften.

Die offizielle Version ist einfacher: "Natürlicher Tod durch Urämie" (Harnvergiftung). Zwei Tage nach dem Kontakt zu seiner Frau sei Monsieur Renault in ein Hospital eingeliefert worden, "weil er den Verstand verloren" habe.

Sie darf ihn kurz vor seinem qualvollen Ende noch einmal sehen, er erkennt sie kaum, lallt immer wieder wimmernd: "Nachts kommen sie, sie kommen jede Nacht".

Grund genug, die Darstellung des Gefängnisarztes zu bezweifeln. Das von Christine hinzugezogene Ärzte-Team glaubt, Hinweise auf innere Blutungen zu haben.

Louis Renault 237

Geheim-Projekt. Der 4 CV, Renaults Antwort auf den deutschen KdF-Volkswagen. Die ersten Probefahrten mit dem kleinen Vierzylinder (760 ccm) sollen bereits 1942 stattgefunden haben

Einer von ihnen läßt - trotz höchster Gefahr für Leib und Leben - auf Wunsch der Witwe heimlich eine Röntgenaufnahme durch den geschlossenen Sarg machen, anhand derer Dr. Truchot eine Fraktur im Bereich der Halswirbelsäule diagnostiziert.

Fast zwölf Jahre später. Am 20. Januar 1956 reicht Christine Renault "Mordanklage gegen Unbekannt" ein. Auf Drängen ihres Anwalts, des Pétain-Verteidigers Isorni, wird die Leiche exhumiert und erneut untersucht. Das Ergebnis ist eindeutig: Kein Halswirbelbruch, keine Verletzung der Gehirnschale, keine Anzeichen von Mißhandlungen. Zeugen? Konnten sich nicht erinnern. Dabeigewesen waren sie ohnehin nicht. Oder doch? "Zu lange her. Wer will heute sagen, was richtig, was falsch war...".

Der neben der Dreyfuß-Affäre mysteriöseste Fall in der französischen Geschichte wurde nie ganz aufgeklärt. Vermutlich aus Gründen der Staatsraison. Weil de Gaulles Übergangsregierung ins Zwielicht hätte geraten können - und mit ihm die Grande Nation, in deren Namen er persönlich die Renault-Werke am 16. Januar 1945 entschädigungslos - und damit auch nach französischem Recht illegal - enteignet hatte...

Felix Wankel

QUADRATUR DES KREISES

Der richtige Dreh

Ungewöhnlich die Form, lösbar die technischen Probleme. Wankel erkannte, daß (bei richtiger Anordnung von Dichtelementen) in seiner Maschine drei Kammern entstehen, die ihr Volumen bei der Bewegung wechselnd vergrößern und wieder verringern würden. Einem Zweitakter ähnlich, kommt sein viertaktender Motor ohne aufwendige Ventil-Mechanismen aus und wird über Steueröffnungen betrieben.

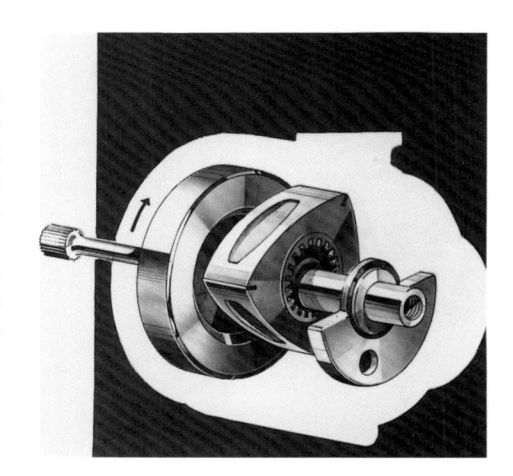

Ein Drittel leichter - der Wankel Kreiskolbenmotor. Die arbeitsabgebende Welle führt unter Zwischenschaltung einer Exzenterscheibe direkt durch den Kolben - ein Pleuel ist nicht erforderlich

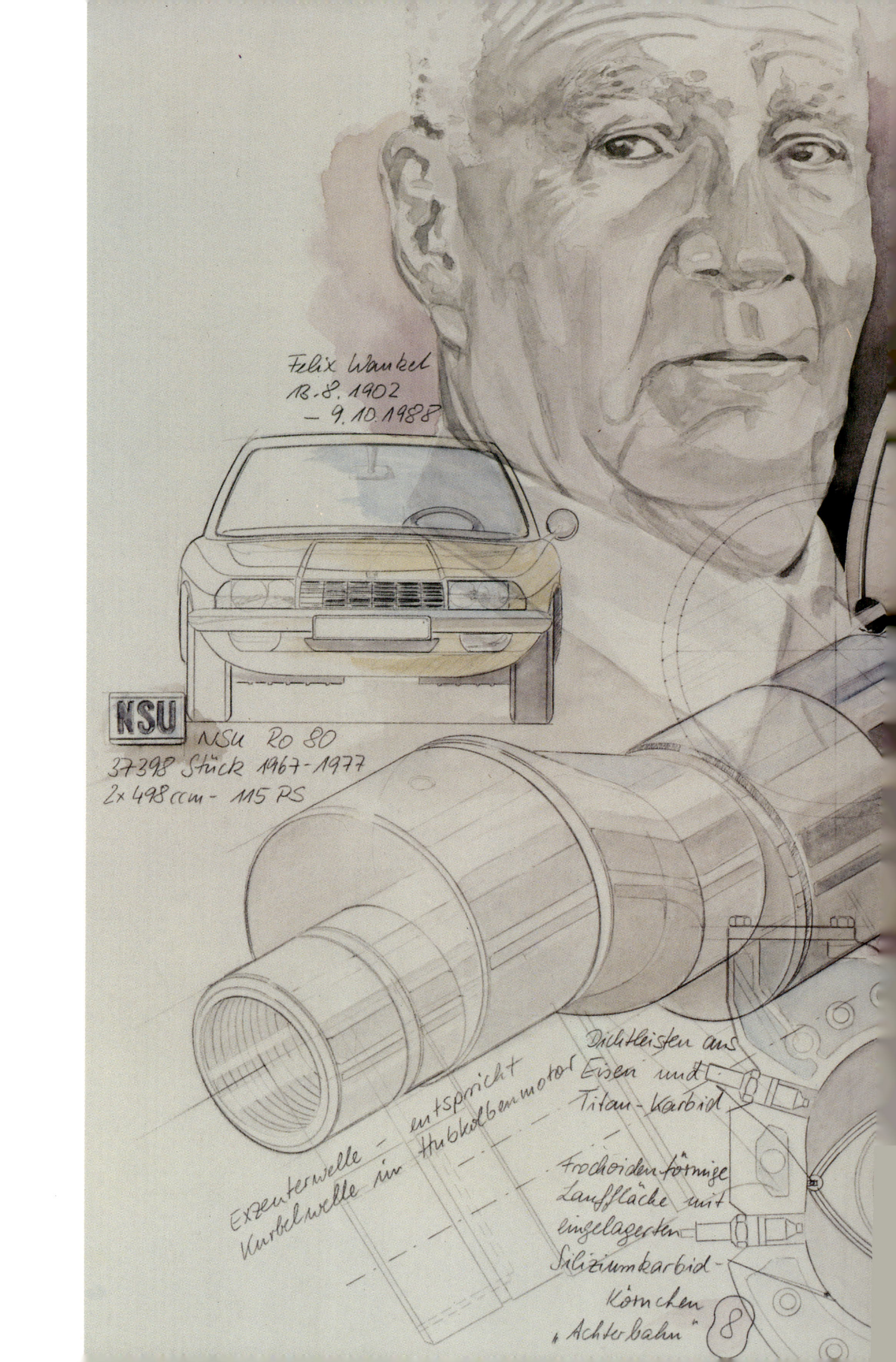

Felix Wankel
13.8.1902
– 9.10.1988

NSU Ro 80
37398 Stück 1967-1977
2 × 498 ccm – 115 PS

Exzenterwelle – entspricht Kurbelwelle im Hubkolbenmotor

Dichtleisten aus Eisen und Titan-Karbid

Trochoidenförmige Lauffläche mit eingelagerten Siliziumkarbid-Körnchen

„Achterbahn"

Wirbelschleuder vibration
kein Ölwechsel

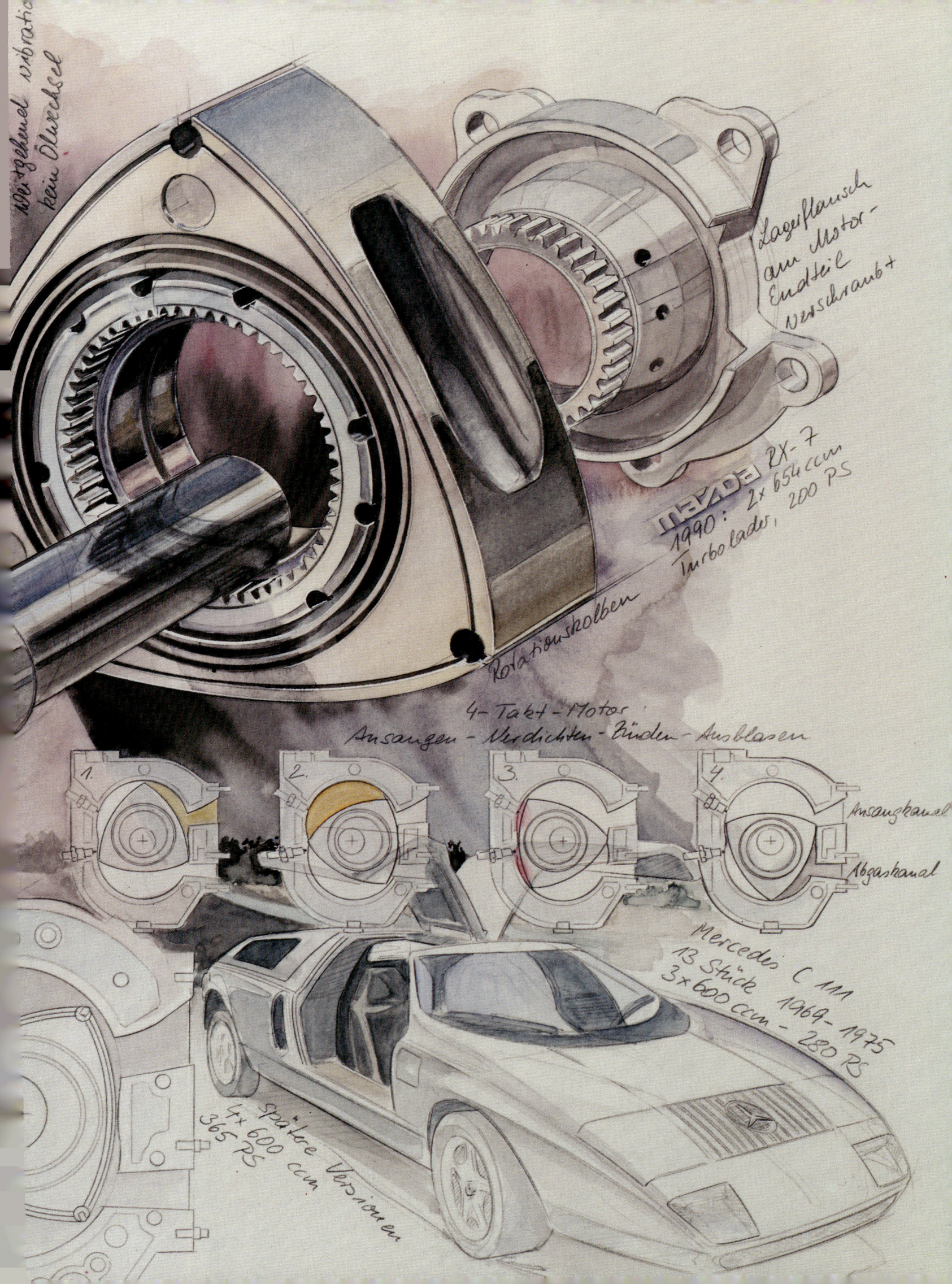

Lagerflansch
am Motor-
Endteil
Verschraubt

Mazda RX-7
1990: 2x 654 ccm
Turbolader, 200 PS

Rotationskolben

4-Takt-Motor
Ansaugen – Verdichten – Zünden – Ausblasen

Ansaugkanal
Abgaskanal

Mercedes C 111
13 Stück 1969–1975
3x 600 ccm – 280 PS

Spätere Versionen
4x 600 ccm
365 PS

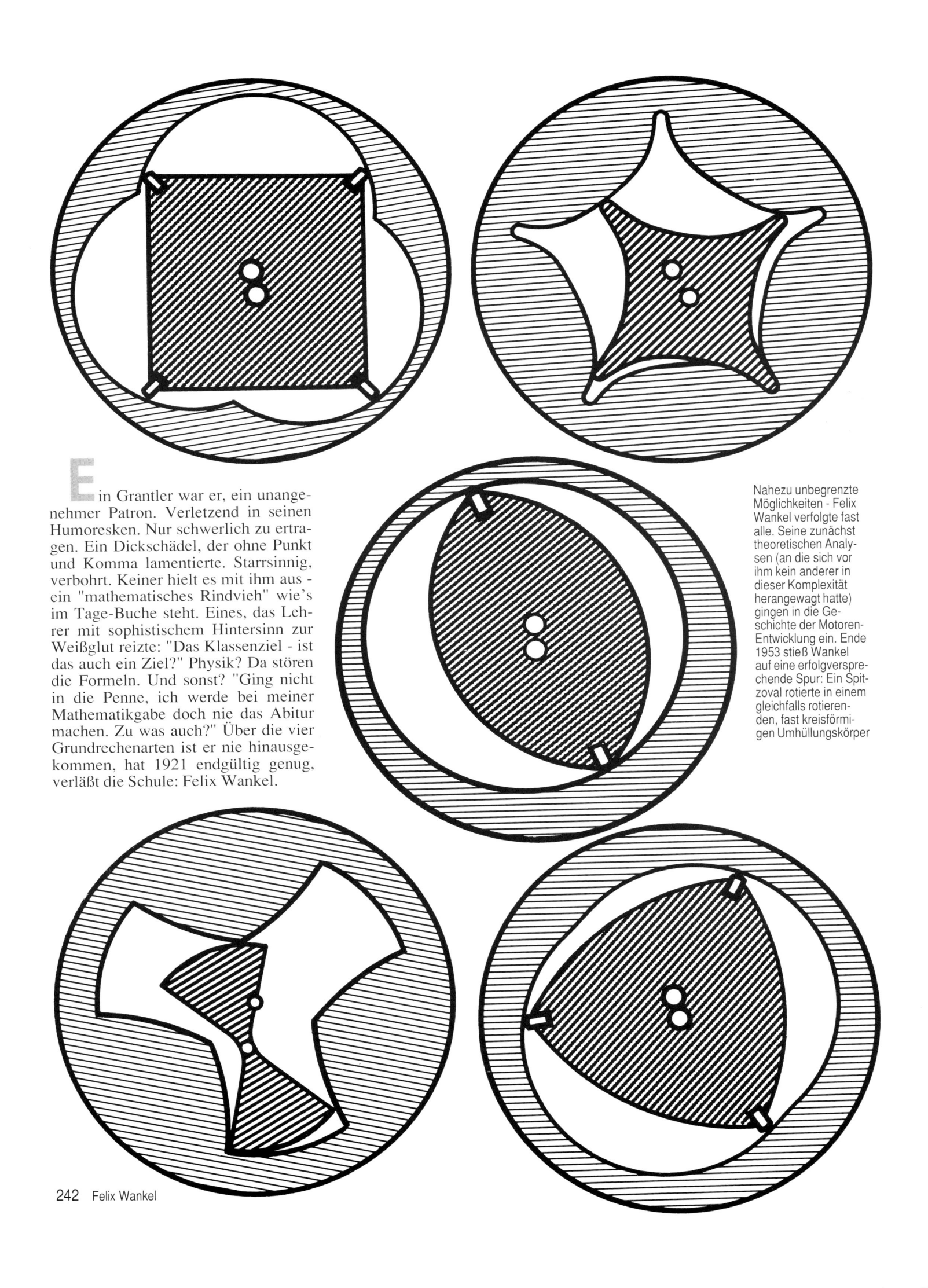

Ein Grantler war er, ein unangenehmer Patron. Verletzend in seinen Humoresken. Nur schwerlich zu ertragen. Ein Dickschädel, der ohne Punkt und Komma lamentierte. Starrsinnig, verbohrt. Keiner hielt es mit ihm aus - ein "mathematisches Rindvieh" wie's im Tage-Buche steht. Eines, das Lehrer mit sophistischem Hintersinn zur Weißglut reizte: "Das Klassenziel - ist das auch ein Ziel?" Physik? Da stören die Formeln. Und sonst? "Ging nicht in die Penne, ich werde bei meiner Mathematikgabe doch nie das Abitur machen. Zu was auch?" Über die vier Grundrechenarten ist er nie hinausgekommen, hat 1921 endgültig genug, verläßt die Schule: Felix Wankel.

Nahezu unbegrenzte Möglichkeiten - Felix Wankel verfolgte fast alle. Seine zunächst theoretischen Analysen (an die sich vor ihm kein anderer in dieser Komplexität herangewagt hatte) gingen in die Geschichte der Motoren-Entwicklung ein. Ende 1953 stieß Wankel auf eine erfolgversprechende Spur: Ein Spitzoval rotierte in einem gleichfalls rotierenden, fast kreisförmigen Umhüllungskörper

242 Felix Wankel

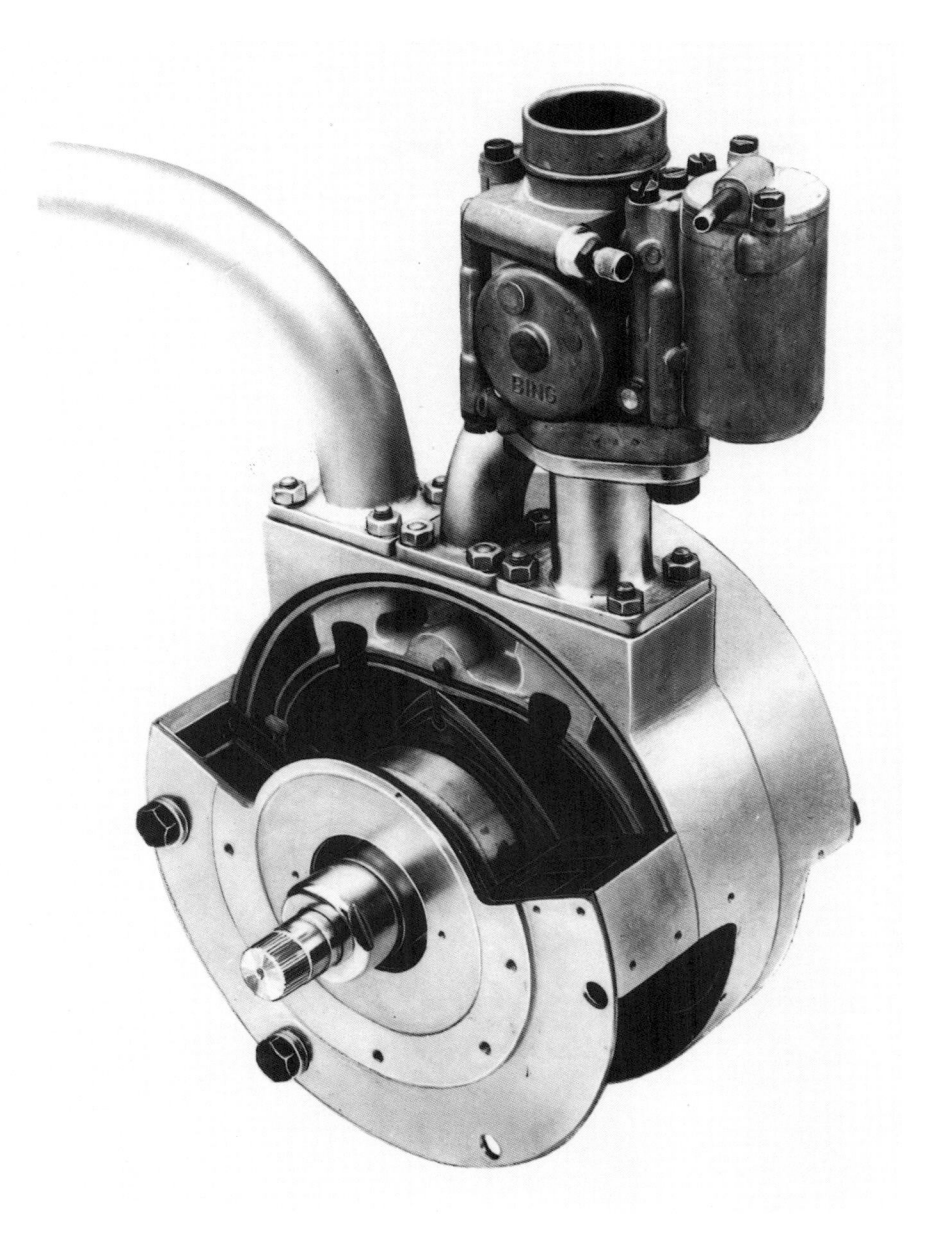

1958. Der erste Kreiskolbenmotor mit kinematischer Umkehrung, der mit 125 ccm Kammervolumen und wassergekühltem Gehäuse sowie ölgekühltem Kolben arbeitete. Es folgten 250-, 400- und 500-ccm-Versionen

Die Technische Entwicklungsstelle (TES) zwischen 1951 und 1961. In der Bregenzer Straße 82 in Lindau konstruierte Wankel Form und Viertaktverfahren seines neuen Motors

Der Motor-Besessene: Felix Wankel verfolgt unbeirrbar seinen Weg, widmet sich zu Beginn der dreißiger Jahre in seiner Heidelberger Werkstatt vor allem den schwierigen, für einen erfolgreichen Abschluß seiner Forschungen jedoch unverzichtbaren Abdichtungsversuchen

Felix Wankel 243

1 Nachdem über der Kolbenflanke a die Gase ausgeschoben sind, beginnt der Ansaugtakt. Kammer b ist mit Frischgas gefüllt und komprimiert, in c dehnen sich die Gase arbeitsleistend aus

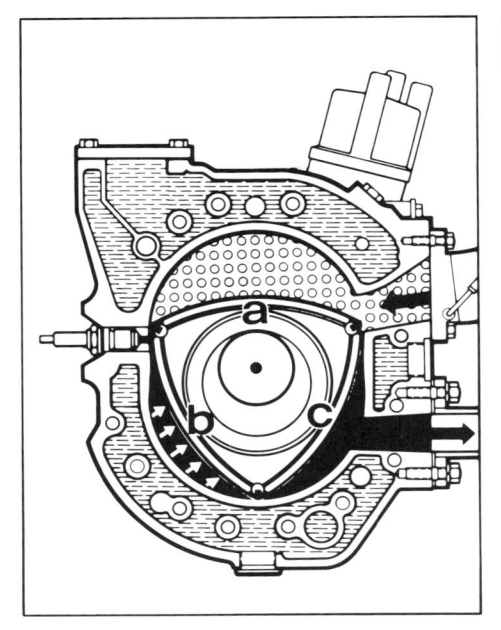

2 Kammer a saugt weiter an, Kammer b verdichtet, in c haben die Gase gewirkt. Die Dichtleiste hat die Auslaß-Steueröffnung freigegeben, die verbrannten Gase können ausströmen

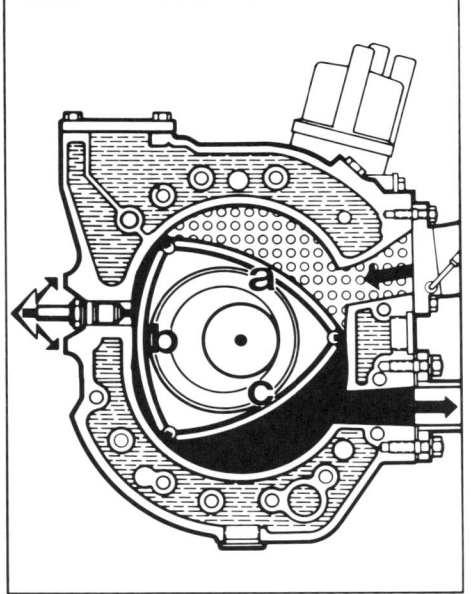

3 Kammer a saugt noch immer Kraftstoff/Luft-Gemisch an, b hat voll verdichtet, ein Funke entzündet das komprimierte Kraftstoff/Luft-Gemisch, Kammer c schiebt die Gase weiter aus

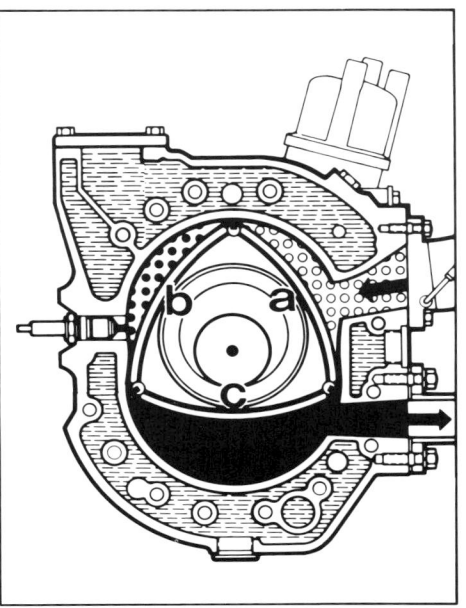

4 Kammer a ist mit Frischgas gefüllt, in Kammer b expandieren die verbrennenden Gase und treiben über den Kolben die Exzenterwelle an. Kammer c schiebt die Gase weiter aus

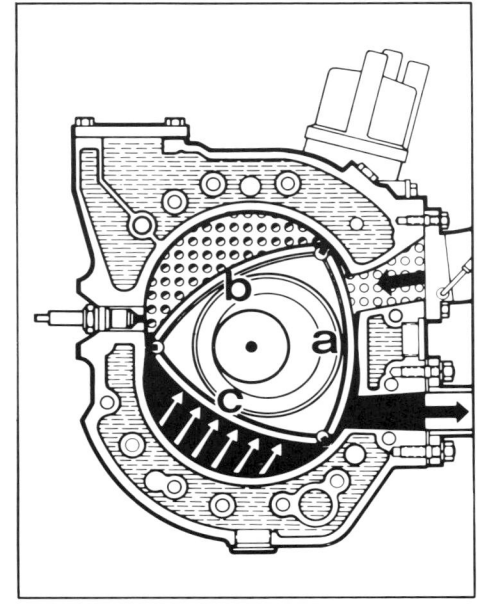

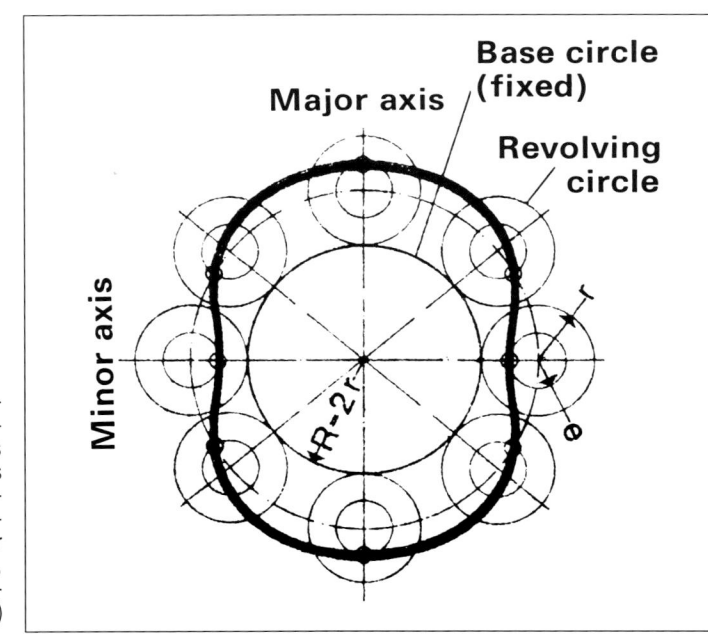

Entstehen einer Epitrochoide durch Abrollen eines Kreises auf dem Grundkreis (Base circle/Grundkreis, Major axis/lange Achse, Minor axis/kurze Achse, Revolving circle/Abroll-Kreis)

Exzentrischer Erfinderling, gleichermaßen genial wie rätselhaft. Eckig, kantig, Autodidakt. Tüftler mit jeder Faser. Groß, schlank, drahtig, den Körper gestählt bis ins hohe Alter. Vom Rudern über den Bodensee.

Furchterregend in seiner eifernden Liebe zur Mechanik. Menschen betrachtet er als Maschinen, Motoren gibt er Namen, verschleißt mitleidlos Dutzende von Mitarbeitern, ersetzt sie wie spröde, poröse Dichtungen. Verbringt morgens nach dem Aufwachen einige Stunden im Bett. Der Mensch, behauptet er, sei in dieser Zeit am kreativsten - er solle sie nicht durch Zähneputzen, Frühstücken oder Busfahren verschwenden. "Die armen, die sich das nicht so einteilen können. Sie vergeuden die beste Zeit des Lebens durch den Streß."

So entstand die Mondjungfrau, der Drehkolbenmotor des Jahres 1953. Wankel, wissend, daß der Durchbruch kurz bevor stand, hatte sich mit einem gewaltigen Marzipanbrot ins Schlafzimmer zurückgezogen - und das Kind geboren. Das Mädchen sollte 1954 einen Bruder bekommen. Den Osterhasen. Mondjungfrau und Osterhase verschmolzen zu einer Einheit und gingen als Wankel-Motor in die Automobilgeschichte ein.

Seinen ärgsten Feind hatte der Sonderling bereits mit 24 ausgemacht. Den Hubkolbenmotor, den miesen Hund. Den Schüttelfritz, den jämmerlichen, in dem eine arme Granate hin- und hergeschossen wird. Und obendrauf klopfen die Ventile wie ein Hammerwerk. Mein Gott. Was für ein toller Apparat. Der Gnadenschuß wär' für so einen gerade gut genug.

Acht Jahre später kommt er der Vollstreckung einen Schritt näher. Daimler-Benz bietet ihm 1934 einen Forschungsauftrag an. Mit funkelnden Augen und zornbebender Stimme erinnert er sich noch Anfang der achtziger Jahre seines Ausbruchs: "Als man mir den Vertrag zur Unterschrift gab, sagte Generaldirektor Wilhelm Kissel: Sie mit ihren Rotationsmotoren - diese

Versuche am Motorrad-Motor (Hecker). 1929/30 ersetzte Wankel in seiner Heidelberger Versuchswerkstatt die Ventilsteuerung des Einzylinders durch einen Scheiben-Drehschieber

Lief am 1. Februar 1957: Wankels erster, in Zusammenarbeit mit Chefkonstrukteur Ernst Hoeppner entwickelter Drehkolbenmotor mit zwei rotierenden, hochdrehfähigen Läufern (29 PS, 1700 U/min)

Felix Wankel 245

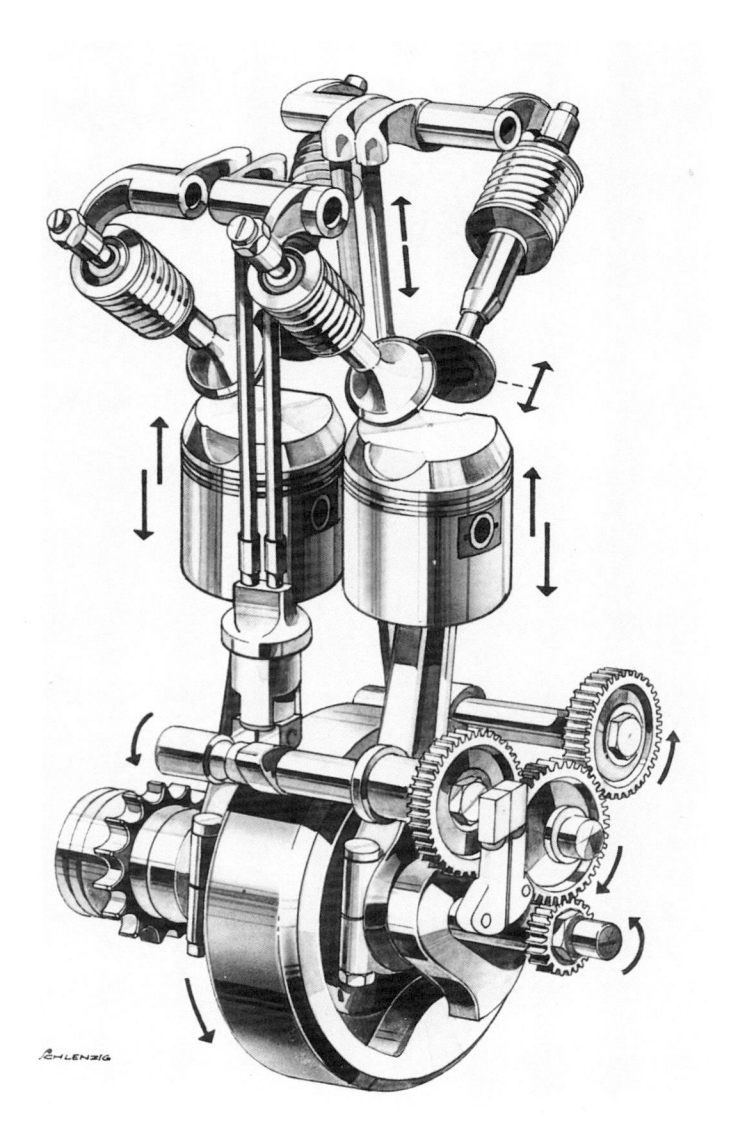

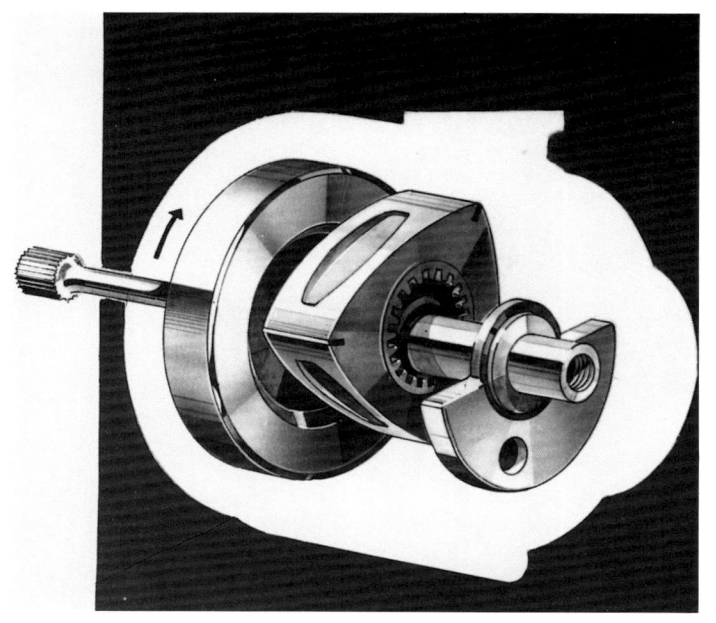

Der Kreiskolbenmotor (oben rechts) baut, verglichen mit dem stärker schwingenden und vibrierenden Hubkolbenmotor, kompakter mit wenigen Teilen. Der Kolben steuert den Gaswechsel selbst

Testläufe im NSU Prinz 3: Das Kreiskolben-Aggregat mit 250 ccm Kammervolumen von 1960. Auf den Prüfständen bewältigte die Maschine 100 Stunden Vollast (5000 Umdrehungen pro Minute und etwa 30 PS)

Endlose Testserien, unzählige Arbeitsstunden des ganzen Teams: auch kleinere Maschinen mit 60 ccm Kammervolumen wurden als Einbaumotoren erprobt (luftgekühlter Versuchsmotor von 1960)

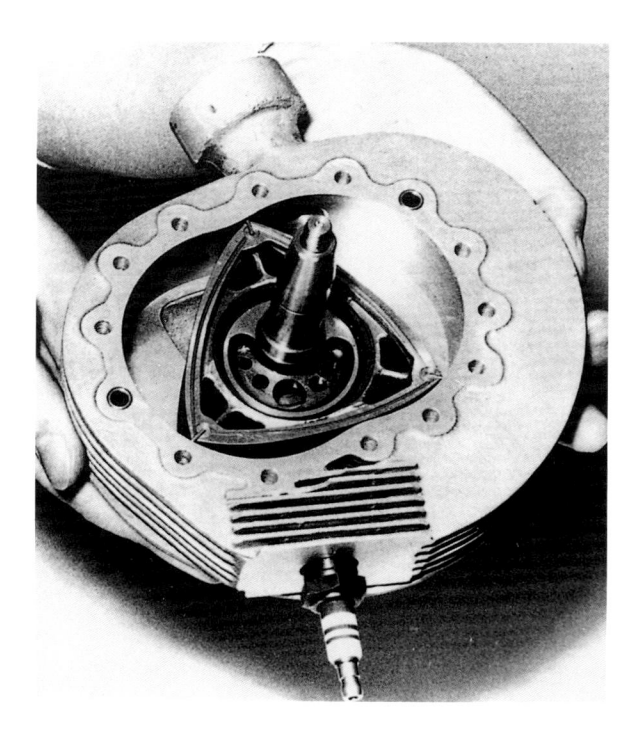

ewigen Erfinder sind noch unser Unglück. Vor lauter Erfindungen kommen wir nicht zum Fabrizieren." Felix, der Glückliche, just aus dem Gefängnis entlassen, der Vater 1914 als Reserve-Offizier gefallen, die Mutter schwer krank, einen Job zum Greifen nahe, konterte, wie er es immer tat. Sarkastisch jähzornig: "Wenn ein gewisser Gottlieb Daimler keine Erfindung gemacht hätte, hätten sie heute keine Autofabrik, sondern eine Lohnkutscherei. Ich unterschrieb den Vertrag nicht. Als mehr als 30 Jahre später der Ro 80 mit meinem Motor existierte, hatten meine Chauffeure Anweisung, jeden Mercedes, der sich zeigte, zu überholen." Selbst durfte er sich diesen Spaß nicht machen. Einen Führerschein hat er nie besessen. Warum auch? "Wenn ich Eisenbahn fahre, will ich ja auch nicht gleich Lokomotivführer werden."

Internationale Automobil Ausstellung, Frankfurt, September 1963. Der NSU Spider wird vorgestellt. Das erste Serien-Auto mit NSU/Wankel-Motor (500 ccm, 50 PS, 6000 U/min)

1961 - der erste Zweiläufer-Motor mit etwa 60 PS, Vorläufer des 1965 in Frankfurt vorgestellten NSU-Wankel-Motors mit 2 x 500 ccm Kammervolumen und 100 bis 120 PS Leistung

Erste Serienanwendung als Bootsmotor. Die Maschine dieses Wasserski-Gerätes leistete 18 PS bei 7000 U/min (1962) und beschleunigte auf 45 Stundenkilometer (bei 150 ccm Kammervolumen)

Felix Wankel 247

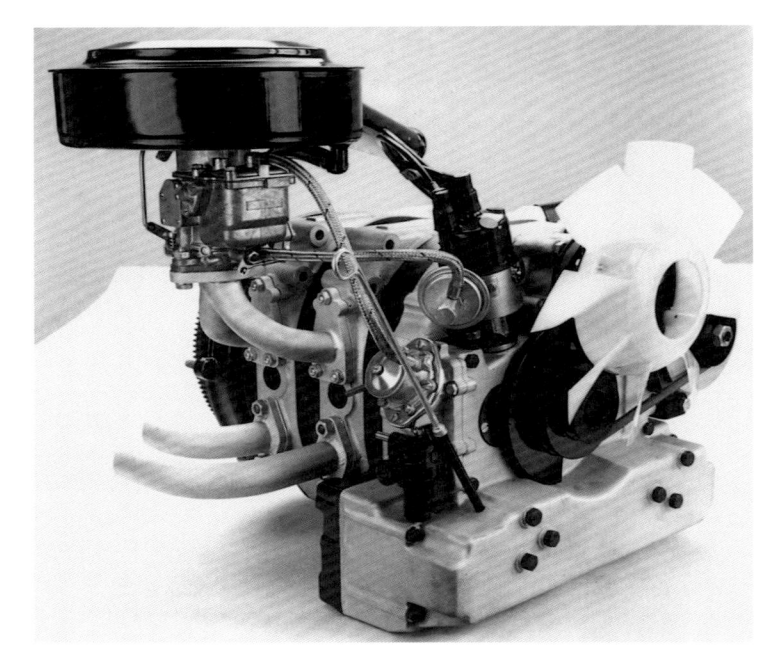

2 x 500 ccm Kammervolumen - der Doppel-Kreiskolben-Motor. Der Prototyp wurde 1965 in Frankfurt präsentiert (links). Zwei Jahre später dann die Sensation: der Ro 80 mit Wankel-Motor kommt, leistet 115 PS bei 5500 Umdrehungen in der Minute

Aufwendige - wenn auch zunächst anfällige - Technik: der Drehmoment-Wandler und das Getriebe des Ro 80 bilden ein kompaktes Antriebsaggregat, das auch das Achsdifferential-Getriebe enthält

Eine andere Führungs-Position vermochte er sich durchaus vorzustellen. Früher einmal. Als es ihm, dem Sohn des Wankel Rudolf, Forstassessor und verhinderter Ingenieur, und der Wankel Gerty, geborene Heidlauff, wie Millionen anderen dreckig ging. Als er arbeitslos war und die "Verbrecher in der Politik" beschimpfte. Sich den braunen Horden, dem deutsch-völkischen Ruge-Kreis anschloß, die Jugendgruppe "Heia Safari" mitbegründete. Wehrhaft national, jung, selbstsicher und überheblich bei Rede-Schlachten mit "spießigen Demokraten" durch sein "geschliffenes Mundwerk" glänzte. Sich darüber mokierte, daß der Gegner Angst vor seiner "hypnotischen Macht" hat, sich nicht traut, ihm zu widersprechen. Ihm, der 1924 die Gründung der "Großdeutschen Jugendwehr" vorantrieb, Anfang der

Trotz aller Sorgfalt bei der Produktion des Ro 80 in Neckarsulm - das "Auto des Jahres" hatte Motor-Probleme. Verschleiß der radialen Dichtleisten, die Öldichtung am Kolben (im Stand)

Felix Wankel 249

Seit 1962 Arbeitsplatz von Professor Dr. Ing. Felix Wankel: Die Technische Forschungs- und Entwicklungsstelle in der Fraunhoferstraße 10 in Lindau am Bodensee

Freizeit-Spaß: Motorräder, All-Geländefahrzeug, Mini-Bike mit Sachs-Wankelmotor KM 3, Schneemobil mit Kreiskolbenmotor und die Sirius II, angetrieben von einem F&S-Wankel-Tandem

250 Felix Wankel

1969, Abenteuer Adria. Schnelle Motorboote - Wankels große Leidenschaft. Das Avenger Boot wurde von zwei Doppel-Kreiskolbenmotoren angetrieben (je 135 PS bei 5500 U/min, Kammervolumen 497,5 ccm)

Big Boss unter den Wankel-Motoren. Bei den Versuchen, maximale Bauformen abzutasten, entstand bei Lizenznehmer Curtiss-Wright ein Motor mit 32 Litern Kammervolumen (800 PS, 1525 U/min)

Dreißiger zum HJ-Gauleiter in Baden aufrückte und für seine Heidelberger Jungs den Heliographen, eine Art Lichtgewehr, baute, mit dem sie sich über den Neckar hinweg beschießen konnten.

Das Parteimitglied Nummer 136, das die Flagge des Trupps von Leuten, die aus ganz verschiedenen Schichten stammten, einfach "fabelhaft" fand, und nach einer Unterschlagung die Abberufung des badischen Gauleiters Robert Wagner erzwang, kehrte der Bewegung, die er fortan einen "korrupten Sauhaufen" schalt, bei denen "Korrupteure und neue Bonzen" ihr Unwesen trieben, 1932 den Rücken, zog in seine Geburtsstadt Lahr zurück.

Viel Zeit, weiter auf motorische Eingebungen zu hoffen, blieb ihm nicht. Er wurde am 14. März 1933 auf

Felix Wankel 251

Befehl des inzwischen wieder zu Macht und Ehren gekommenen neuen NS-Gauleiters und Reichsstatthalters, R. Wagner, verhaftet. Doch der Maschinenträumer - wie er sich selbst bezeichnete - hatte bereits einflußreiche Freunde, die von seinen seit sieben Jahren stetig voranschreitenden Arbeiten überzeugt waren. Das Reichsluftfahrtministerium, Dr. Ing. Hans Nibel (Daimler-Benz) und der spätere Staatssekretär und Duzfreund Himmlers, Wilhelm Keppler, schalteten sich ein. Wankel wird am 21. September 1933 aus der Haft entlassen.

Jedoch nicht, um daheim im stillen Kämmerlein zu werkeln. Im Gegenteil. Er soll für Marine und Waffen-SS forschen. So schnell und so effizient wie möglich. Vorrangig an einer geheimen Kommandosache: dem Bau eines Mini-Torpedo-Boots, das spätestens im Herbst 1944 für Führer, Volk und Vaterland in Serie gehen und den Endsieg sichern soll. Stattdessen zerstören die Franzosen 1945 seine Forschungs- und Versuchsanstalt am Bodensee - "die Russen hätten sie wenigstens abtransportiert." Wankel erhält Berufsverbot, fühlt sich verkannt, ist verbittert.

Ingersoll-Rands Entwicklungsziel für den Wankel-Kreiskolben-Giganten von 41 Litern Kammervolumen war eine Garantie von 10.000 Betriebsstunden (hier die 550 und 1000 PS-Version)

Eine Gefühlsregung, die ihn in den frühen Siebzigern (sein Motor wurde bis zu diesem Zeitpunkt als Jahrhundert-Erfindung stürmisch gefeiert) noch einmal beschleicht. Das "Großkapital", wetterte er, "habe sich gegen ihn verschworen", weil es ihm als einzigem von tausenden gelungen sei, den Otto-Motor überflüssig zu machen.

Vor allem die Herren Quandt und Flick, aber auch die Dresdner Bank. Immerhin. Der Vertrag mit BMW sei unterschriftsreif gewesen, als Großaktionär Quandt seine Ingenieure noch einmal, eher beiläufig, gefragt habe, wieviel Prozent der alten Montage-Straßen für die Produktion der Wankel-Revolution noch verwendet werden könnten. Die hätten wahrheitsgemäß geantwortet: "26 Prozent."

Quandt habe daraufhin nicht mehr unterzeichnen wollen, weil er das Risiko einer Milliarden-Investition gescheut habe. Möglicherweise hätte er an dessen Stelle ebenso gehandelt gesteht er und versucht, die gegnerische Position zu vertreten: "Zum Teufel, das Publikum kauft unsere Schüttelschlitten mit Begeisterung, warum sollen wir eigentlich was Neues bringen?"

"Zisch 74". Wellenfahrfähiges Versuchsboot mit Spaltgleitflächen (nach einer Erfindung von Professor Felix Wankel). Ausgerüstet mit DB-KKM-4-Läufer-Motor (Höchstgeschwindigkeit 100 km/h)

Der Nachtaufklärer "Yo-3A". Nach umfangreichen Tests mit luft- und wassergekühlten Hubkolbenmotoren lieferte Curtiss-Wright Lockheed schließlich den laufruhigen 210 PS-Wankel-Motor

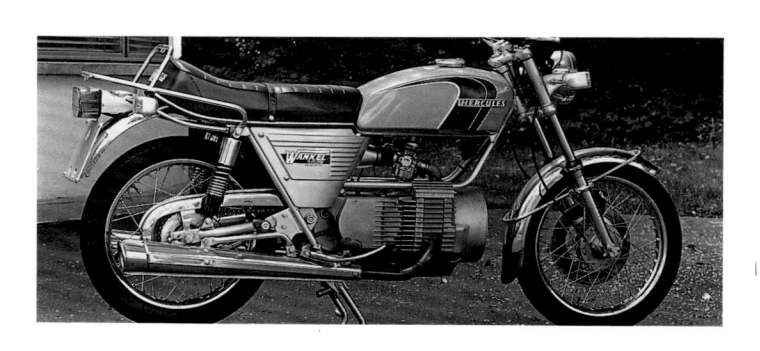

Rolls-Royce steigt ein. Im Februar 1965 nahmen die Briten Lizenz auf Diesel-Hybrid-Motoren bis 850 PS Leistung - und entwickelten im Geheimen einen Wankel-Diesel (Doppel-Verbundmotor, 350 PS)

1975 kam die luftgekühlte Hercules Wankel 2000 auf den Markt (Kammervolumen 294 ccm, Verdichtung 8,5, Leistung 20 PS bei 6500 U/min, Fahrzeuggewicht 178 kg, Höchstgeschwindigkeit 140 km/h)

Die Suzuki Re 5 Rotary mit NSU-Wankel-Motor aus dem Jahre 1977 (Kammervolumen 498 ccm, Verdichtung 8,6, Leistung 46 PS bei 6500 U/min, wassergekühlt, Höchstgeschwindigkeit 170 km/h

Kreis-Lauf. Wollte von Formeln nichts wissen, verließ die Schule als Unterprimaner: der 19jährige Felix Wankel (unten). Jahre später ist er weltberühmt (links: 1983 auf der IAA in Frankfurt)

Verrat witterte er auch hinter anderen Transaktionen. Zum Beispiel der Fusion der ihm all die Jahre ein verläßlicher und innovativer Partner gewesenen Firma NSU mit der VW-Tochter Auto Union (zur Audi NSU). Die Wolfsburger, mutmaßt er, wollten damit lediglich seine Patente aus dem Verkehr ziehen.

Oder Citroen. Die Franzosen hätten sich wohl ein wenig zu stark für seine Idee gemacht - und seien deshalb von Peugeot geschluckt worden. Tatsache ist: Mindestens 28 internationale Automobil- und Maschinenbaufirmen sicherten sich Lizenzen für den Wankel-Motor. Das war allemal billiger, als weltweit unzählige Otto-Motor-Ersatzteillager, Fertigungsstraßen, ja ganze Werke verschrotten zu müssen, nur weil einem spinnerten Verlagskaufmann in der deutschen Provinz die Quadratur des Kreises gelungen war...

Felix Wankel

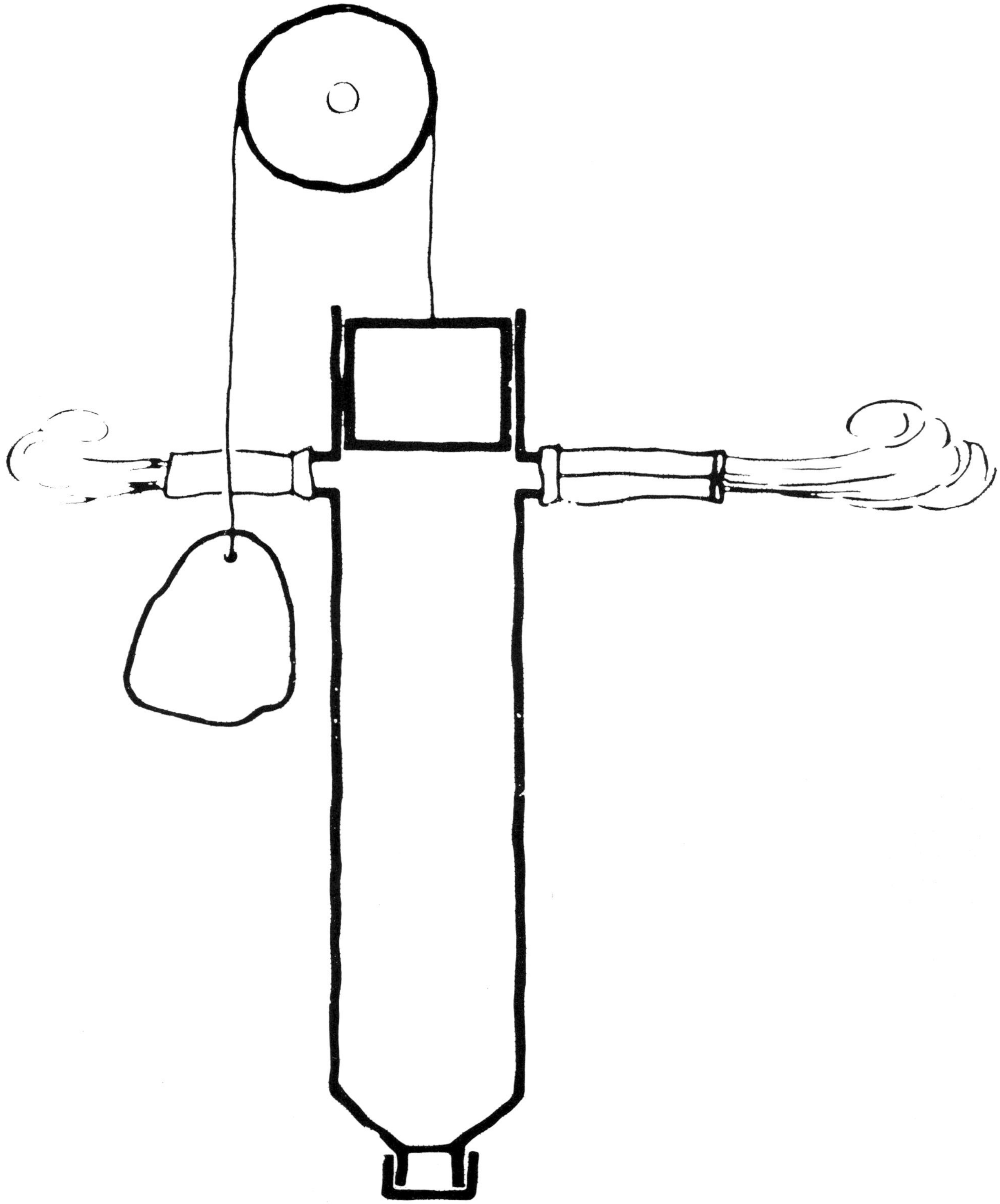